내가 너를 아노라

김양재 목사의 큐티노트
요한계시록 1

내가 너를 아노라

지은이 **김양재**

QTM

성경 66권의 맨 마지막 책인 요한계시록은 사도 요한이 밧모섬에 유배되었을 때 하나님의 계시를 기록한 소망의 책입니다. '계시(啓示)'란 사전적으로는 "사람의 지혜로 알 수 없는 진리를 가르쳐 알게 한다"라는 뜻인데, 그럼에도 사람들은 이 요한계시록이 가장 이해하기 어렵다고들 합니다. 이 책의 본문에서도 언급되지만, 요한계시록이 기록된 당시는 로마의 도미티아누스 황제가 통치하던 때로서 기독교가 역사상 가장 극심한 박해를 받은 시기였습니다. 요한계시록이 이해하기 어려운 이유도 여기에 있습니다. 그래야 로마가 이 계시를 못 알아듣지 않았겠습니까.

하지만 당시 로마도 못 알아들었던 이 계시록 말씀을 이천 년이 지난 후, 그것도 이방인인 내가 예수 그리스도의 계시로 알아듣고 이해한다면 이것이야말로 얼마나 큰 기적이요, 은혜입니까! 그런데 예수를 믿어도 여전히 이천 년 전 로마 수준에 머물러 있는 사람이 있습니다. 계시록을 보며 그저 날짜나 계산하고 무슨 소리인가 합니다. 절대로 못 알아듣습니다. 계시록 설교를 하면 성도들이 교회를 다 떠난다는 속설도 있습니다.

그러나 제가 요한계시록 설교를 하는 동안 우리들교회는 엄청난 부흥을 이루었습니다. 특히나 두 번째로 계시록 말씀을 전할 당시 저는 암수술 후 항암치료를 받고 있었습니다. 밧모섬에 유배되어 아무것도 할 수 없는 상황 가운데 요한으로 하여금 이 요한계시록을 쓰게 하셨듯이, 지옥 유황불에 데는 것 같은 엄청난 고통 가운데 있는 저로 하여금 이 말씀을 전하게 하셨습니다.

마태복음 5장에 예수님은 "의를 위하여 박해를 받은 자가 복이 있다"고 하셨습니다. 팔복 중에 일곱 번째 복이 화평이고, 그다음에 주시는 여덟 번째 복이 박해라고 합니다. 그러니 그 박해 가운데 그리스도의 계시를 전하고 듣는다는 것이 얼마나 큰 축복입니까? 아무리 고난 많고 힘들다고 해도 말씀을 전할 수 있고 들을 수 있다면 이보다 감사한 것은 없습니다.

그런데 곳곳에 기근과 지진이 있을 때 거짓 그리스도와 거짓 선지자들이 일어나 "그리스도가 여기 있다, 혹은 저기 있다" 하며 미혹한다고 했습니다. 코로나와 같은 전염병으로 온 세상이 흉흉한 지금이 곧 그렇습니다. 이런 때일수록 이단이 판을 칩니다. 마치 자기가 이 계시의 주인공인 양, 그리스도의 계시를 마음대로 해석하고 가져다 붙입니다. 요한계시록을 이렇게 다루는 것이 이단의 특징입니다. 그러므로 이 혼돈과 박해의 시대일수록 계시록 말씀을 더욱 잘 분별해야 합니다.

요한계시록을 오늘 나에게 주시는 음성으로 듣는다면 여느 책과 다름없이 쉽게 이해할 수 있을 것입니다. 계시록 말씀을 구속사로 잘 해석하고 적용함으로 모든 성도님과 가정과 교회와 나라가 복을 누리게 되기를 소원합니다.

2020년 9월

우리들교회 담임목사 김양재

CONTENTS

Part 1

증거하라

Chapter 1

내 수치가 드러나야
예수 그리스도가 나타납니다

요한계시록 1장 1~3절

하나님 아버지, 요한계시록 묵상을 시작합니다.
요한계시록을 읽으면서 복 있는 자가 되기를 원합니다.
복 받는 묵상이 되게 도와주시옵소서.

우리는 모두 복 받기를 기대합니다. 새해가 되면 "복 많이 받으세요"라고
으레 인사합니다. 그런데 한 교수님의 칼럼에 따르면 이 말은 윗사람이
아랫사람에게 하는 덕담이지 아랫사람이 윗사람에게 하는 인사는 아니
라고 합니다.

　복(福)이라는 한자는 보일 시(示) 자와 가득할 복(畐) 자가 합쳐진 글자
입니다. '보일 시'는 제사와 관련한 기물을 그린 글자로 '하늘이나 선조의
뜻을 나타내고 보여 주고 가르친다'라는 뜻이 있습니다. '가득할 복'은 술
병을 두 손으로 받들고 있는 모양으로 '흘러넘치도록 가득 차게 한다'라
는 뜻이라고 합니다. 그러니까 이 '복'이라는 글자는 '하늘의 뜻을 받들어
서 넘치게 받아라'라는 뜻을 담고 있는 것입니다.

　우리가 복을 넘치게 받으면 그 복이 주변으로 흘러넘쳐 나눌 수 있

습니다. 그러니 복은 많이 받을수록 좋습니다. 복을 받으려면 우리는 하늘의 계시를 받아야 합니다. 어떤 계시를 받아야 할까요? 또 어떻게 그 계시를 받겠습니까?

예수 그리스도의 계시를 받아야 복이 있습니다

예수 그리스도의 계시라 이는 하나님이 그에게 주사 반드시 속히 일어날 일들을 그 종들에게 보이시려고 그의 천사를 그 종 요한에게 보내어 알게 하신 것이라 _계 1:1

말씀을 보니 예수 그리스도의 계시를 세 가지로 표현하고 있습니다.

첫째, 예수 그리스도의 계시는 계시의 진정한 주인이신 하나님께서 예수님에게 주신 것입니다.

우리 주변을 보면 계시를 받았다는 사람들이 참 많습니다. 천지신명에 칠성님에, 이단이 말하는 하나님 등 수없이 많은 신이 계시를 준다고 합니다. 그뿐입니까? 교회를 다니는데도 이상한 기도를 받았다고 하면서 이해할 수 없는 행동을 하는 사람들도 있습니다. 신문 기사를 보니 한 남녀가 약혼을 했는데, 남자 쪽 어머니가 기독교인지 기도를 하다가 '상대 여자와 결혼하면 불행해진다'라는 계시를 받았답니다. 그래서 여자에게 파혼을 통보했습니다. 결국 법정 싸움으로까지 번져 남자가 여자에게 2,500만 원의 위자료를 주라는 판결이 났다고 합니다.

여기저기서 '계시를 주겠다, 계시를 받았다' 떠들어 대지만, 계시는 오직 하나님께서 주시는 것입니다. 계시의 진정한 주인은 하나님뿐입니다. 하나님께서 주신 정확한 계시여야만 복이 있습니다.

한때 오디션 프로그램이 유행했습니다. 오디션 프로그램에서 중요한 것은 출연자들의 절절한 사연입니다. 아마추어들이 나와서 경연을 벌이는데, 여기에 사연이 더해지면 감동이 몇 배가 됩니다. 어느 70대 할아버지는 "천국에 있는 아내를 위해 노래한다"고 하고, 자식을 먼저 보냈다는 50대 어머니의 진심이 담긴 노래에 심사위원들도 눈물을 흘리느라 정신이 없습니다.

그런데 아무리 외모가 그럴듯하고 감동적인 사연을 가졌어도 가수를 뽑는 오디션에서 노래를 못하면 뽑힐 수가 없습니다. 중요한 것은 실력입니다. 연기자를 뽑는 오디션에 나와서 연기를 못하면 어떡합니까? 가수가 되고 싶다면서 음정, 박자 다 틀린 노래를 해서는 안 되지 않겠습니까? 실력이 없으면 아무리 절절한 사연이 있어도 감동이 사라집니다. 오디션에 참가하려면 반드시 실력이 있어야 합니다.

우리도 언젠가 천국에 가서 오디션을 치른다고 상상해 봅시다. 누구나 인생의 종말에는 하나님의 심판대 앞에 섭니다. 열심히 신앙생활을 한 사람이라면 대단한 고난과 사역의 간증이 있게 마련입니다. 심사위원이신 하나님을 울리기에 충분한 고생이지요. 물론 이런 사연도 중요합니다. 그런데 문제는 실력입니다. 사연이 아무리 절절해도 실력이 없으면 천국에 입성할 수 없습니다.

천국에 입성하는 실력은 그리스도의 십자가와 부활을 믿는 믿음입니다. 나아가 회개와 속죄의 구원을 믿는 믿음입니다. 이것이 천국 문을 여는 열쇠입니다. 이 믿음이 없이는 천국에 들어갈 수 없습니다. 이것이 하나님이 주신 예수 그리스도의 계시입니다.

계시는 '감춰진 것이 드러난다'라는 뜻입니다. 성경은 창세기부터 요한계시록까지 온통 예수 그리스도를 계시하고 있습니다. 창세기 3장 15절을 보세요. 예수님을 '여자의 후손'이라고 계시합니다. 하나님의 아들이신 예수님 아닙니까? 그런데 이름도 없이 그저 '여자의 후손'이라니, 그 계시가 참 초라하기 그지없습니다. 또 "뱀이 여자의 후손의 발꿈치를 상하게 할 것이니라" 하며 주께서 이 땅에서 받으실 고난부터 계시하고 있죠.

아브라함과 이삭과 야곱의 이야기는 어떻습니까? 그들의 굴곡진 인생, 죄인들의 인생을 통해 예수님이 이 땅에 오셔야 하는 이유를 보여 줍니다.

이사야 7장에서는 "보라 처녀가 잉태하여 아들을 낳을 것이요 그의 이름을 임마누엘이라 하리라"(사 7:14) 하며, 처음으로 예수님의 이름을 알려 줍니다. 지금까지 장님 코끼리 만지듯 예수님에 대해 희미하게 알다가 이제는 더 구체적으로 보게 됐습니다. 마태복음 1장에는 "아들을 낳으매 이름을 예수라 하니라"(마 1:25) 하면서, 죄에서 인류를 구원하실 예수님이 드디어 등장하십니다. 그런데 그렇게 기다리던 예수님의 초림도 너무 초라합니다. 나사렛 목수의 아들이자 처녀의 아들로 오신 것입니다. 더구나 십자가에 못 박혀 갖은 수치와 조롱과 멸시와 고난을 받다가 돌아가셨습니다. 주님은 이 모든 고난을 세상에 모두 드러내셨습니다. 그러나 이것이 바로 계시의 완성입니다. 이 일로 하나님께서 영광을 받으셨습니다.

예수님이 드러나실수록 점점 고난도 드러납니다. 고난의 종류와 장르가 달리 나타나며 계시가 드러나더니, 마침내 고난의 클라이맥스인 요한계시록까지 왔습니다. 창세기부터 요한계시록에 오기까지 하나님께서 우리에게 주시는 메시지는 바로 이것입니다.

"나는 나를 다 드러냈다. 이제는 마지막이니 너는 꼭 구원 받아라."

이것이 무슨 뜻입니까? 우리는 창세기를 통해 수많은 믿음의 조상들의 삶을 묵상하면서 은혜를 받았습니다. 그런데 그게 끝이어서는 안 됩니다. 그들의 삶에 나타난 하나님의 약속이 오늘날 나에게도 성취되어 영혼 구원으로 이어져야 합니다. 예수님도 그분의 사역뿐만 아니라 당하신 고난과 수욕을 모두 드러내시며 계시의 완성인 구원을 이루지 않으셨습니까? 우리 삶에서도 내 죄와 수치가 드러나야 합니다. 이를 드러내지 않고는 평생 하나님께 영광을 돌릴 수 없습니다. 주님을 점진적으로 알아가듯, 예수를 믿으면 내 죄도 점진적으로 드러납니다.

요한계시록은 사도 요한이 밧모섬에 유배되었을 때 계시를 적은 소망의 책입니다. 그런데 계시록 5장 2절에서 4절을 보면, 이 두루마리 책의 인을 떼기에 합당한 자가 없어서 요한이 울었다고 합니다. 그리고 5절에서는 "유대 지파의 사자 다윗의 뿌리가 인을 떼시리라"고 합니다. 그가 바로 예수 그리스도이십니다.

그런데 왜 하필 유대(유다) 지파입니까? 우리는 창세기를 묵상하면서 유대 지파가 자기 죄를 보고 고난 가운데서 수치를 드러낸 사람들이라는 사실을 알았습니다. 그러니까 하나님의 계시는 유대 지파처럼 자기 수치를 드러낸 사람만이 그 인봉을 뗄 수 있다는 것입니다. 우리도 고난의 사건들을 감추지 않고 드러내고 순종하면 하나님께서 엄청난 계시를 맡기십니다. 그것이 바로 예수 그리스도의 계시입니다. 그러니 우리는 성경을 덮어 놓고 믿어서는 안 됩니다. 열어 놓고 읽어야 합니다.

그런데 성경은 왜 '복음'이 아니라 '계시'라고 썼을까요? 오늘 우리에게 예수 그리스도의 빛을 들고 어두운 세상에 나가 비추라는 뜻입니다. 이제 어두운 데서 그만 나오라는 것입니다. 그런데 이 계시를 어떻게 맡기셨습니까? 하나님이 예수님에게, 예수님이 천사에게 맡기시고, 천사가 요한에게, 요한이 백성에게 맡겼습니다.

믿음에는 단계가 있습니다. 내가 천사라면 나의 예수와 요한이 있습니다. 내가 요한이라면 나의 천사와 백성이 있습니다. 믿음의 단계를 거치며 나의 요한은 누구이며, 나의 천사는 누구인지 생각해 보아야 합니다. 우리가 믿음의 계시를 알아 가는 과정에서 스승이 있고 동반자도 있고 제자 그룹도 있습니다.

그러나 이 모든 것의 시작은 하나님이시라는 사실을 잊지 말아야 합니다. 내가 목사든 성도든, 목자든 목원이든, 모든 것의 시작은 오직 하나님이십니다. 계시는 하나님으로부터 비롯되는 것입니다.

요한계시록은 저자인 요한의 이름이 붙어 있지만, 엄밀히 말하면 예수님의 계시록입니다. 요한에게서는 아무것도 나올 게 없는데 예수께서 요한에게 맡기신 것입니다. 목사인 저 역시 마찬가지입니다. 주님이 그저 저에게 맡기셔서 제가 단에 서서 성도들에게 계시를 알려드리는 것이지, 인간 김양재가 할 수 있는 것은 아무것도 없습니다.

둘째, 예수 그리스도의 계시는 반드시 속히 일어날 일입니다.

주님은 "반드시 속히 일어날 일들을 그 종들에게 보이겠다"고 하십니다. '반드시 속히 일어날 일'이란 무엇입니까? 내가 고난 가운데 있든지 아니든지 오늘이라도 주님이 오시면 예수 믿는 사람은 부활이요, 믿지 않는 사람은 심판입니다. 부활과 심판 외에 다른 길은 없으며 이는 누구도 피하지 못할 운명입니다. 그러니 누구를 미워할 필요도 없습니다. 심판은 하나님이 하실 일이기 때문입니다. 죽음이 위협해도 믿는 자는 굳게 선다는 것, 그것이 천국 소망이며 최고의 계시입니다.

그런데 초대교회 시절에는 주님이 속히 오신다고 하니, 정말 종말이 임박했다고 생각해 다 같이 모여 유무상통하면서 살았습니다. 사도행전 2장에 보면 "믿는 사람이 다 함께 있어 모든 물건을 서로 통용하고 또 재산과 소유를 팔아 각 사람의 필요를 따라 나눠 주었다"(행 2:44~45)고 하죠.

우리나라도 일제강점기와 6·25 전쟁 때 요한계시록 강의를 얼마나 많이 했는지 모릅니다. 당장 먹고살기가 힘들고, 오늘 죽을지 내일 죽을지 모르니 고통스러워서 주님이 빨리 오시기를 바란 것입니다. 그래서 그날과 시에 대해 세대주의적으로 강의하고, 어떤 사람들은 집을 팔아 이단에 빠지는 경우도 허다했습니다.

이해는 됩니다. "이제 곧 예수님이 오실 테니 빨리 예수께 나아가자, 어서 구원 받자!"라는 권면이 필요할 때도 분명 있습니다. 성경도, 글자도 모르는 오지 원주민에게 복음을 전하는데 "예수 그리스도의 계시라" 하면서 설교를 늘어놓는다면 누가 알아듣겠습니까? 그때는 그저 "예수 믿으면 복 받고 구원 받습니다", "지금 예수님이 문 앞에 와 계십니다",

"오늘 밤 내가 죽는다면 반드시 주님 앞에 서게 될 것입니다"라고 전해야 모입니다.

그렇다고 너무 신비주의에 빠져서도 안 됩니다. 이단의 특징이 무엇입니까? 반드시 속히 일어날 일이라고 하니까 그 날짜만 계산하느라 정신이 없습니다. 몇 월, 며칠, 몇 시에 지구가 망한다느니, 예수님의 재림과 휴거가 가까이 왔다느니 떠들어 댑니다.

수년 전, 미국의 해롤드 캠핑이라는 사람도 2011년 5월 21일에 지구 종말과 휴거가 일어난다고 주장했지만 허무맹랑한 말이었습니다. 그가 지목한 날에는 아무 일도 일어나지 않았죠. 그러자 그는 "내가 영적 메시지를 잘못 읽었다"라고 하면서, 같은 해 10월 21일이 진짜 종말의 날이며, 그날 예수님이 재림하실 것이라고 주장을 번복했습니다. 그런데 어찌 되었습니까? 그날도 역시 별일 일어나지 않았습니다.

이천 년이 지나도록 예수님이 재림하지 않으시니 우리는 '주님이 언제 오실까'에만 관심을 쏟습니다. 말도 안 되는 이단의 꾐에 빠져 헤어나지 못하는 사람들도 허다합니다. 그러나 성경을 신비주의적으로 해석해서는 안 됩니다. 성경은 복음주의적으로 읽어야 합니다. '속히 오겠다'고 하신 주님의 말씀은 그 날과 시를 계산하라는 뜻이 아닙니다. 요한계시록은 예언서인 동시에 서신서입니다. 신비주의적인 환상의 책이 아니라는 말입니다. 하나님의 약속은 철저히 이루어지는 하나님의 계획으로 봐야 합니다.

창세기와 요한계시록은 다를 것이 하나도 없습니다. 창세기를 묵상하다 보면 하나님의 시간 개념과 우리의 시간 개념이 전혀 다르다는 것을 알 수 있습니다. 창세기 50장에 보면, 요셉이 죽으면서 이스라엘 백성에게 자기 해골을 메고 약속의 땅으로 갈 것을 맹세시키는 장면이 나옵니다(창 50:25). 그러나 그들이 애굽을 벗어나기까지 430년이라는 시간이 걸렸습니다. 하나님의 시공간 개념은 우리의 그것과는 다르기에 당장 이루어지는 말씀도 있지만 성취되기까지 몇십 년, 몇백 년이 걸리는 말씀도 있습니다. 우리가 기다려야 하는 것에는 하나님의 이유가, 뜻이 있는 것입니다. 이것을 하나님의 '카이로스'라고 합니다.

주님의 재림이 지연되니 사람들은 말씀을 의심하고 공동체에서 벗어납니다. 그러나 이천 년이 넘도록 주님이 안 오신 것은 한 사람이라도 더 구원하시려는 우리를 향한 하나님의 뜨거운 사랑입니다.

그런데 왜 속히 일어날 일이라고 하신 걸까요? 이미 하나님은 내 인생에 도착하셨습니다. 그러나 아직 도착이 확정되지 않은 부분이 있습니다. "Already, but not yet." 이미 오셨는데 아직 몇 퍼센트 도착하지 않은 부분이 있는 것입니다. 이 부분 때문에 우리가 긴장 가운데 성숙되는 훈련을 받습니다.

그러니 우리는 '속히'라는 단어에 목숨을 걸 필요가 없습니다. 응답이 지연된다면서, 아직 응답 받지 못했다고 하면서 불평하면 안 됩니다. '반드시 속히 일어날 일'이라는 말씀은 시간적인 개념이 아닙니다.

셋째, 예수 그리스도의 계시를 천사들에게 보이셨습니다.

구약 시대에는 아모스, 호세아, 이사야와 같은 선지자가 있어서, 하나님께서 그 선지자에게 직접 말씀을 주셨습니다. 그래서 이사야서 대부분은 하나님이 직접 주신 말씀이 시적인 형태로 기록돼 있습니다. 그런데 요한계시록은 천사를 통해 말씀하셨습니다. 이것은 굉장히 중요한 의미를 가집니다. 이제는 계시를 간접적으로 보이시겠다는 것입니다. 그 이유가 무엇일까요?

요한계시록이 기록된 당시는 로마의 도미티아누스 황제가 통치하던 때로, 기독교 역사상 가장 극심한 박해를 받았습니다. 물론 창세기부터 지금까지 핍박이 없는 시대는 없었습니다. 애굽과 앗수르, 바벨론이 이스라엘을 괴롭히고 메대, 바사, 헬라 세력이 끊임없이 핍박하지 않았습니까?

그런데 그보다 더 무서운 세력이 로마입니다. 로마 식민 치하에서 이스라엘은 그야말로 전대미문의 핍박을 받았습니다. 복음을 전할 수도 없고, 예수를 믿는다는 이유로 목숨까지 위태로워지니 신앙에 회의를 느껴 교회를 떠나는 사람들도 많았습니다. 이런 극심한 박해 속에서 하나님이 사도 요한을 통해 이 계시를 주신 것입니다.

지금도 북한을 보십시오. 도미티아누스 시대 저리 가라 할 정도로 기독교를 박해합니다. 집에서 성경만 발견돼도 온 가족을 수용소에 보내거나 죽인다고 합니다. 하나님이 궁금하고 말씀을 보고 싶어도 이웃끼리 서로 감시하게 하여 믿을 엄두도 낼 수 없다고 합니다. 예수님이 당장에라도 오셔야 하지 않을까 싶을 정도로 북한에서는 무서운 박해가 계속되고 있습니다.

출애굽기의 고역과도, 바벨론 포로 시절과도 비교할 수 없는 사상 초유의 고난의 때에 누가 복음을 전하고 들을 수 있겠습니까? 그래서 하나님도 간접적으로 계시하신 것입니다. 요한계시록에 여러 그림과 상징이 등장하는 이유가 여기에 있습니다. 믿는 우리만 아는 암호를 쓰는 것이죠. 그래야 로마가 못 알아듣지 않겠습니까?

아시다시피 우리들교회는 전 교인이 한 말씀으로 큐티하는 교회입니다. 열왕기서를 묵상할 때 수넴 여인의 지혜에 어찌나 탄복되던지, 제가 우리들교회 성도들에게 "나 수넴"이라고 말하자고 했습니다. 그런데 우리끼리야 "나 수넴" 하면 '아, 지혜 있는 사람이 되자는 뜻이지' 하지만, 저명한 일류대학 박사에게 가서 "나 수넴" 한다고 그 사람이 알아듣겠습니까?

하나님의 말씀, 곧 성경은 문자적인 것을 넘어 현실성을 간직한 메시지입니다. 누구든지 하나님의 말씀으로 택함 받은 사람이라면, 삶에서 모든 말씀을 적용할 수 있습니다. 요한계시록만 특별하고 어려운 책이 아니라는 말입니다.

로마는 못 알아들었던 이 책을, 이천 년 후 이방인인 내가 예수 그리스도의 계시로 알아듣고 이해한다면 그것이야말로 큰 기적이요, 은혜 아닙니까? 그런데 이천 년 전 로마 수준에 머물러 있는 사람은 계시록을 보며 그저 날짜나 계산하고 무슨 소리인가 합니다. 절대로 못 알아듣습니다.

마음대로 말씀을 전할 수 있는 사람은 아주 복된 사람입니다. 또 마음대로 말씀을 전할 수 있을 때가 축복의 때입니다. 아무리 고난 많고 힘들다고 해도 말씀을 들을 수 있고 전할 수 있다면 이보다 감사한 것은 없습니다. 아직도 복음의 '복' 자도 뻥끗할 수 없는 가정이 얼마나 많은지 모릅니다. 무시무시한 가정이 의외로 많습니다. 이럴 때는 복음을 직접 전할 수 없습니다. 천사를 통해서 여러 방법으로, 간접적으로 전해야 합니다. 만약 우리 가정이 그렇다면 내 인생 최대의 힘든 일이 오늘 왔다고 생각하면서 이 요한계시록을 읽기 바랍니다.

우리 인생에 닥친 큰 고난은 사실 굉장한 축복의 사인(sign)이기도 합니다. 여기서도 구원 받지 못하면 끝이기에 고난이 지나가는 이때에 주님을 만나라는 것입니다. 주님은 칼을 물고 쫓아오시면서까지 우리가 구원 받기를 원하십니다. 요한계시록은 주님이 칼을 물고 쫓아오시는 이야기입니다. "여기서도 구원 못 받으면 너는 끝이다!" 하시는 것입니다. 그러니 반드시 구원 받기를 바랍니다. 제발 천국 오디션에서 합격하기를 바랍니다. 로마와 같이 겉모습이 아무리 대단해도 구원을 받지 못하면 그저 심판이 예고된 인생일 뿐입니다.

• 내가 예수 그리스도의 계시를 받기 위해 드러내야 할 죄와 수치는 무엇입니까?

• 주님께서 속히 응답해 주지 않으시는 기도가 있습니까? 그 이유가 무엇이라고 생각합니까?

• 지금 닥친 고난이 주께서 나를 구원하고자 칼을 물고 쫓아오시는 일임을 믿습니까?

예수 그리스도의 계시를 증거하는 인생이 복이 있습니다

요한은 하나님의 말씀과 예수 그리스도의 증거 곧 자기가 본 것을 다 증
언하였느니라 _계 1:2

요한계시록을 보면 '하나님의 말씀'과 '예수 그리스도의 증거'라는
말이 늘 붙어 다닙니다. 우리가 증거해야 할 것은 하나님이 보여 주신 것,
즉 하나님의 말씀이라는 것입니다. 우리는 스스로 볼 수 없습니다. 하나
님이 모든 것을 보여 주셔야만 볼 수 있는 존재입니다. 하나님께서 역사하
셔야만 합니다. 우리는 그저 하나님께서 보여 주신 것을 증거하면 됩니다.

우리가 전도를 못 하겠다고 하는 것도 본 것이 없어서 그렇습니다.
법정에 가 보십시오. 재판에서는 증인의 역할이 절대적입니다. 그런데 공
부 잘한다고 증인석에 세워 줍니까? 돈 많다고 증인을 할 수 있습니까?
증인의 자격은 사건 현장에 있었던 사람에게만 주어집니다. 주님을 증거
할 수 있는 자격 또한 주님을 만나야만 주어집니다. 주님을 만났다는 것
만으로도 어마어마한 증인의 자격을 갖추는 것입니다.

전도도 내가 주님 만난 이야기를 하면 그만입니다. 힘들 것이 없습
니다. "예수 믿기 전과 후 내 인생이 완전히 달라졌다", "주님을 믿기 전
에도 악했지만 주님을 믿고 보니 내가 얼마나 죄인인지 날마다 깨닫게
되더라" 하는 이야기를 하면 되는 것입니다. 믿음의 징표가 없으니 전도
하라고 하면 만날 핑계를 대고 기도하라고 하면 도망가는 것입니다.

한 청년이 어느 선교 단체의 훈련 프로그램에 매년 참여하기에, 왜

같은 훈련을 계속해서 받는지 물어봤습니다. 그랬더니 그곳에 가야만 하나님의 임재를 느낀다나요? 하나님의 임재하심을 어디에 가서만 느끼면 곤란합니다. 여기저기 쫓아다니며 요란하게 신앙생활 해 봤자 금세 클클증이 납니다.

가만 보면 큐티도 스스로 하지 않고 모임에만 왔다 갔다 하는 사람이 있습니다. 이런 사람은 10년을 교회 다녀도 제자리걸음입니다. 큐티는 스스로 하는 것입니다. 말씀을 내가 읽어야지 누가 대신 읽어 줄 수 없습니다. 아무리 유명한 훈련 프로그램에 참여하고 병 고침 기도, 예언 기도 받으러 다니면 뭐 합니까? 받고 나면 거기서 끝이잖아요?

내가 본 것을 하나님의 말씀으로 증거해야 합니다. 그 훈련을 받아야 합니다. 그것이 곧 말씀 묵상 훈련입니다. 그런데 이 말씀 묵상 훈련을 혼자 하려고 하니 문제가 생깁니다. 공동체에서 훈련 받지 않고 나누지도 않으니 기복적 신앙에 딱 머물러 있습니다. 내 죄와 수치를 드러내지 않고 지체들과 나누지 않으니 백날 큐티해도 늘 제자리입니다. 예수 그리스도의 계시는 감추어진 것이 드러나는 것인데, 내 죄와 수치를 드러내는 훈련을 받지 못한다면 아무리 큐티하고 신앙생활 열심히 해도 절대 변하지 않습니다. 10년이 지나도, 20년이 지나도 그 인생은 달라지지 않습니다.

그래서 교회 안에 실질적인 무신론자들이 넘쳐납니다. 그들의 삶의 현장에는 하나님이 계시지 않습니다. 그저 교회에만, 성경 속에만 하나님이 계십니다. 이천 년 전 예루살렘 교회에는 수많은 사람이 봉사했다고 합니다. 그런데 그렇게 열심히 봉사하던 사람들이 성전의 주인이신 예수님을 십자가에 못 박았습니다. 본질이 뭔지도 모르고 신앙생활을 한 것입니다. 지금의 교회라고 다르겠습니까?

요한계시록이 기록된 시대가 유대인들이 전대미문의 박해를 받던 때라고 했습니다. 그들이 왜 이런 핍박을 받았습니까? 사실 이것은 유대인들 삶의 결론입니다. 그들이 예수님을 죽이지 않았습니까? 이 핍박은 A. D. 313년 기독교가 공인되기까지 계속되었습니다.

지금 내가 받는 핍박이 이해가 안 됩니까? 도대체 내가 언제까지 남편에게 당해야 하는가, 자녀 고난으로 고통 받아야 하는가, 시부모에게, 상사에게 당해야 하는가 싶습니까? 내가 전도 받고 예수를 믿어 그리스도인이 되었고, 십자가와 부활을 믿고 회개와 속죄를 거쳐 이제는 천국에 들어가야 하는데, 어째서 하나님은 아직도 내게 이런 고난을 주시는가 의문이 듭니까?

때로는 이해할 수 없는 핍박이 찾아옵니다. 그 핍박을 이겨 보겠다고 기도원에 가고 훈련 받으러 가기보다는, 내가 보고 겪은 것을 하나님의 말씀으로 증거하는 훈련을 하기 바랍니다. 예수 그리스도를 내 삶으로 증거하는 훈련을 하기 바랍니다. 여기 따라다니고 저기 쫓아다니는 삶이 아니라 말씀으로 내 인생을 증거하는 훈련을 해야 합니다.

• 이해되지 않는 핍박이 있습니까? 혹시 아직 드러내지 못한 내 죄와 수치 때문은 아닙니까?

• 내 인생에 하나님의 말씀으로 증거할 믿음의 징표가 있습니까?

말씀을 읽고 듣고 지키는 자가 복이 있습니다

이 예언의 말씀을 읽는 자와 듣는 자와 그 가운데에 기록한 것을 지키는
자는 복이 있나니 때가 가까움이라 _계 1:3

흔히 '예언'은 앞으로 일어날 일을 미리 짐작해서 말한다는 뜻으로
쓰입니다. 그러나 성경에서 말하는 예언은 의미가 조금 다릅니다. '하나
님이 자신의 말씀을 누군가에게 맡기셨다'라는 의미입니다. 따라서 '예
언'보다는 '대언'이라고 하는 것이 더 정확합니다.

초대교회 당시 거짓 선지자나 예언자들이 많아서 진정한 말씀 사역
이 필요했습니다. 하나님의 말씀을 정확히 대언할 사람이 필요했던 것입
니다. 지금 그 역할을 사도 요한이 하고 있습니다. 하나님이 사도 요한에
게 이 계시를 맡기셨습니다.

그러니까 사도 요한은 단순히 자신의 경험을 전달하려는 목적으로
무질서하게 요한계시록을 기록한 것이 아니라는 말입니다. 즉흥적인 것
도 아닙니다. 이 책의 목적은 '하나님의 계시의 의미를 정확히 전하는 것'
입니다. 이 말씀들은 놀라울 정도로 정교하게 엮인 하나의 문학작품과도
같습니다. 구약의 예언과 통일성을 가지면서도 지금까지 보지 못한 새 하
늘과 새 땅의 완성을 보여 주는 놀라운 복음입니다.

오늘 내게도 하나님이 맡기신 예언의 말씀이 있습니다. 그 맡기신
것을 다른 사람들에게 넘치도록 주어야 합니다. 혼자서만 가지고 있으면
안 됩니다. 초대교회에서도 회중이 같이 말씀을 읽고 듣고 낭독하다가 누

군가 나와서 간증을 꼭 했다고 합니다. 이것이 바로 말씀을 읽고 듣고 지키는 것입니다. 앞서 말했듯 하나님의 말씀으로 내가 본 것을 증거하는 훈련을 받아야 합니다.

핍박이 왔을 때 한 사람이 말씀을 읽고 듣고 지키면, 그가 아무리 보잘것없는 사람이라도 그로 인해 집안이 복을 받고, 교회가 복을 받고, 온 세상이 복을 받습니다. 여기서 '복'은 '팔복'(八福)을 의미합니다. '복이 있나니'라는 말씀이 계시록에 많이 나오는데, 말씀을 읽고 듣고 지키는 자는 완전하신 하나님의 바라크의 복, 즉 하나님을 예배하는 복을 받는 줄 믿습니다.

저도 남편의 구원을 위해서 생명을 내놓고 기도했습니다. 오늘이 마지막이라고 생각하니 내가 받는 핍박이 손해가 아니라 얼마나 감사요, 기쁨이었는지 모릅니다. 남편이 아무리 화를 내도 오늘 내가 구원을 위해 죽을 각오를 하니까 두려울 것도, 못할 것도 없었습니다. 앉으라면 앉고, 서라면 서고, 죽으라면 죽는 시늉까지도 할 각오였습니다. 오늘 내가 죽어도 예수로 결론이 나야 하기에 내 혈기를 부릴 수가 없었습니다. 힘들어도 웃음 지으며 구원의 표정을 보여 주었습니다. 그러다 제가 죽으면 남편이 '잘 죽었다!' 하겠습니까? 부인 생각만 하면 눈물이 줄줄 흐르고, 그 부인이 부르짖던 예수님을 기억하지 않겠습니까? 오직 제 목적이 구원 때문에 남편을 감동시키는 것에 있으니 하나님이 지혜를 주셨습니다. 그래서 저는 정말 기쁘게 살 수 있었습니다. 늘 오늘이 마지막이라고 생각하는 인생만큼 복 있는 인생은 없습니다. 요한계시록 말씀에도 "때가 가까우니 말씀을 읽고 듣고 지키라"고 하지 않습니까?

그러니 요한계시록은 복을 주는 책이지 무서운 책이 아닙니다. 어떤 사람은 창세기는 읽어도 레위기, 민수기, 신명기는 어려워서 안 읽고, 신약도 마태복음은 예수님 족보 읽기가 힘들어서 싫고, 요한계시록은 평생 들춰도 안 본다고 합니다. 그러나 요한계시록은 어려우니 덮어 버려도 되는 책이 아닙니다.

요한계시록은 설교로도 듣기가 쉽지 않습니다. 그러니 점점 난해한 책이 되어서 이단들이 도맡아 설교를 합니다. 그러니 어찌 제가 가만있을 수 있겠습니까? "그러므로 믿음은 들음에서 나며 들음은 그리스도의 말씀으로 말미암았느니라"(롬 10:17)고 했습니다. 믿음은 하늘에서 뚝 떨어지는 것이 아닙니다. 내가 성경을 통해 말씀을 수없이 반복해서 읽고 듣고 지키고, 자신이 본 것을 증거하는 지체들의 간증을 들으면서 자라 가는 것입니다. 이것이 얼마나 복을 받는 비결인지 모릅니다.

저는 확신이 있습니다. 하나님께서 우리들교회 교인들에게 반드시 복에 복을 주실 것을 믿습니다. 우리들교회는 특별한 프로그램이 없습니다. 이벤트나 부흥회, 특별 새벽기도회 같은 것을 해 본 적도 없었습니다. 그런데도 교인들의 신앙이 성숙하는 것을 봅니다. 온 교인이 성경을 읽고 듣고 지키며, 자신이 본 것을 증거하는 간증을 서로 나누며 가기에 우리들교회가 이런 복을 받고 누리는 것 아니겠습니까? 이것이 얼마나 감사한지 모릅니다.

어떤 사람은 내가 돈이 없고 배운 게 짧고 부모를 잘못 만나서 고난을 당한다고 생각합니다. 이것은 하나님을 제대로 알지 못하기 때문입니다. 말씀을 읽고 듣고 지키는 자는 우리를 구원하시고자 하나님이 로마를 사용하신다는 것을, 우리로 소망을 가지고 돌아오게 하시고자 로마 같은 엄청난 압제 대상들을 도구로 사용하신다는 것을 잘 알고 있습니다.

앞으로 소아시아를 대표하는 일곱 교회에 대한 말씀이 나옵니다. 그런데 그 핍박의 때도 문제없는 교회가 하나도 없었습니다. 그러니 하나님이 로마라는 세력을 일으켜 구원의 막대기를 드신 것입니다. 이스라엘이 당한 어마어마한 핍박도 실상 애매하게 받은 것은 아니었습니다.

무시무시한 로마의 핍박이 지금 내 가정에 왔습니까? 내 인생에 왔습니까? 그것은 우리 삶의 결론입니다. 애매하게 당하는 고난은 하나도 없습니다. 우리 죄가 얼마나 쇠심줄같이 질기면 이 로마 같은 세력을 붙이셨겠습니까? '이렇게까지 했는데도 돌아오지 않으면 소망이 없다'고 주님이 말씀하시는 것입니다.

우리들교회 청년부에서 목자로 섬기는 한 자매의 간증입니다. 의사로 일하는 멋진 자매인데, 그 굴곡진 인생 이야기를 들으니 '고난도 이런 고난을 겪을 수 있는가' 놀라우면서도, 한편으로는 우리들교회 청년부에 참소망이 있다는 생각이 들었습니다.

자매의 유년 시절 아버지는 돈을 벌기 위해 해외로 나가 자주 부재 중이었습니다. 아버지의 폭력에 시달리던 어머니는 우울증까지 얻어 늘 누워만 있었다고 합니다. 집안 형편도 녹록하지 않아 방 한 칸에 온 가족이 옹기종기 모여 살다 보니 자매는 우연히 부모님의 부부관계를 목격하게 되었습니다. 그로 인해 성에 일찍 눈을 뜨고, 설상가상 친척에게 성추행까지 당했습니다.

부모님은 불화가 극에 달해 자매가 중학생일 때 이혼했는데, 위자료 문제로 아버지가 감옥에까지 가게 되었답니다. 얼마나 불우합니까? 가난과 고난이 극심한데도 이 자매는 학교에서는 모범생으로, 교회에서는 신앙 좋은 성가대원으로 살았습니다. 그러나 보고 배운 게 그런 것뿐이라 음란을 즐기면서 이중생활을 했다고 합니다. 자신도 남도 신뢰하지 못했기에 늘 사람들의 눈치를 보며 잘 보이려고 애썼습니다.

그러다가 원하던 의대에 들어가서 잠시 부모님의 사랑을 받았지만, 이미 부모님에 대한 신뢰가 사라졌기에 자매는 기쁘지 않았습니다. 그래도 겉으로는 효녀인 척하면서 철저히 세상 풍년 가운데 살았습니다.

관심 받는 것이 좋아 선교단체에서도 열심히 활동했지만 불신자인 남자 친구를 만난 후로 점점 하나님과 멀어졌습니다. 그러던 어느 주일, 예배를 빠지고 남자 친구와 같이 놀러 간 길에 자매는 남자 친구에게 성폭행을 당했습니다. 이 사건이 '이제는 음란을 끊으라'는 하나님의 음성 같았지만, 자매는 이미 버려진 인생이라고 자포자기하면서 계속 그를 만났고 결국 임신까지 하게 되었습니다.

들은 말씀이 있기에 낙태는 할 수 없었습니다. 성중독인 불신 남자 친구를 벗어나고 싶지만 아이를 낳으려면 결혼을 해야 할 것 같아 상견례 자리를 마련했습니다. 그러나 남자 친구 어머니의 모욕적인 태도에 자매의 어머니도 결혼을 반대하여 결국 아기를 낳아 입양 보내게 되었습니다.

자매는 지난 삶에 대한 후회와 아기를 향한 그리움으로 날마다 눈물로 베개를 적셨습니다. 잘난 딸이 이렇게 된 것이 가족에게도 상처였기에 이후로는 아무도 이 일에 대해 말을 꺼내지 못했습니다. 자매도 복학하여 아무렇지 않은 듯 생활했고 교회와 선교단체 일에 더욱 열심을 내며 죄를 덮으려 했습니다. 그러나 그럴수록 내면은 점점 곪아 갔습니다.

그러던 중 자매는 자신의 모든 상처를 감싸 줄 것 같은 신학대학원생 형제를 만났습니다. 믿음으로 만난 것 같았지만 이 교제 역시 음란했고, 결국 그 형제와도 헤어지게 되었습니다. 이렇게 해, 달, 별이 떨어지는 모든 사건을 겪고 나서야, "네 상처를 보듬어 주지 못해 미안하다"는 언니의 지극한 사랑에 이끌려 자매는 우리들교회에 나오게 되었습니다.

자기의 고난을 약재료 삼아 간증하는 우리들교회 지체들을 보며 자매는 마음이 열렸고, 목장 모임과 양육 훈련을 통해 자연스럽게 상한 마음이 회복되었습니다. "인생의 목적은 행복이 아니라 거룩"이고, "나의 현재는 지금껏 살아온 삶의 결론"이라는 것을 깨달았습니다. 이성에게서 행복을 찾으려 했던 자기 욕심을 깨닫게 된 것입니다. 혼전 임신과 입양이라는 기막힌 사건으로 하나님이 음란의 악을 끊어 주셨다는 것도 온전히 인정하게 되었습니다.

그러면서 자매의 내면 깊이 존재했던 어두움이 빛으로 환해지기 시작했습니다. 자매는 자신의 고난도 하나님께 내어놓고 약재료로 쓰임 받기를 꿈꾸었는데, 청년부 목자로 세워 주셔서 귀한 지체들을 섬길 수 있게 되었다며 감사했습니다.

그런데 하나님이 여전히 일인자가 되려 하고 세상 풍년을 좇는 자매의 마음을 너무나 잘 아시고 갑상샘암을 허락하셨습니다. 암 수술 후 대상포진까지 찾아와 하루가 멀다고 고통스러웠습니다. 자매는 그 가운데 이런 고백을 했습니다.

"방사선 치료를 앞두고 여러 육신의 감옥에 갇혀 있지만, 말씀과 믿음의 공동체 안에 있으니 암 사건이 내 삶의 결론임을 인정하게 됩니다. 하나님께서 애통한 마음으로 제게 허락하신 이 고난이 너무나 감사합니다. 말씀을 통해 범사에 창성하게 하실 하나님을 기대합니다. 앞으로 제 고난을 약재료 삼아 미혼모와 고아 사역에 쓰임을 받고 싶습니다."

할렐루야! 어두운 과거는 덮고 결혼하여 아무 일 없는 듯 사는 사람이 얼마나 많습니까? 그런데도 자매는 이 수치를 다 꺼내 놓고 하나님께 쓰임 받고 싶다고 합니다. 그러니 부끄러울 것이 무엇입니까? 이런 사람이 쓰임 받지 누가 쓰임 받겠습니까?

우리가 예수 그리스도의 계시를 잘 증거하기 위해서는 말씀을 읽고 듣고 지켜야 합니다. 험악한 세월을 통해 말씀을 깨달은 자에게 구원을 허락하시고, 새 하늘과 새 땅을 보여 주신다는 것이 요한계시록의 주제입니다. 어렵다고 포기하지 말고 우리에게 주신 사랑의 책, 요한계시록 말씀을 은혜로 깨닫기 바랍니다.

- 지금의 고난과 핍박이 내 삶의 결론이라는 사실을 인정합니까?
- 말씀을 듣고 읽고 지키며 팔복을 받는 삶을 누리고 있습니까?

우리들 묵상과 적용

어린 시절 부모님의 이혼과 재결합을 거치면서 상처가 많았던 저는 부모님과 소통 없는 삶을 살았습니다. 원하던 의대에 진학하면서 부모님의 관심과 사랑을 받았지만 이미 신뢰가 사라졌기에 크게 기쁘지 않았습니다.

그러던 중 실습 수업에서 만난 한 불신 남학생과 교제를 시작했습니다. 저는 그 친구에게 빠져서 점점 하나님을 떠났습니다. 그렇게 정욕대로 살면서 예배를 빠지고 남자 친구와 놀러 나간 어느 날, 저는 남자 친구에게 성폭행을 당했습니다. 그런데도 관계를 끊어 내지 못하고 만남을 이어 오다 결국 임신까지 하게 되었습니다. 임신 사실을 알게 된 남자 친구는 낙태를 강요했지만, 저는 생명의 주권이 하나님께 있음을 알았기에 몰래 아기를 낳았습니다. 그러나 양가 부모의 반대로 아기를 키우지는 못하고 입양을 결정하게 되었습니다.

저는 아기를 입양 보내며 두려운 마음에 간절히 기도했습니다. 그러자 하나님께서 "여인이 어찌 그 젖 먹는 자식을 잊겠으며 자기 태에서 난 아들을 긍휼히 여기지 않겠느냐 그들은 혹시 잊을지라도 나는 너를 잊지 아니할 것이라"(사 49:15)는 말씀으로 저를 위로해 주셨습니다. 아기는 예수를 믿는 불임 가정에 입양되었다고 합니다.

이후 저는 아기에 대한 그리움과 죄책감으로 날마다 베갯잇을 적시며 울었습니다. 겉으론 아무렇지 않은 척했지만, 도무지 인생이 해석되지 않아서 내면이 곪아 갔습니다. 그즈음 친언니의 인도로 믿음의 공동체에 속하게 되었습니다. 숨 막히는 고통 가운데서 모든 설교와 간증이 제게 주시는 하나님의 말씀으로 들렸습니다. 내 죄의 결론으로 아기를 입양 보내게 되었지만, 말씀을 들으며 죄인인 나를 버리지 않으시고 음란에서 돌이키시려는 하나님의 사랑이 깨달아졌습니다. 나를 죄와 사망에서 건지신 은혜를 깨닫게 되자 부모님에게도 마음이 열렸습니다. 성폭행 사건에서도 나만 피해자인 줄 알았는데, 상대를 죄짓게 한 내 죄가 깨달아져 마음속 어두움과 원망이 걷혔습니다. 이렇게 예수 그리스도의 계시가 제 삶에 조금씩 열리면서 청년부 목자로서 귀한 지체들을 섬기는 복도 받았습니다(1절). 지금은 저의 간증을 귀하게 여겨 주는 남편을 만나 신(信) 결혼도 하고 예쁜 딸도 낳았습니다.

저로 하여금 절망 가운데도 하늘의 뜻을 넘치게 받게 해 주시고, 예수 그리스도의 계시로 인생을 해석하여 살아 내게 하신 주님의 은혜에 감사드립니다. 말씀을 읽고 듣고 지키는 최고의 복을 제게 허락해 주신 하나님, 사랑합니다(3절).

영혼의 기도

하나님 아버지, 우리에게 로마라는 전대미문의 박해 세력을 붙여 주셨습니다. 남편이, 아내가, 시부모가, 직장 상사가, 자녀가 로마 역할을 하며 우리를 핍박하고 조롱합니다. 저의 악과 고집이 얼마나 쇠심줄 같으면 이런 무시무시한 세력을 붙이셨겠습니까?

그러나 제가 로마를 만난 것은 제 삶의 결론임을 인정합니다. 그동안 주님이 주신 수많은 메시지를 제가 듣지 않고, 이스라엘 백성처럼 제 손으로 주님을 십자가에 못 박았기 때문에 지금 이 고난 가운데 있습니다. 그러나 하나님께서 맡겨 주신 예수 그리스도의 계시가 이 고난 가운데 있음을 제가 믿습니다. 그 일은 반드시 속히 일어날 일인 줄 믿습니다. 천사가 은밀히 계시를 전해 주었듯이, 저 역시 기도하며 제가 본 것을 하나님의 말씀으로 증거하게 도와주시옵소서. 말씀을 읽고 듣고 지키는 자가 되기를 원합니다.

주님, 요한계시록을 읽으면서 저 역시 복 있는 자가 되기를 원합니다. 복에 복을 더하여 주시옵소서. 요한계시록은 무서운 책, 환상의 책이 아니라 복을 주시는 책인 줄 믿습니다. 아버지 하나님, 복을 내려 주시옵소서. 복 받는 묵상이 되게 도와주시옵소서. 우리의 모든 로마가 물러가도록 도와주시옵소서. 예수님 이름으로 기도합니다. 아멘.

Chapter 2

고난은 다른 사람을 위해 주신 보석입니다

요한계시록 1장 4~8절

하나님 아버지, 나의 고난을 반짝반짝 닦아
다른 사람을 위해 쓰기 원합니다.
말씀으로 인도해 주시옵소서.

가정문제 상담가인 에다 르샨(Eda J. LeShan)의 이야기입니다. 그녀에게는 난 지 2년 6개월 된 딸아이가 있습니다. 하루는 남편이 아이에게 혼자 잠옷을 입어 보라고 했습니다. 그랬더니 아이가 "싫어, 이 멍청이야!"라고 대답을 했답니다. 그녀의 남편은 박사학위까지 받은 심리학자이고, 특별히 발달심리를 연구했기에 보통의 만 두 살 되는 아이에 대해서라면 모르는 것이 없는 사람입니다. 그런데 정작 자기 딸에게 그런 말을 들으니 얼굴이 창백하다 못해 파리해져서는 아이를 집어 던져 버리고 싶다고 중얼거리더랍니다.

어느 부모가 자녀를 허투루 키우겠습니까? 누구든 자녀에게 가난과 상처를 대물림하지 않기 위해 노력하면서 최선을 다해서 키웁니다. 자기 인생을 다 걸고 자녀 인생에 빛을 밝혀 주려고 노력합니다. 그런데 아이가 그런 내 노력도 몰라주고 제멋대로 굴며 무분별하게 행동하면 화가 납니다. 인생이 허무하기까지 합니다.

아이를 키울 때만 그렇겠습니까? 우리는 허무하다는 말을 얼마나 입에 달고 사는지 모릅니다. 평생을 어떤 분야에 헌신하여 마침내 세상에 이름을 널리 알린 사람도 노년이 되어서는 '인생이 참 허무하다'고 합니다. 왜 그렇습니까? 내가 헌신한 그것이 하나님 안에서 찾은 것이 아니기 때문입니다. 미술의 대가이든 음악의 아버지이든 내가 이룬 그것이 하나님 안에서 찾은 것이 아니라면 허무함으로 끝을 맺습니다.

영국의 신학자인 레슬리 뉴비긴(Lesslie Newbigin)은 허무주의와 나르시시즘에 대해서 "하나님의 계시와는 아주 다른 확실한 지식의 추구는 허무주의를 초래한다"라고 말했습니다. 하나님이 나를 비롯한 만물의 창조자라는 것이 옳다면 그와 다른 것을 출발점으로 찾는 지식은 모두 혼돈으로 끝날 수밖에 없다는 것입니다.

은혜는 무엇입니까? 나는 아무 능력이 없는데 머리를 숙이고 허리를 굽히고 찾아와 주신 예수 그리스도로 인해 평강이 임하는 것입니다. 은혜는 값없이 내려 주시는 선물입니다. 그런데 내가 노력하여 성경을 공부하려 하니까 은혜를 모릅니다. 내 힘을 다해서 노력한 사람이 어떻게 은혜를 알겠습니까?

겸손한 사람이라야 "은혜 받았어요" 말할 수 있습니다. 교만한 사람에게는 절대 이 말이 나오지 않습니다. 아무리 성경을 줄줄 외고 잘 가르쳐도 교만하면 은혜와 평강이 임하지 않습니다.

은혜와 평강을 얻기 위해서는 교회 공동체가 필요합니다

요한은 아시아에 있는 일곱 교회에 편지하노니······ _계 1:4a

하나님께서는 우리를 '복 있는 자'라고 하시면서 "말씀을 읽고 듣고 지키는 자가 복이 있다"고 하셨습니다. 또 그리스도의 계시를 증거하는 자에게 복이 있다고 하셨습니다. 그런데 그 말씀 이후에 "일곱 교회에 편지한다"고 하십니다. 즉 복이 있는 대상으로 교회 공동체를 지목하신 것입니다. 이것은 말씀을 교회에 맡기셨다는 의미입니다.

교회는 사탄의 공격 대상 1호입니다. 특히 살아 있는 교회는 더 정성을 기울여 공격합니다. 그러니 교회가 엄청난 핍박을 받는 것은 당연합니다. 역사적으로 교회는 성도들이 산 채로 불구덩이에 던져지고 온몸이 찢기는 고통을 경험하면서 지금까지 왔습니다. 그럼에도 우리는 하나님의 교회입니다. 하나님은 우리를 향한 구원 계획을 변경하지 않으십니다.

세상이 나를 무시하고 조롱하고 핍박해도 하나님은 오직 하나님의 백성에게 관심을 두십니다. 앞서 이야기했듯이 우리가 하도 말을 안 들으니까 칼을 물고 쫓아와서라도 우리를 끝까지 구원시키시려는 사랑의 책이 요한계시록입니다. 그런데도 사람들은 대접 재앙이나 아마겟돈 전쟁, 곡과 마곡의 전쟁 같은 무서운 내용만 보면서 어렵다고 합니다.

요한계시록은 연대기적으로 기록된 책이 아닙니다. 요한계시록의 많은 전쟁도 순차적으로 나타나는 사건이 아닙니다. 마지막 전쟁, 심판 날에 있을 일들을 반복해서 이야기하는 것입니다. 하나님께서 "이제는 제발 나에게 나아오라. 이번이 마지막이다. 진짜 마지막이다" 하며 같은 이야기를 반복하시는 것입니다. "마지막이라고 하는데도 안 믿을래? 이렇게 거듭 이야기하는데도 진짜 안 믿을래?" 하시며 우리를 자꾸 어르시는 것입니다. 이를 깨닫지 못하는 사람들이 계시록 말씀을 이상하게 풀어 댑니다.

계시록에 나오는 숫자들을 시간적 개념으로 계산하여 "언제 무슨 일이 일어나고, 마지막 때가 언제 올 것이다"라며 떠들어 대는 이단들도 있습니다. 그러나 천국은 문자적으로 곡과 마곡의 전쟁 후 7년 환난을 거치고 가는 곳이 아닙니다. 천국은 미래에 가는 곳이기도 하지만, 우리가 이 땅에서 말씀을 읽고 듣고 지키면 내 삶에도 천국이 임합니다. 어떤 전쟁 가운데서도 복이 있습니다. 요한계시록은 우리가 이 땅에서도 천국을 누릴 수 있다는 진리를 알려 주는 책입니다.

그중에서도 가장 가시적으로 천국이 드러나는 곳이 바로 교회 공동체입니다. 하나님은 교회 공동체에서 천국의 모형을 보게 하십니다. 그래서 요한도 이 교회 공동체에 편지를 씁니다.

특히 요한은 '일곱 교회'에 편지하는데, 성경에서 '일곱'이라는 숫자는 완전수, 절대적인 보편수, 완전 충만, 전체를 의미합니다. 창세기에서 하나님이 세상을 창조하신 날수도 7일이었습니다. 그러므로 요한이 말한 일곱 교회는 곧 모든 교회를 의미합니다. 초대교회뿐만 아니라 가고 오는 세대인 우리를 향하여 쓴 서신입니다.

물론 교회가 지상천국은 아닙니다. 지상에 완전한 교회는 없습니다. 우리가 전도를 받아 처음 교회에 가면 어떻습니까? 서로 속사정은 아직 모르고 내게 선물을 주고 관심도 가져 주니 좋아합니다. 그런데 시간이 지나면서 사람들의 실체가 보이고, 웃음 뒤에 있는 이면도 경험합니다. 그렇다고 세상 모임에는 문제가 없습니까? 사람은 모두 이기적이고, 자기만 의인이라고 생각하기에 내가 주인공이 아닌 일에는 반기를 듭니다. 우리 인생이 100프로 죄인이라서 어디든 사람이 모이면 선한 것이 없습니다. 교회도 마찬가지입니다.

그러나 하나님의 교회는 아무리 약점이 많아도 희망이 있습니다. 은혜의 공동체는 내가 99퍼센트도 아닌 100퍼센트 죄인임을 아는 데서 출발하기에, 시작은 미약해도 시간이 지나며 하나가 됩니다. '어떻게 교회에서 그럴 수 있어?' 하며 실망하고 넘어진다고 해도 교회 공동체는 세상과는 비교할 수 없는 곳입니다.

저는 '문제가 없는 것이 문제이고 문제가 있는 것이 축복'이라고 생각합니다. 그래서 환난당하고 빚지고 원통한 사람들이 우리들교회에 오기를 늘 부르짖었습니다. 그 결과 정말로 문제 많은 수천 명이 교회에 모였는데, 그럼에도 교회는 평강합니다. 이야말로 하나님의 은혜 아니면 어떻게 설명할 수 있겠습니까?

진리의 말씀은 지식을 쌓는다고 깨달아지지 않습니다. 오직 은혜로만 깨달아집니다. 은혜로 내가 죄인이라는 것을 깨달아야 평강이 임하는 것입니다.

레슬리 뉴비긴은 "성경은 어디까지나 공동체의 책이고 성경과 공동체는 떼려야 뗄 수 없는 관계인만큼 어느 하나를 이해하지 않고는 다른 하나를 알 수 없다"라고 했습니다. 공동체를 이끌어 가는 것이 성경이고 성경을 이끌어 가는 것이 공동체이기 때문에, 진리를 증언하고 복음의 권위를 단언하려면 교회 공동체가 삶과 예배를 통해 복음을 선포하고, 들려주고, 말씀을 몸소 살아 내는 것밖에 길이 없다는 말입니다.

그래서 우리는 말씀을 들었으면 그 말씀대로 오늘을 살아 내야 합니다. 혼자가 아닌 공동체에서 그 일을 이루어 내야 합니다. 인간은 모두 악하기 때문에 공동체에서 검증 받아야 합니다. 교회는 공부한 지식을 나열하는 곳이 아닙니다. 목장은 은혜로 모여야 하고, 목자는 은혜로 목장을 인도해야 합니다. 공동체에 은혜가 있으면 각 구성원도 은사대로 쓰임을 받습니다. 우리 교회 공동체가 은혜로 모이는 공동체가 되기를 바랍니다.

우리들교회 목장이 잘 운영되는 이유가 무엇입니까? 목자들이 은혜 안에서 겸손하기 때문입니다. 남아프리카의 개혁교회 지도자인 앤드류 머레이(Andrew Murray)는 "겸손의 뿌리에서 사랑이 열매 맺는다"라고 말했습니다. 우리들교회 목자들도 자신이 죄인인 것을 알고 겸손히 목장을 인도하기에 목장이 은혜로 모입니다. 우리가 무엇이 똑똑해서 목장 인도를 하겠습니까? 우리들교회는 모일 집만 있어도 목자가 됩니다. 밥만 잘 해 줘도 목자가 됩니다. 집도 없고 밥해 줄 능력 없어도 지체들의 이야기 잘 들어주고 같이 슬퍼하고 기뻐해 주기만 해도 목자가 됩니다.

그러니 누가 "당신은 어떻게 목자가 되었습니까?"라고 물어보면, 목자들은 "저야 집 있는 것밖에 실력이 없습니다", "저는 할 줄 아는 게 밥하는 것밖에 없습니다" 해야 합니다. 그럴 때 모두가 평안하고 은혜가 넘칩니다.

교회 공동체에 속하고 싶지 않습니까? 미운 사람이 생겼습니까? 공동체에서 내가 얼마나 못됐나 날마다 점검하십시오. 공동체 안에서 내가 얼마나 다른 사람을 용납 못 하는 사람인지 보아야 합니다. 세상 모임은 싫으면 안 나갑니다. 누가 말이 안 되는 소리를 하면 딱 등을 돌립니다. 그러나 주님의 교회는 피로 값 주고 사신 공동체이기에 내 의사에 따라 등을 돌릴 수 없습니다. 교회 공동체 안에서 내 못난 모습까지 다 드러내고, 지체의 부족한 모습도 용납하고 가야 합니다. 그래야 우리가 성화될 수 있습니다. 이것이 교회 공동체에서 은혜와 평강을 누리는 비결입니다.

• 내가 잘나고 믿음이 좋아서 직분을 맡았다고 생각하지는 않습니까?
• 공동체에 나갈 때마다 보기 싫은 사람 때문에, 듣기 싫은 말 때문에 괴로웠던 적이 있습니까? 그런 내 모습을 보며 나의 성마른 본성을 직면합니까?

삼위 하나님이 도와주시기에 은혜와 평강이 있습니다

반복해서 이야기하지만 요한계시록은 결코 무서운 이야기가 아닙니다. 3절에서는 말씀을 읽고 듣고 지키는 자에게 복이 있다고 하시더니 5절에서는 은혜와 평강을 주겠다고 하십니다. 하나님은 우리에게 복을 주고 은혜와 평강을 주려고 이 성경을 주셨습니다.

4 ······이제도 계시고 전에도 계셨고 장차 오실 이와 그의 보좌 앞에 있는 일곱 영과 5 또 충성된 증인으로 죽은 자들 가운데에서 먼저 나시고 땅의

임금들의 머리가 되신 예수 그리스도로 말미암아 은혜와 평강이 너희에게 있기를 원하노라 우리를 사랑하사 그의 피로 우리 죄에서 우리를 해방하시고 _계 1:4b~5

창세기 1장에서 삼위의 하나님이 등장하여 우리를 창조하셨는데 성경이 끝나는 요한계시록에 다시 삼위의 하나님이 등장하셨습니다. 이것은 마지막까지 하나님께서 우리를 도와주신다는 의미입니다.

그런데 앞서 1절에 보면, 하나님이 예수님에게 계시를 주실 때는 '주다'라는 동사를 썼습니다. 이것은 직접 계시이기 때문입니다. 그러나 예수님이 천사를 통해 요한에게 주신 계시는 환상적 계시이기 때문에 '지시하다, 알게 하다'라는 동사를 썼습니다. 환상이기에 요한으로 하여금 알게 해야 하는 것이죠. 그리고 예수님의 종들에게는 '보여 주다'라는 동사를 썼습니다. 주다, 지시하다, 보여 주다…… 이렇게 동사의 쓰임이 각각 다른 것은 각자의 역할이 다르기 때문입니다. 계시 전달 차원을 구별하기 위해서입니다.

삼위 하나님의 역할도 각각 다릅니다. 하나이시지만 따로, 삼위의 역할은 다르지만 하나로 우리를 도우십니다. 이 삼위의 하나님에 대해서 잠깐 살펴보겠습니다.

첫 번째, 성부 하나님의 사역입니다.

이제도 계시고 전에도 계셨던 하나님, '스스로 있는 자'이신 하나님(출 3:14)이 나의 하나님이 되셔서 나를 도우십니다. 요한계시록이 기록된

시기는 로마 도미티아누스 황제가 그리스도인을 극심히 박해하던 때입니다. 로마의 박해 때문에 너무 힘들어서 있던 믿음까지 버리고 싶은 이때에 당시 교인들에게 이 말씀이 얼마나 현실적인 위로로 들렸겠습니까? 세상은 일시적이고 고난도 잠깐이지만, 하나님은 영원하시며 그분의 자녀인 우리가 누릴 영광은 무엇과도 비교할 수 없습니다.

두 번째, 성령 하나님의 사역입니다.

우리를 도와주시는 성령님을 '일곱 영'이라고 합니다. 앞서 성경에서 '일곱'은 완전수라고 했습니다. 즉, 이 말씀은 완전하신 하나님의 영이 우리를 도와주신다는 의미입니다. 스가랴 4장에 보면 선지자 스가랴가 환상에서 일곱 등잔을 보고 그 의미를 천사에게 묻습니다. 그때 천사가 "만군의 여호와께서 말씀하시되 이는 힘으로 되지 아니하며 능력으로 되지 아니하고 오직 나의 영으로 되느니라"(슥 4:6)라고 대답합니다. 그리고 "작은 일의 날이라고 멸시하는 자가 누구냐…… 이 일곱은 온 세상에 두루 다니는 여호와의 눈이라"(슥 4:10)고 하죠. 일곱 등잔을 세상을 두루 다니는 여호와의 눈이라고 해석한 것입니다.

이 여호와의 눈이 역대하 16장 9절에도 등장합니다. "여호와의 눈은 온 땅을 두루 감찰하사 전심으로 자기에게 향하는 자들을 위하여 능력을 베푸시나니……." 성령님은 일곱 눈을 가지고 일곱 영으로 온 땅을 두루 다니시면서 아무리 작은 일일지라도 멸시하지 아니하고 도와주신다는 말입니다.

즉, 요한계시록에서 이야기하는 성령님은 진리의 성령님, 보혜사 성령님을 넘어서 완전하신 능력의 하나님을 가리킵니다. 이 하나님은 일곱 눈을 가지고 온 땅을 두루 감찰하시면서 나를 돌보십니다. 내가 아무리 형편없고 아무도 거들떠보지 않는 지질한 사람일지라도, 내가 처한 일이 아무리 작은 것일지라도 나를 찾아와 도와주십니다. 음녀와 짐승이 판치며 나를 괴롭힐지라도 하나님께서는 "오직 성령의 능력으로 내가 너를 도와줄 것이다" 말씀하십니다.

세 번째, 충성된 증인인 성자 예수님의 사역입니다.

요한계시록은 삼위의 하나님 중에서 성자 하나님의 사역을 특별히 강조합니다. 성부, 성자, 성령의 사역을 동등하게 설명한 창세기 1장과는 달리 여기서는 성자 하나님의 사역이 압도적으로 두드러집니다. 5절 앞부분을 다시 보세요.

"또 충성된 증인으로 죽은 자들 가운데에서 먼저 나시고 땅의 임금들의 머리가 되신 예수 그리스도로 말미암아 은혜와 평강이 너희에게 있기를 원하노라……."

충성된 증인은 '순교자'라는 뜻입니다. 즉, 보내신 이의 뜻대로 성자 예수께서 십자가에 못 박혀 죽기까지 충성스럽게 그 일을 담당하시고, 죽은 자 가운데서 먼저 나셨다는 것입니다. 또 '먼저 나셨다'는 것은 예수님이 우리의 장자, 맏형이라는 뜻입니다(롬 8:29). 그러니까 맏형이신 예수께서 롤 모델이 되셔서 우리에게 갈 길을 알려 주신다는 것입니다.

또한 예수 그리스도께서 땅의 임금들의 머리가 되셨다고 합니다. 당시 도미티아누스 황제가 그리스도인들을 극심히 박해했기에 사람들은 그가 이 땅에서 가장 강한 왕이라고 생각했습니다. 그러나 하나님은 "성자 예수님이 우리를 위해 죽으시고 부활하셔서 이 땅의 모든 임금들의 머리가 되셨으니 이제 어떠한 로마 세력에도 안주하지 말라"고 말씀하십니다. 로마를 두려워하지도 말고 그 돈에 안주하지도 말라는 것입니다.

어떤 자매는 남편이 조직폭력배인데 돈을 잘 벌어 오니 그 돈이 좋아서 안주하게 된다고 합니다. 오히려 합리화하면서 남편을 응원하게 되더랍니다. 그래서는 안 됩니다.

다윗의 자손 예수 그리스도만 이 책의 인을 떼실 수 있다(5:5)고 하지 않았습니까? 세상 그 누구도 인봉을 못 떼는데 내 신랑, 내 오빠, 내 맏형 되시는 예수님이 떼신다는 것입니다. 그러니 우리는 이미 불리할 것이 없습니다. 이 책의 인봉을 떼는 분이 내 신랑이고 오빠이고 맏형이니 우리 인생은 보장되었다 이겁니다.

이처럼 요한계시록은 예수님께 철저히 초점이 맞추어져 있습니다. 우리가 이 부분을 빼고 요한계시록을 읽는다면 상징만 난무한 허무맹랑한 말씀이라고 생각할 것입니다. 그러나 이 책이 예수 그리스도의 계시로 출발했다는 것을 잊어서는 안 됩니다. 1장에 모든 핵심적인 말씀이 다 들어 있습니다.

5 ……우리를 사랑하사 그의 피로 우리 죄에서 우리를 해방하시고 6 그의 아버지 하나님을 위하여 우리를 나라와 제사장으로 삼으신 그에게 영광과 능력이 세세토록 있기를 원하노라 아멘 _계 1:5b~6

충성된 증인이신 예수께서 피 흘리심으로 죄에서 우리를 해방하셨습니다. 우리 중 누가 이런 일을 할 수 있겠습니까? 그러나 주님은 나를 위해 죽으셨습니다. 그 덕에 우리가 죄에서 해방되었습니다. 그러니 예수 그리스도의 피 없이는 안 됩니다. 수고 없이는 안 됩니다. 눈물 없이는 안 됩니다.

우리가 누구를 위해 일할 때 가장 기쁩니까? 사랑하는 사람입니다. 그러니 신랑 되신 예수님을 위해서 일할 때 성도들은 가장 기뻐야 합니다. 그런데 그 주님이 나를 나라와 제사장 삼아 주셨다고 합니다. 1절에서는 우리를 가리켜 '예수님의 종'이라고 했습니다. 그것만으로도 이 땅에서 더 기쁜 일은 없습니다. 그런데 이제는 더 나아가 나라와 제사장 삼았다고 하십니다. 하나님께서 세우실 나라를 예수님께 맡겨 주셨는데, 예수님이 나의 신랑이요 오빠요 맏형이니, 우리를 그 나라로 불러들이고 왕 같은 제사장으로 삼아 주시는 것은 당연한 일 아니겠습니까?

나는 이런 신분인 것입니다. 그러므로 어떤 고난 가운데 있을지라도 예수 그리스도의 계시를 받아 증거하고, 말씀을 읽고 듣고 지켜야 합니다. 나는 충성된 증인이라는 것을 기억하고 삼위 하나님이 나를 도와주신다는 것을 날마다 상기해야 합니다. 이것이 성도의 할 일입니다. 그래야 은혜와 평강이 넘칩니다. 우리가 이 예수 그리스도의 계시를 자꾸 놓치니까 은혜와 평강이 사라집니다. 이 땅에서 잘나가는 사람들과 나를 비교하면서 열등감과 교만 사이를 왔다 갔다 합니다.

요한계시록은 우리의 하나님이 얼마나 휘황찬란한지, 예수님이 어떤 분인지 계속해서 보여 줍니다. 내가 힘들 때마다 성경의 휘장을 나의 분량만큼 조금씩 열면, 살아 있고 활력이 있으며 좌우에 날 선 검보다도 예리한 하나님의 말씀이 나의 혼과 영과 관절과 골수를 찔러 쪼갭니다. 그 말씀의 계시를 통하여 내가 살아나는 줄 믿습니다. 내 사랑하는 주님이 얼마나 대단한 분인지 알면 알수록, 내 신랑이 얼마나 부자인지 알면 알수록 우리에게 은혜와 평강이 더욱 넘치게 되는 것입니다.

요한은 지금 이 그리스도의 계시를 전해 듣고 기록하는 것만으로도 너무 기쁩니다. 지금 요한의 처지가 어떻습니까? 밧모섬에 유배되어 감옥살이나 다름없는 삶을 살고 있습니다. 그런데도 주님께 영광과 능력이 세세토록 있기를 원한다고 하면서 "아멘" 합니다.

여러분은 지난한 고난의 길을 걸으면서 어떤 직분을 얻었습니까? 내가 주께 택함 받은 것은 문제가 많아서도, 고난이 많아서도 아닙니다. 고통하고 아파하는 또 다른 누군가를 살리라고 나를 제사장 삼아 주신 것입니다. 제사장에게 요구되는 덕목이 무엇입니까? '정결'입니다. 구약의 제사장은 성소의 직분을 맡은 자로서 정결 예법을 지켜야 했습니다. 이것은 항상 자기 죄를 보아야 한다는 뜻입니다. 그런데 어떤 목자는 공동체와 지체의 죄를 위해 같이 싸워 주라고 하니까 남의 죄를 지적질만 합니다. '같이 싸워 주라'는 것은 남을 정죄하라는 말이 아닙니다. 내가 먼저 자기 죄와 싸우는 모습을 드러내라는 것입니다. 내가 말씀으로 나의 죄를 내놓고 그 죄와 투쟁하는 모습을 보여 줄 때, 다른 사람들이 그걸 보고 '아, 이것이 죄구나. 이렇게 싸우는 것이구나' 알게 되는 것입니다.

날마다 은혜 가운데 있으면 자기 죄를 드러내는 것이 쉽습니다. 그런데 은혜를 모르고 내 노력으로 사는 사람은 내 죄를 드러내는 것이 무엇인지, 죄와 싸우는 것이 무엇인지 도통 알지 못합니다. 평생 쓸데없는 것만 연구하다가 죽을 날이 다 되어서야 인생의 허무함을 깨닫습니다. 인생이 얼마나 허무하면 노벨문학상까지 받은 헤밍웨이가 스스로 목숨을 끊었을까요? 오직 예수께만 영광과 능력이 있습니다. 배우자, 자녀, 직장, 인맥, 돈, 권력 등 이 세상의 것에는 아무 능력이 없습니다.

그러므로 우리가 제사장 신분을 감당하려면 내 고난이 귀한 보석 덩어리라는 것을 알아야 합니다. 내 고난은 버려야 할 것이 아닙니다. 보석처럼 아끼고 반짝반짝 닦아서 쓰임 받도록 내놓아야 합니다. 고난은 나의 훈련을 위해서 주시는 것이기도 하지만, 다른 사람의 구원과 훈련을 위해서 주신 것이기도 합니다.

우리가 많은 사람 앞에서 내 고난과 죄를 꺼내 놓고 간증하면 사람들이 은혜를 받고 자기를 돌아봅니다. 여기에 영광과 능력이 있습니다. 아무리 목사가 설교를 잘해도 간증만큼 자기 죄를 돌아보고 깨닫게 하는 것은 없습니다. 그러니 내 죄를 고백하는 간증이야말로 거룩하게 되는 비결이지 뭐겠습니까?

하나님을 위하여 제사장 된 우리입니다. 내 죄를 항상 보면서 다른 사람의 고난을 위해서 내 고통을 말씀으로 반짝반짝 닦아서 쓰시기 바랍니다. 진정한 제사장이 되기를 바랍니다.

- 이 세상은 일시적이고 고난은 잠깐이지만, 하나님은 영원하시고 우리가 누릴 영광은 크다는 말씀이 위로의 말씀으로 다가옵니까?
- 나의 크고 작음, 내 고난의 크고 작음과 상관없이 완전하신 성령님이 지금 나를

찾아와 도와주신다는 사실을 믿습니까?

● 공동체의 죄와 함께 싸우겠다는 명목으로 누군가의 죄를 지적질만 하지는 않습니까? 말씀으로 내 죄를 내놓고 그 죄와 투쟁하는 모습을 보여 주고 있습니까?

회개의 역사가 일어나야 은혜와 평강이 있습니다

볼지어다 그가 구름을 타고 오시리라 각 사람의 눈이 그를 보겠고 그를 찌른 자들도 볼 것이요 땅에 있는 모든 족속이 그로 말미암아 애곡하리니 그러하리라 아멘 _계 1:7

내가 나의 고난을 보석처럼 반짝반짝 닦아 쓰면서 인내하고 기다리면 반드시 주님이 구름을 타고 오십니다. 그때에 각 사람이 예수님을 보고, 주님을 찌른 자들도 그분을 보리라고 합니다. 그리고 땅에 있는 모든 족속이 예수님으로 말미암아 애곡하게 될 것이라고 합니다.

이때는 바로 심판의 날입니다. 심판의 날은 반드시 옵니다. 그날에 지옥에 가게 됐다고 아무리 울어도 때는 늦습니다. 그런데 그때 우는 사람이 내 가족, 내 형제, 내 친구라면 얼마나 마음이 아프겠습니까? 그러니 나중에 울지 말고 지금 그들의 구원을 위해 애통하며 울어야 합니다. 그런데 스가랴 12장 10절에도 같은 내용의 말씀이 나옵니다.

"내가 다윗의 집과 예루살렘 주민에게 은총과 간구하는 심령을 부어 주리니 그들이 그 찌른 바 그를 바라보고 그를 위하여 애통하기를 독자를 위하여 애통하듯 하며 그를 위하여 통곡하기를 장자를 위하여 통곡하듯 하리로다."

사도 요한은 구약에 통달한 사람입니다. 이 책을 쓸 때 갑자기 환상을 보고 기계적으로 영감을 받아 써 내려간 것이 아닙니다. 구약의 말씀을 기억하고 연결하여 이 요한계시록을 기록했습니다. 우리가 항상 말씀을 읽고 듣고 지켜야 하는 이유가 여기에 있습니다. 말씀을 차례대로, 구속사적으로 읽고 듣고 지키다 보면 스가랴나 요한계시록이나 한 말씀을 전하고 있다는 것을 알 수 있습니다.

예수님을 찌른 자들은 사실 로마 군병들입니다. 그들에게는 마땅한 심판이 이루어졌겠지요. 그런데 예수님을 찌른 것이 단지 로마 군병뿐입니까? 내 믿지 않는 가족은 아닙니까? 안 믿는 내 형제, 친구는 아닌가요? 그들의 마지막이 애곡하며 심판당하는 것이라는데, 그들을 대신해서 내가 통곡해야 하지 않겠습니까? "내가 예수님을 찔렀다"고 그들을 대신해 회개하고 애곡해야 하는 것입니다. 독자를 위해, 장자를 위해서 통곡하듯 가슴을 치며 애통해야 하는 것입니다. 가족이, 형제가, 친구가 심판 받아 우는 것이 나와 무슨 상관이냐고 해서는 안 됩니다. 그 일을 내 일처럼 여기고 통곡하고 애통해야 합니다. 그들이 찔러 죽인 주님을 바라보면서 내가 회개할 자인 것처럼 회개해야 합니다.

"온 땅 각 족속이 따로 애통하되 다윗의 족속이 따로 하고 그들의 아내들이 따로 하며 나단의 족속이 따로 하고 그들의 아내들이 따로 하며 레위의 족속이 따로 하고 그들의 아내들이 따로 하며 시므이의 족속이 따로 하고 그들의 아내들이 따로 하며 모든 남은 족속도 각기 따로 하고 그들의 아내들이 따로 하리라"(슥 12:12~14).

또한 스가랴는 각 족속이 '따로' 애통하라고 합니다. 다윗의 족속이 따로 하고 더 나아가 그들의 아내들이 따로 애통하라고 합니다. 그 이유가 무엇입니까? 내가 내 가족, 내 배우자를 위해 애통하는 것이 결국 나한테 복이 오는 일이기 때문입니다. 우리 각자에게 이런 애통의 축복이 임하기를 소원합니다. 식구들이 모여 날마다 해야 하는 일은 이렇게 자신과 서로의 구원을 위해 애통하는 것입니다. 인간적으로 서로 너무 아끼고 사랑해서 회개도 애통도 안 되는 가족이 있다면 이는 축복이 아니라 저주입니다.

지금 애곡하고 통곡하지 못하면 언젠가 통곡에 애곡에 발버둥을 쳐도 안되는 날이 옵니다. '예수 믿는 것이 그리도 쉬웠는데 왜 믿지 않았을까' 아무리 땅을 치고 후회해도 소용없는 날이 옵니다. 내가 지금 애곡하지 못하면 고난이 와도 성경이 하나도 안 깨달아집니다. 전대미문의 사건이 내 인생에 닥쳤는데도, 평생 교회를 다녔는데도 말씀이 들리지 않습니다. 평소에 애곡하고 통곡하지 못하니, 진짜 무서운 일이 왔을 때 말씀을 어떻게 적용할지도 모르고 살아날 길이 안 보이는 것입니다.

그래서 우리는 평소에 목장에 나가서, 교회 공동체에 나가서 은혜와 평강을 맛봐야 합니다. 명설교 아무리 들으면 뭐 합니까? 삶에서 말씀을 적용해야 합니다. 공동체에서 지체들이 어떻게 말씀을 적용하는지 듣고 보아야 합니다.

어떤 사람은 말합니다. "뭐 하려고 교회 가서 쓸데없이 몇 시간씩 앉아 있어? 그 시간에 성경을 보는 게 낫지." 이런 사람에게는 아직 은혜가 임하지 않은 것입니다. 은혜가 임하면 이런 이야기를 할 수가 없습니다. 우리의 사명은 다른 사람을 주께 인도하는 것입니다. 그런데 누군가를 주께 인도하는 일을 두고 시간 낭비라서 싫다고 하면 되겠습니까?

사고를 전환해야 합니다. 그러면 간단한데 이것이 가장 어렵습니다. 그래서 예수 신랑을 무시하고 세상 신랑을 택했다가 결국 통곡할 날을 맞이하는 사람들이 얼마나 많은지 모릅니다.

어떤 분은 결혼할 때 선을 수십 번이나 보고 나서야 배우자를 결정했다고 합니다. 그 수많은 사람 중에서 왜 하필 그 사람으로 결정했느냐고 묻자 학벌, 집안 좋고 부자인 사람은 많았는데 본인도 부자인 사람은 그 사람 하나였다는 것입니다. 본인도 꽤 성공한 사업가로 선보러 나올 때 자기 차를 기사까지 부리면서 나왔더랍니다. 그래서 그 사람과 결혼을 했는데 얼마 안 되어서 사업이 망했답니다. 더 기가 막힌 것은 그때 선봤던 다른 사람들은 다 잘되고 잘살고 유명해졌는데 자기가 고른 사람만 망했답니다.

그게 다가 아니었습니다. 그렇게 고르고 골라 결혼했는데, 살아 보니 성격도 까칠하고 식성도 까다로워 맞추며 살기가 너무 어렵더랍니다. 이 모든 걸 다 겪고 나서야 '그냥 식성 하나라도 좋은 사람과 결혼했다면 얼마나 좋았을까' 하고 생각이 바뀌었습니다.

반면에 보잘것없는 사람과 결혼했다고 생각해 보십시오. 나중에 잘되면 "다 당신 덕이야" 하는 소리를 듣지 않겠습니까? 날고 기는 부자와 결혼하면 앞으로 없어질 것밖에 없습니다. "당신 덕이야" 소리는 죽었다 깨어나도 못 듣습니다.

그러니 우리는 모든 결정을 할 때 믿음으로 해야 합니다. 믿음 하나 보고 결혼하니까 신뢰를 받는 것입니다. 돈 보고 결혼하지 않았으니 인정을 받습니다. 그런데 본질을 무시한 채 재물, 학벌, 외모를 보고 배우자를 결정하면, 그것이 없어지는 순간 심판이 찾아옵니다. '때는 늦으리'가 되는 것입니다.

우리는 기억해야 합니다. 주님은 반드시 오십니다. 구름을 타고 오십니다. 이것은 반드시 속히 일어날 일입니다.

• 혹시 지금 내 고난이 힘들다고 예수님을 원망하며 찌르고 있지는 않습니까?
• 주님 만나는 날 내가 애곡하고 통곡하지 않기 위해 지금부터 애곡하고 통곡하고, 온 식구가 따로 통곡하고 있습니까?

하나님이 시작과 마침이라는 것을 알아야 합니다

주 하나님이 이르시되 나는 알파와 오메가라 이제도 있고 전에도 있었고 장차 올 자요 전능한 자라 하시더라 _계 1:8

하나님은 알파와 오메가이십니다. 처음과 마지막이요, 시작과 마침 되시는 하나님이십니다(22:13). 알파 되신 하나님께서 모든 것을 시작하셨으므로 오메가 되신 하나님이 끝내지 않으시면 끝낼 자가 없습니다. 지금 내 앞에 닥친 고난은 하나님이 끝내지 않으시면 끝낼 자가 없습니다. 하나님이 끝내실 때까지 기다려야 합니다.

그런데 우리는 끝까지 하나님을 곤혹스럽게 만듭니다. 하나님이 이 고난을 끝내실 수 있도록 "나는 이제 주를 위해서 살겠습니다" 고백하고 기다려야 하는데, 만날 '이놈의 깜깜한 터널은 언제 끝나?', '우리 아들은 언제 일류 학교에 붙나?', '언제 돈 좀 왕창 들어오려나?', '언제 내가 이 사람이랑 이혼을 할 수 있을까?' 이런 생각만 합니다. 그러니 하나님께서 우리 삶의 고난을 끝낼 수가 없으십니다.

하나님은 우리를 쓰기 원하십니다. 그런데 아직 내가 쓰임 받기에 합당하지 않아서 여기저기 두드리고 깎고 다듬어서 쓰시려고 내게 고난을 주십니다. 그러니 빨리 매 맞고 정신 차려서 "나는 주를 위해서 충성된 증인이 되겠습니다", "내가 처한 상황이 어떠하든지 주님만 위해서 살겠습니다"라고 고백하는 것이 최고입니다. 어떤 때에도 주님 뜻대로 살겠다고 마음먹으면 열매가 있게 마련입니다. 그런데 이런 결심을 하는 사람을 보기가 참 어렵습니다. 그러니 하나님이 고난을 끝낼 수가 없으신 것입니다. 이것이 하나님의 슬픔입니다.

배우자가 속을 썩여서 죽어도 이 사람과는 한평생을 못 살 것 같습니까? 이혼하고 나면 더 좋은 사람이 나타날 것 같습니까? 그래서 재혼하면 지금보다는 사는 게 편해질 것 같습니까? 하나님이 알파와 오메가이시라고 했습니다. 하나님이 끝낼 수 없으시다는데 왜 내가 멋대로 결혼을 끝내고 이혼을 하느니 마느니 합니까?

만날 세상 변호사 쫓아다니면서 내가 어떻게 이혼을 해야 잘한 이혼이 되겠느냐고 묻지 좀 말고, 주님 앞에 납작 엎드려서 "내가 여기서 죽어지고 썩어지고 밀알이 되어서 하나님의 사명을 감당하겠습니다", "내 고난을 말씀으로 반짝반짝 닦아서 다른 사람에게 주겠습니다"라고 기도 하십시오. 하나님께 주권을 전적으로 맡겨 드리십시오. 그러면 나처럼 대책 없는 사람도 하나님이 말씀으로 닦아서 쓰십니다. 또 숱한 사람들이 그런 나를 보고 주께 돌아오게 될 것입니다. 이것이 더할 나위 없는 기쁨입니다. 이것이 바로 은혜와 평강의 비결입니다.

어떤 분은 남편이 교회도 못 가게 하고 지체들과 교제도 못 하게 한답니다. 그래서 지금 아파서 누워 있는데도 찾아오는 사람 하나 없다고 합니다. 저도 그랬습니다. 남편에게 순종하여 가정에 묶여서 살았습니다. 그렇다고 제 곁에 아무도 없지는 않았습니다. 딱히 알고 지내는 사람들은 아니지만 남편의 병원에만 가도 사람은 있었습니다. 그래서 만나는 사람마다 전도했습니다. 병원에서도 전도하고 시장에 가서도 전도했습니다. 그랬더니 하나님께서 너무나 많은 사람을 제게 보내 주셨습니다.

모든 일에는 우연이 없습니다. 세상이 나를 외면합니까? 교회가 나를 몰라줍니까? 그것은 내 삶의 결론입니다. 그러니 적용이 중요합니다. 저라고 이혼 생각이 없었겠습니까? 처음에는 수없이 이혼을 결심했습니다. 그런데 주님을 만나고 나니 오히려 이 고난이 감사했습니다. 고난이라고 더럽게 여기면 내가 저 밑 시궁창에 빠진 것 같지만, 내 고난을 말씀으로 반짝반짝 닦아 내면 구원의 약재료로 나눌 수도 있게 됩니다.

지금 내 앞에 닥친 사건을 원망하지 않고 하나님이 끝내실 때까지 내 고난을 드러내면서 구원의 열매를 맺을 때, 이 시간이 저절로 끝나게 될 줄 믿습니다. 이것이 은혜와 평강의 비결입니다.

앞 장에서 혼전 임신을 하여 아기를 낳고 입양 보냈다는 자매의 간증을 제가 설교에서 나누었더니 어떤 분이 격려의 편지를 보내 주셨습니다.

"지난주 청년의 기가 막힌 삶의 이야기를 듣는데, 목사님의 목소리가 어찌나 제 귀를 울리던지요. 우리 가정은 막내 딸아이를 공개 입양했습니다. 딸 덕분에 전에 없는 큰 행복을 거저 누리는 자로서 청년의 이야기를 듣는 내내 마음이 정말 찡했습니다.

딸은 이제 열 살인데, 나중에 대학에 들어가면 꼭 생모를 찾아 주겠다고 약속했습니다. 그때를 위해서 해마다 딸의 생일날 생모에게 보낼 편지를 제가 한 통씩 쓰고 있습니다. 그것이 어느덧 열 통이 되었습니다. 그중 다음과 같은 내용의 편지 한 통을 그 청년에게 전달해 주고 싶습니다."

저에게 출산은 너무나 끔찍한 악몽으로 남아 있습니다. 16년 전, 세 번의 죽을 고비를 넘기면서 둘째 아이를 낳았는데, 얼마나 고통이 극심했는지 아이 얼굴조차 보고 싶지 않을 정도였습니다. 게다가 바라던 딸이 아니라 아들이어서 상실감은 더 컸습니다. 아기 낳는 것이 이토록 어려운 일인데, 그 아이를 입양 보냈으니 얼마나 힘들었을지…… 스물한 살의 꽃 같은 나이에 집에서 아이를 낳아 가위로 탯줄을 끊고 엄마와 함께 새벽녘 시설에 찾아와 아이를 맡기고 떠난 그대(이름을 모르니 '그대'라고 부르겠습니다). 그대의 딸을 우리의 딸로 맞이하던 날, 그 아이를 보면서 우리는 그대 생각을 했습니다.

10개월의 갈등 속에서 생명을 지켜 준 그대의 마음을 끌어안아 주고 싶습니다. 출산의 아픔을 너끈히 딛고 아이를 건네준 그대의 모습을 기억하고 싶습니다. '하필 아이가 어린이날 태어나 그날만 되면 절대로 잊을 수 없겠구나, 얼마나 보고 싶을까, 따스한 봄이면 더욱 생각이 나겠구나' 하는 마음에 더욱 뭉클합니다. 길 가는 아이를 바라보며 '혹시 저 아이가 내 아이가 아닐까?' 하고 생각할까 싶어 마음이 저립니다. 어쩌다 아이가 큰 눈으로 눈물을 흘릴 때면 그대의 쓰린 마음까지 두 배로 느껴져 어찌나 안쓰러운지 모릅니다. 그럴 때는 아이를 꼭 안아 주곤 합니다.

내 배 아파 가며 낳은 두 아들이 있지만, 그럼에도 입양한 내 딸은 우리에게 가장 소중한 보물입니다. 시설에 아이를 맡기면서 그대가 가졌을 그 절망감과 쓰라림을 내가 어찌 다 알 수 있겠습니까? 하지만 우리는 그대가 남겨 준 아이의 모습에서 심성 고왔던, 결코 생명을 포기하지 않았던 큰 사랑과 고운 마음을 조금씩 보게 된답니다. 내 아이에게 생명을 준 그대의 고마움, 감사함, 어찌 말로 다할 수 있겠습니까? 그러나 걱정하지 말아요. 우리 목숨보다 귀하게 그 아이를 지켜 주고 내 생명보다 소중하게 키우겠습니다. 평생 아픔과 죄책감으로 아파할지 모르는 그대가 있는데 우리가 이런 것쯤 못하겠습니까?

이제는 자신을 걱정하세요. 앞으로 펼쳐질 그대의 꿈과 학업과 미래를 우리 아이랑 함께 기도할 테니까 어떤 일이 있어도 행복해야 합니다.

우리만 이 아이를 통해 기쁨을 누려서 너무 미안해요. 그리고 정말 고마워요. 말로는 다할 수 없이 고마운 그대에게 우리가 할 수 있는 건 늘 한 움큼의 기도밖에 없지만 이다음 우리가 천국에서 만나면 한눈에 알아볼 것 같습니다. 그때는 내가 천 번이라도 고맙다고 인사를 할 것입니다.

그대가 지켜 준 어린 생명의 놀라운 삶과 열매들은 모두 그대의 헌신으로 인한 상급이었습니다. 그대가 맺은 열매임으로 그날이 오기까지 그대가 안겨준 이 고귀한 선물을 잘 키울게요. 앞으로 기도할게요. 건강하시고 잘 있어요.

자매와 이 가정 모두 예수 그리스도의 계시가 없었다면 입양 보낸 것도, 입양한 것도 숨기느라 지옥을 살았을 것입니다. 그러나 삼위 하나님의 도움으로 감추인 것을 드러내고 회개하여 은혜와 평강이 임했습니다.

어떤 사람은 우리들교회의 간증을 들으면서 '그렇게까지 드러내야 하냐'고 묻습니다. 가책도 없이 생명을 낙태하는 이 시대에 이런 간증이 얼마나 많은 생명을 살립니까. 내 고난을 보석같이 닦아서 나누었을 때 얼마나 많은 사람이 도전을 받고 인생이 변화되는지 모릅니다.

만약 자식을 입양 보낸 상처가 있는 엄마가 있다면 이 편지를 읽고 얼마나 은혜를 받겠습니까? 자기 삶을 돌아보지 않겠습니까? 그런데 뭘 그렇게 감추고 숨겨야 한다고 생각합니까? 이런 간증을 하지 않으면 믿는 우리가 모여 할 수 있는 것이 무엇이 있겠습니까?

예수 그리스도의 계시가 들어온 사람은 어떤 환경에서도 줄 것만 있는 인생을 살게 됩니다. 말씀을 읽고 듣고 지키는 자는 이미 복이 있고 은혜와 평강을 누리는 주인공인 줄 믿습니다.

- 하나님께서 나에게 허락하신 사건인데 내 힘과 내 뜻으로 끝내려는 것은 무엇입니까?
- 아직도 수치를 숨겨야 한다고 생각합니까? 내 고난을 반짝반짝 닦아 나누었을 때 하나님의 영광과 능력이 드러난다는 사실을 믿습니까?

우리가 제사장 신분을 감당하려면
내 고난이 귀한 보석 덩어리라는 것을 알아야 합니다.
내 고난은 버려야 할 것이 아닙니다.
보석처럼 아끼고 반짝반짝 닦아서
쓰임 받도록 내놓아야 합니다.

우리들 묵상과 적용

저는 둘째 아들이 중학교 2학년이던 해 딸을 입양했습니다. 당시 저는 난임인 여동생 부부를 위해 기도하며 동생에게 입양을 권유하는 것도 고민하고 있었습니다. 그래서 복지기관에서 일하셨던 한 집사님께 문의를 드렸는데, 어느 날 그 집사님으로부터 "누군가 담요에 싸인 아기를 교회 앞에 두고 갔다"라는 연락을 받았습니다. 그길로 달려가 아기를 안아 보자 말로 표현할 수 없는 감동이 밀려왔습니다. 동생에게 아기를 데려다 키울 것을 권유했지만 동생 부부는 아직 마음의 준비가 안 되었다며 고사했습니다. 저는 도무지 아기를 보낼 수 없어 가족들과 상의하여 생명을 택하기로 결정했습니다. 그 아기는 우리 집의 예쁜 딸로 자랐습니다.

그런데 어느 날, 딸이 불현듯 "엄마가 나를 낳은 것이 맞아?"라고 물었습니다. 딸은 호적상으로 친자식이기에 저는 입양 사실을 숨기고 싶어 "엄마가 낳았지!" 망설임 없이 대답했습니다. 며칠 뒤 딸은 다시 물었습니다. 그날 큐티 본문은 처녀 마리아에게 천사가 찾아와 예수님을 잉태할 것을 알리며 "무서워하지 말라 네가 하나님께 은혜를 입었음이라" 격려하는 말씀이었습니다(눅 1:26~38). 딸의 거듭된 물음에 피할 수 없었던 저는 '이제도 계시고 전에도 계신 삼위 하나님이 오늘 딸의 출생을 알릴 수 있도록 도와주시는구나' 생각했습니다(4절). 그래서 큐티 말씀에 힘입어 딸에게 입양 사실을 알렸습니다. 딸은 소리를 지르며 울었습니다. 저는 우는 딸을 끌어안고 고백했습니다. "너를 낳아 준 엄마에게 힘든 사정이 있었을 거야. 엄마는 생명이 하나님께 있는 줄도 모르고 낙태죄를 범했는데, 너를 낳아 준 엄마는 얼마나 훌륭하니." 그날 이후 저는 한 달 동안 딸과 함께 자고 예배를 드렸습니다. 우리 모녀는 교회 공동체 안에서 입양 간증을 나누며 많은 격려와 위로를 받았습니다. 말씀으로 해석된 딸은 "엄마, 교회에 다니고 큐티할 수 있게 해 줘서 고마워. 엄마가 나를 사랑하는 걸 믿어"라고 말해 주었습니다. 그 딸이 어느덧 대학생이 되어 교회에서 청소년부를 섬기고 있습니다. 청소년부 큐티 캠프에서 자신의 입양 간증을 나누기도 했습니다.

주님은 감추고만 싶던 딸의 입양 사실이 드러나는 두려운 사건에서 "무서워 말라" 말씀해 주셨습니다. 그리고 내 고난을 반짝반짝 닦아 나누게 하심으로 저희와 같은 입양 가정을 위해 쓰임 받게 해 주셨습니다. "예수 그리스도로 말미암아 은혜와 평강이 너희에게 있기를 원하노라" 하시는 말씀처럼, 감추인 것을 드러내고 회개하여 진정한 평강을 누리게 하신 주님께 감사드립니다(5절).

영혼의 기도

하나님 아버지, 말씀을 읽고 듣고 지키는 자가 복이 있다는 것을 알면서도 잘 되지 않습니다. 읽고 듣는 것까지는 하겠는데 지키는 것이 어렵습니다. 모든 사람에게 수치를 드러내며 말씀을 적용하기가 어렵습니다. 누구나 새 인생을 살고 싶어 하지, 앞서 간증한 자매처럼 결혼도 하지 않았는데 아이를 낳는 적용을 어떻게 할 수 있겠습니까. 그런 환경에 처했을 때 누가 이렇게 적용할 수 있겠습니까? 우리는 생명이신 예수님이 나의 주인이라고 고백하면서도 날마다 예수님을 찌르고 십자가에 못 박습니다.

우리가 고난을 보석처럼 반짝반짝 닦아 나누니 참으로 아름다운 적용이 또 나왔습니다. 아이를 입양한 가정에서 생모를 향해 아이를 보내 주어서 고맙다고, 당신의 배려와 헌신에 감사하다고 고백했습니다. 감추어져 있으면 부끄럽고 지옥을 살 수밖에 없지만, 삼위 하나님의 은혜로 드러낼 때 내 고난도 반짝반짝 닦인 보석이 되어서 모든 사람을 빛나게 하는 줄 믿습니다.

우리의 고난은 하나님께서 시작하셨으니 하나님께서 끝내지 않으시면 끝낼 자가 없습니다. 내가 주의 일을 하며 모든 사람에게 빛을 들고 나아가는 이 사명을 감당할 때, 나의 고난도 끝나게 될 줄 믿습니다. 오늘 이 비결을 알았으니 이제 내 고난을 부끄러워하지 않게 하시고, 나를 위해 통곡하는 것을 넘어서 모든 사람을 위해서 통곡하게 해 주옵소서. 아내 따로 남편 따로 자녀 따로 애곡하는 은혜를 허락하여 주옵소서. 우리는 복이 있고 은혜와 평강을 누리는 자가 될 줄 믿습니다. 예수님 이름으로 기도합니다. 아멘.

Chapter 3

주님 때문에 겪는 환난이어야 합니다

요한계시록 1장 9~11절

하나님 아버지, 나의 환난이 변하여 주님의 환난이 되기를 원합니다.
주님 때문에 겪는 환난이 무엇인지 가르쳐 주옵소서.

본회퍼(Dietrich Bonhoeffer)는 현대 신학자 가운데 죄 고백을 가장 심도 있게 다룬 사람입니다. 그는 공동체 생활을 하면서 『신도의 공동생활』이란 책을 썼는데, 거기에서 "형제들 간에 죄 고백과 사죄의 선포가 있을 때에만 비로소 참된 성도의 교제가 이루어질 수 있다"고 이야기합니다.

야고보서 5장 16절에도 "너희 죄를 서로 고백하며 병이 낫기를 위하여 서로 기도하라 의인의 간구는 역사하는 힘이 큼이니라"고 합니다. 이 세상에서 가장 고독한 사람은 죄를 고백하지 않고 자기 죄와 더불어 홀로 지내는 사람입니다.

매주 주일을 지키고, 동역자들과 함께하고, 이웃을 섬기면서도 철저히 외톨이가 될 수 있습니다. 죄 고백이 없는 신앙생활은 겉치레에 불과하기 때문입니다. 그러나 죄를 고백하면 저절로 십자가를 통과하게 됩니다.

그런데 문제는 우리가 죄를 고백할 때 아무나 붙잡고 한다는 것입니다. 이것은 사망에 이르는 지름길입니다. 죄 고백은 세상 경험이 많은 사람이 아니라 십자가를 경험한 사람에게 해야 합니다. 그래야 죄 고백에서 더 나아가 나의 죄를 반짝반짝 닦아 약재료 삼게 됩니다. 회개한 나의 죄를 부끄러움 없이 나누며 다른 사람을 살리는 데 사용하게 되는 것입니다. 죄를 고백하고 회개하면 생명을 얻을 수 있습니다. 우리가 오직 하나님의 약속을 의지해서 죄를 고백하면 죄는 힘을 잃게 됩니다.

그런데 죄를 고백하지 않으면 어떻습니까? 힘든 일이 생길 때마다 교회를 떠날 궁리만 합니다. 진정한 교제를 하지 못하기에 교회에 가도 내 편이 없는 것 같고, 옆 성도가 나의 지체라는 생각이 들지 않습니다. 그러고 보면 우리들교회가 지금까지 넘어지지 않고 건강하게 가고 있는 것은 이 죄 고백이 있기 때문입니다.

형제는 예수의 환난에 동참하는 자입니다

나 요한은 너희 형제요 예수의 환난과 나라와 참음에 동참하는 자라 하나님의 말씀과 예수를 증언하였음으로 말미암아 밧모라 하는 섬에 있었더니 _계 1:9

"나 요한은 너희 형제"라고 하면서 이야기를 시작합니다. 이것이 얼마나 대단한 말인지 알려면 당시 사회상을 살펴볼 필요가 있습니다.

유대 민족은 이방인을 개보다도 못하게 여겼습니다. 헬라인은 자기 문화에 대한 우월의식으로 가득해 다른 민족들을 야만인이라고 여겼고, 강대국 로마는 자신들을 제외한 모두를 종이라고 생각했습니다. 지금도 그렇죠. 같은 사회에서도 남녀를 차별합니다. 가진 자 못 가진 자, 배운 자 못 배운 자 간의 차별 의식이 관계의 단절을 불러 왔습니다. 누가 이것을 해결할 수 있겠습니까?

그런데 차별이 있을 수밖에 없는 이 세상 나라에서 새로운 그리스도의 공동체, 예수 안에 거하는 구원의 사랑이 모든 장벽을 허물고 사람들을 하나 되게 하는 원동력이 되었습니다. 그리스도인들은 복음 안에서 서로를 형제자매로 부르기 시작했습니다. 새로운 나라에서 새로운 인간 사회를 실현하게 된 것입니다. 이것이 지중해 연안에서 기독교가 빠르게 전파될 수 있었던 원동력입니다.

우리들교회가 지금처럼 부흥할 수 있었던 비결도 여기에 있습니다. 모든 성도가 자기 죄를 고백하면서 서로를 차별의 시선으로 보지 않으려고 노력했습니다. 바로 이것이 요한이 말한 '형제'요, '예수의 환난과 나라와 참음에 동참하는 자'가 되는 것입니다.

본문의 '동참하는 자'는 원문으로 보면 'en Iesou', 즉 '예수 안에' 동참하는 자입니다. 여기서 '예수 안에'는 원문 어순에 의하면 '환난'보다 '참음'과 더 가까이 연결되는 단어입니다. 즉, 우리가 예수 안에 있다는 것은 인내와 밀접히 닿아 있다는 의미입니다. 예수를 믿는 까닭에 아무리 삶의 환난이 오더라도 하나님 나라를 위해서 자신을 절제하고 견딘다는 것입니다. 영적 진실성의 결론은 인내입니다. 맡은 자에게 구할 것은 충성밖에 없습니다. 하나님의 사람에게 요구되는 것은 인내밖에 없습니다. 인내야말로 요한계시록의 키워드라고 할 수 있습니다.

그러나 내가 인내하는 환난이 '나의 환난', '내 죄로 인한 환난'이라면 아직 때가 아닙니다. 나의 환난이 '예수님의 환난'으로 바뀌어야 합니다. 예수님 때문에 당하는 환난이어야 합니다. 그러려면 내 삶에 예수님의 흔적이 있어야 합니다. 지금 당하고 있는 환난이 예수님을 바라보면서 참는 환난입니까? 혹시 내가 야망을 바라봄으로, 성공하려고 발버둥 침으로 참는 환난은 아닙니까? 잘 생각해 봐야 할 문제입니다.

요한은 생전에 예수님의 모습을 똑똑히 보고, 말씀을 직접 듣고, 부활을 목격한 위대한 사도입니다. 그런데도 권위의식 없이 "나는 너의 형제"라고 말합니다. 그가 진정한 지도자라는 것을 여기에서 알 수 있습니다. 요한이 이렇게 말할 수 있는 비결이 무엇이겠습니까? 그 역시 예수를 믿기 때문에 당하는 고난, 예수를 바라봄으로 당하는 환난이 있었기 때문입니다.

요한이 머물렀던 밧모섬은 남북 길이 16km, 동서 길이가 9km 정도 되는 황량한 바위섬으로 죄수들의 유배지였습니다. 배를 타고 몇십 시간을 가야 겨우 도착하는 곳으로, 에게해를 보며 가는 길이 신선놀음처럼 보일 수 있지만 한번 들어가면 죽어서야 나올 수 있는 철저히 외로운 섬이었습니다. 이런 곳에 요한이 갇힌 것입니다.

요한은 평생 주의 일을 한 사람입니다. "내가 보고 들은 것을 어찌 전하지 않을 수 있느냐" 하며 목숨을 걸고 주님의 이름을 전한 사도입니다. 그러다 옥에 갇히고 채찍을 맞기도 했습니다. 이렇게 복음을 위해 수고했건만, 노년인 그가 지금 처한 환경을 보십시오. 죄수들의 유배지에서 철썩거리는 파도를 보고 있노라면 인생이 허무하게 느껴지지 않았을까요? '평생 주의 일을 한 결과가 이것인가', '내가 왜 이런 고난을 겪어야 하는가' 싶지 않았겠습니까? 그러나 요한은 하나님을 원망하지 않았습니다. 그곳에서도 하나님을 찬양하며 "아멘!"을 외쳤습니다. 그것이 요한과 우리의 차이점입니다.

배우자와 함께 살아도 고독할 수 있습니다. 돈이 없어서 외출을 못하고, 나를 도울 사람 하나 없는 환경 가운데 있다면 그곳이 곧 나의 밧모섬입니다. 진정 외롭고 힘든 곳이 나의 밧모섬입니다. 그 밧모섬에 머물러 있어야 합니다. 그곳에서 불평하지 않고 말씀을 묵상하며 주님이 주시는 훈련을 받아야 합니다.

그런데 예수님 때문에 당한 환난이 없는 사람은 아무리 교양으로 포장하려고 해도 사건이 찾아오면 두렵습니다. 세상에 교양 없고 싶은 사람 어디 있겠습니까? 남편에게 아내에게 자녀에게 매 맞고 싶은 사람이 어디 있겠습니까? 갑자기 부도를 맞아 사글세에 살고 싶은 사람이 어디 있고, 떵떵거리며 사업하다가 망해서 일용직 근로자로 전락하고 싶은 사람이 어디 있겠습니까? 그러나 이런 환난들이 불현듯 우리에게 찾아옵니다.

그렇다면 우리는 왜 밧모섬에 갇힌 것 같은 고난을 겪어야 할까요? 요한이 밧모섬에 유배될 당시 로마 황제인 도미티아누스는 열등감이 대단한 사람이었습니다. 열등감이 발로하여 사촌을 사형시키고, 조카는 유배 보내기도 했습니다. 또 자신을 신으로 칭하여 황제 숭배를 강요하면서 그리스도의 사도들을 극심히 박해했습니다. 이렇듯 내 곁에 열등감을 가진 한 사람 때문에 요한도, 우리 인생도 힘이 듭니다. 막강한 권력을 가지고도 열등감을 해결하지 못해 옆 사람을 괴롭히고 초토화시키는 것입니다. 그러니 돈이 없고 권력이 없는 것이 문제가 아닙니다. 도미티아누스와 같이 열등감에 사로잡힌 사람은 무엇으로도 해결 받지 못합니다.

우리 인생에도 이런 도미티아누스 같은 사람이 있습니다. 돈과 권세를 가지고도 해결되지 않는 열등감 때문에 남을 들들 볶습니다. 도미티아누스에게 요한은 딱 무시하기 좋은 사람 아니겠습니까? 일개 종속국 백성에다 어부 출신이잖아요. 당연히 요한이 전하는 복음도 무시가 되었겠죠. 그러나 구원의 사명이 있기에 요한은 무너지지 않았습니다. 요한이 인내하면서 기다리자 오히려 세계 최고를 자부하던 강대국 로마가 무너졌습니다. 이스라엘이 로마의 박해를 피해 313년 동안 음습한 지하묘지에 숨어 인내할 수 있었던 것도 복음의 사명만을 생각했기 때문입니다.

우리는 모든 것을 다 갖춘 사람을 볼 때 '저 사람은 무슨 힘든 일이 있겠는가' 지레짐작합니다. 그러나 겉만 보아서는 알 수 없는 것이 우리네 인생입니다.

이 시대의 지성인이라고 불리는 이어령 씨의 딸 이민아 씨가 이런 고백을 했습니다. 그녀는 어린 시절부터 공부도 잘하고 인형같이 예뻤습니다. 그러나 그녀는 매일 아침 눈을 뜨기 싫었다고 합니다. 밤마다 두려움이 엄습해 불을 켜고 음악을 틀어 놓지 않으면 잠을 잘 수 없었습니다. 그럴 때면 어머니는 "네가 전쟁을 겪지 않아서 그런다. 돈이 나무에서 떨어지는 게 아니다" 하면서 불과 음악을 억지로 끄고 자게 했습니다. 아버지의 품이 그리웠지만 아버지는 늘 바빴기에 그녀와 함께할 시간이 없었습니다. 부모님은 그녀에게 최선을 다했지만 정작 딸이 원하는 것을 몰랐고, 그녀는 사랑 받지 못한다는 생각에 절망했습니다.

아무도 자신을 이해해 주지 않는다고 생각하며 불안하고 고통스러운 시간을 보내던 어느 날, 그녀는 집안을 돌아다니다가 아버지 서재에서 양주를 발견했습니다. 몰래 따서 한 모금 딱 넘기니 한기가 들 정도로 무섭던 방에서 갑자기 온기가 느껴지며 세상에 무서운 것이 없어졌습니다. 모든 걱정 근심이 사라져 그녀는 난생처음 정말 깊은 잠에 빠졌습니다. 그때가 열네 살이었습니다. 그 후로 그녀는 아버지 서재에 몰래 들어가 술을 훔쳐 마시는 버릇이 생겼고, 대학에 들어가서도 술을 들이켰다고 합니다.

이민아 씨는 이 이야기를 하면서 술과 마약 문제, 특히 어린 아이들의 음주 문제는 곧 사랑의 문제라고 말했습니다. 부모의 사랑을 모르고 특히 우리를 위해 자기 독생자까지 내어 주신 하나님의 그 사랑을 알지 못해 술과 마약을 한다는 것입니다. 일리가 있는 말이라고 생각합니다.

이민아 씨는 이화대학교를 조기 졸업할 정도로 공부도 잘하고 우수한 인재였지만 끊임없이 열등감에 허덕였습니다. 그러다 아버지의 사랑을 대신해 줄 것 같은 사람을 만나 집안의 반대를 무릅쓰고 결혼했습니다. 그렇게 첫아들까지 낳았지만 사랑이 식어 버리자 결혼 5년 만에 이혼을 선택했습니다. 이후 재혼하여 둘째 아들을 낳았는데, 그 아들이 자폐 판정을 받더니 얼마 안 돼 이민아 씨도 암 선고를 받았습니다. 설상가상 똑똑했던 첫째 아들이 25살의 나이로 돌연사했습니다. 그야말로 시련이 일상인 삶이었습니다.

이민아 씨는 결혼 후 웃은 날보다 가슴 치며 운 날이 더 많았다고 합니다. 그런데도 그 고난들이 축복이 되었다고 고백합니다. 첫아이를 낳고 아이와 눈을 마주친 때가 생애 가장 기쁜 순간이었는데, 그때 고통 없이 얻는 행복은 없다는 것을 깨달았다고 합니다.

그녀의 고통은 다른 누구 때문이 아니었습니다. 그녀의 도미티아누스는 그녀 자신이었습니다. 겉보기엔 좋은 가정환경에서 태어나 좋은 학벌에 남부러울 것 없이 살았지만, 그 누구보다도 힘든 인생을 지나왔습니다. 딸이 가시밭길을 가는 모습을 보면서 그 부모는 얼마나 가슴을 치고 눈물을 흘렸겠습니까? 그러나 그녀의 이런 모든 환난이 점점 예수의 환난으로 바뀌면서, 그녀는 누구보다 나를 사랑하시는 예수 신랑을 진정으로 만나게 되었습니다.

처음부터 예수님의 환난을 받는 사람은 없습니다. 처음에는 나의 환난으로 시작합니다. 그 환난 가운데 말씀을 깨닫게 될 때 예수님의 환난으로 바뀌는 것입니다. 말씀을 보면서 밧모섬에 잘 갇혀 있다 보면 나를 그곳에 가둔 도미티아누스를 이해하게 될 것입니다. 그가 전혀 바뀌지 않아도, 나의 환난이 예수의 환난으로 바뀌면 어떤 환경에 있든지 천국을 누리게 될 것입니다. 나의 최종 도착지가 천국이라면, 칠팔십 년의 유배 생활도 잠시 잠깐입니다.

- 나의 환난은 주님 때문에 겪는 환난입니까? 혹시 내가 지금 받고 있는 환난은 내 죄로 인한 결과가 아닙니까?
- 나를 괴롭게 하는 내 곁의 도미티아누스는 누구(무엇)입니까? 나의 환난이 예수님의 환난으로 바뀌기까지 나의 밧모섬에서 인내하고 있습니까?

형제는 말씀이 나팔 소리같이 들리는 자입니다

주의 날에 내가 성령에 감동되어 내 뒤에서 나는 나팔 소리 같은 큰 음성을 들으니 _계 1:10

말씀이 들리지 않으면 내게 온 환난이 내 죄로 인한 결과인지, 아니면 예수님으로 인한 것인지 분별되지 않습니다. 그런데 본문을 보니 '주의 날'에 성령의 감동으로 나팔 소리 같은 큰 음성을 들었다고 합니다. 그러니 주일을 잘 지키는 것이 말씀이 들리는 비결입니다. 어떤 때에도 주일을 지키는 것이 내 환난이 예수님의 환난으로 바뀌게 되는 길입니다.

똑같은 사건을 당해도 말씀으로 준비된 사람은 성령의 감동이 있습니다. 저도 힘든 남편 아래 여러 고난을 겪고 하루아침에 남편이 죽는 환난까지 겪었지만 늘 말씀으로 준비했기에 무너지지 않았습니다.

아모스 5장 18~19절에 "화 있을진저 여호와의 날을 사모하는 자여 너희가 어찌하여 여호와의 날을 사모하느냐 그날은 어둠이요 빛이 아니라 마치 사람이 사자를 피하다가 곰을 만나거나 혹은 집에 들어가서 손을 벽에 대었다가 뱀에게 물림 같도다"라고 합니다.

갑자기 환난이 닥치면 마치 뱀에게 물린 것처럼 '왜 나한테 이런 일이 생기는가?', '예수 믿었는데 돌아오는 게 이것뿐인가?'라는 회의가 느껴지게 마련입니다. 하지만 말씀으로 준비된 사람은 환난 가운데서도 나팔 소리 같은 성령의 음성을 듣습니다. 성령의 감동으로 하나님의 신비한 은혜를 체험하는 것입니다.

저도 저의 밧모에 갇혀서 오랫동안 말씀을 붙들다 보니 성령에 감동되어 나팔 소리 같은 큰 음성을 듣게 되었습니다. 말씀으로 제 환경이 깨달아지고 해석되기 시작했습니다. 처음에는 '나 같은 사람에게 왜 성경을 깨닫게 하시지?' 생각했습니다. 그런데 시간이 지나면서 하나님께서 나팔 소리로 나에게 직접 말씀해 주시는 것 같아 기뻤습니다.

제가 최초로 인상 깊이 와닿은 본문은 열왕기상 21장 이세벨이 나봇의 포도원을 빼앗은 구절입니다. 아합이 모든 것을 가지고도 나봇의 포도원을 손에 넣지 못해서 안타까워하니까 이세벨이 나봇을 죽여 빼앗아 준 사건입니다. 왜 나봇은 아합에게 포도원을 팔지 않았을까요? 열왕기상 21장 3절에 보면 나봇은 "내 조상의 유산을 왕에게 주기를 여호와께서 금하실지로다" 하며 아합의 제안을 거절합니다. 즉, 하나님의 명령을 지키기 위해 포도원을 팔지 않은 것입니다. 그런데 그 덕(?)에 나봇은 죽고 말았습니다. 만약 포도원을 팔았다면 아합으로부터 어마어마한 재물도 얻고 목숨도 부지하며 편히 살지 않았겠습니까? 하나님 말씀에 순종하여 잘된 것이 아니라 오히려 온 집안이 멸절을 당했습니다. 그러나 시간이 지난 후에 보십시오. 아합과 이세벨은 비참한 죽음을 맞이하고 심지어 나봇을 모함했던 이세벨은 개들이 그 피를 핥고 시체를 뜯어 먹었다고 합니다. 그러나 나봇은 순교자로 성경에 이름을 올렸습니다.

저는 12년 시집살이 후 드디어 살림을 내게 되었습니다. 당시 다니던 교회 옆으로 집을 얻고 이제부터 열심히 교회를 섬기리라고 마음을 먹었죠. 그런데 남편이 도끼눈을 하고는 말했습니다. "아이들 방학했으니 열심히 청소하고 세끼 밥 잘 먹여. 아이들한테 집 열쇠 쥐어 주며 내보냈다가는 혼날 줄 알아!" 남편은 제가 잠깐만 집을 비우면 큰일이라도 난 것처럼 으름장을 놓기도 했습니다.

저도 나름대로 최고 학력을 갖추고 남부럽지 않게 살아온 사람인데, 어떻게 이렇게 밧모섬에 묶어 둘 수가 있습니까. 그때는 세상 문화에서 도태되는 것만 같고 답답했습니다. '언제까지 이렇게 걸레질하고 빨래만 하고 있어야 하는가?' 하루하루가 절망스러웠습니다. 그런데 이 나봇의 순종을 묵상하면서 생각이 바뀌었습니다. 죽음을 각오하고 순종한 나봇에 비하면 저의 순종은 별것도 아니었습니다. 이것 하나 순종 못 하면 어떻게 하나님을 기쁘시게 하겠습니까? 이런 깨달음이 나팔 소리처럼 제 속에서 울리니 오히려 밧모섬에서 밥하고 빨래하며 기다리는 시간이 기쁘고 즐거웠습니다.

제가 학벌을 운운하면서 집 밖으로 나가고 싶어 했던 이유가 무엇입니까? 아직도 세상 성공에 미련이 있었기 때문입니다. 이세벨도 그랬습니다. 아버지도, 남편도, 아들도, 딸도 왕에다 자신도 늘 최고 위치에만 있다 보니 자신이 인생의 주인이 되었습니다. 로열패밀리가 따로 없었습니다. 남편도, 자녀도 어찌나 착하고 말을 잘 듣는지 모릅니다. 그런데 그 모든 것을 갖추고도 이세벨은 결국 멸망했습니다. 온 집안이 풍비박산 났습니다.

사람 일은 모릅니다. 때로는 악한 아하스 같은 아버지 밑에서 히스기야 같은 성군이 나기도 하고, 그 성군에게서 므낫세 같은 폭군이 나기도 합니다. 하나님의 섭리를 우리가 무슨 수로 알겠습니까? 다만 사람의 행복은 말씀에 순종하는 데 있는 것을 저는 그때 깨달았습니다. 이후로 오직 남편의 구원을 위해서 기도하니 남편이 뭐라 하든지 그저 기뻤습니다. 남편이 다르게 보이고, 집에 있어도 천국이고 나가서도 천국이었습니다. 이것 때문에 저는 지금도 큐티를 합니다.

우리에겐 젓가락 하나 땅 위에 세울 힘도 없지만 하나님은 창세 이후 중력을 다스려 지구를 움직이고 우주 만물을 주관해 오셨습니다. 우리는 대기권 밖으로만 나가도 살 수 없습니다. 몸을 통제할 수도 없습니다. 그저 둥둥 떠다니는 것밖에는 할 수 있는 것이 없습니다.

그러나 내 힘으로 통제하려는 욕심을 내려놓으면 삶의 무게도 가벼워집니다. 옛 자아가 점점 죽어지고, 성경 말씀이 그대로 믿어지는 역사가 일어납니다. 누가 나를 조롱하고 멸시할지라도 내가 말씀으로 인해 기뻐하니 주의 날이 임하는 것입니다.

그러므로 내가 할 일은 하나님 말씀을 읽고 듣고 지키는 것뿐입니다. 주님은 요한이 밧모섬에 갇힌 것을 아시고, 그곳에서 요한계시록을 쓰게 하셨습니다. 주님은 나의 갇힘을, 우리의 갇힘을 다 아십니다. 그러니 우리는 어떤 상황 속에서도 외롭지 않습니다. 요한도 밧모섬에서 외롭지 않았으리라고 믿습니다.

• 나는 젓가락 하나도 땅 위에 세울 힘이 없지만 하나님은 우주 만물을 주관하시는 분이라는 것을 인정합니까? 내 힘으로 내 삶을 통제하려고 합니까, 하나님께 전 인생을 맡기며 살아갑니까?

형제는 사명을 받는 자입니다

우리는 왜 말씀을 깨달아야 할까요? 하나님이 괜히 말씀을 깨닫게 하시는 것이 아닙니다. 우리에게는 해야 할 일이 있습니다.

> 이르되 네가 보는 것을 두루마리에 써서 에베소, 서머나, 버가모, 두아디라, 사데, 빌라델비아, 라오디게아 등 일곱 교회에 보내라 하시기로
> _계 1:11

하나님은 말씀을 깨닫는 자에게 사명을 주십니다. 우리는 하나님께 쓰임을 받기 위해서 이 땅에 왔습니다. 그러니까 나를 쓰시려고 이렇게 단련하시는 겁니다.

그런데 하나님이 사명을 처음부터 주시는 것은 아닙니다. 저라고 처음부터 사명을 받았겠습니까? 제가 한 일이라고는 날마다 큐티한 것뿐입니다. 그러다 보니 내 속에 일곱 교회의 특성이 다 있는 것을 알았습니다. 사데 교회는 살았으나 죽은 자 같고, 버가모 교회는 발람의 교훈을 따랐고, 두아디라 교회는 이세벨을 용납하여 우상숭배와 음란에 빠졌고, 에베소 교회는 첫사랑을 잃어버렸고, 라오디게아 교회는 차지도 뜨겁지도 않은 미지근한 믿음을 가졌다고 책망을 받았습니다. 일곱 교회의 모습 중 제가 속하지 않은 것이 어디 있겠습니까?

그런데 날마다 큐티노트를 쓰면서 나의 버가모를 나누었더니 다른 사람도 자신 속에 있는 버가모를 보게 됐습니다. 제가 "내 속의 아합과

나봇을 보았다"고 하니까 그 이야기를 들은 사람이 자신 속의 아합과 나봇을 보게 되었습니다. 그래서 큐티하는 것이 인내하는 비결 중에 첫째입니다.

지금은 여러 나라를 다니면서 복음을 전하고 세계 복음화를 위해 기도하다 보니 지경이 더 넓어졌습니다. 나에 대해서만 편지를 쓰다가 이제는 나라 걱정도 하고, 나라를 위한 기도도 자주 합니다. 갈라지고 찢어져서 싸우는 정치인들을 보면서, 말씀대로 가야 하는데 다들 거꾸로 하니 걱정이 들고 생각도 많아집니다. 그래도 제가 할 일은 열심히 큐티하고 나누며 성도들에게 편지 보내는 것밖에 없습니다.

믿지 않는 자녀가 있습니까? 자녀를 들들 볶으면서 싸울 시간에 큐티를 하다 보면 분명 길이 생깁니다. 우리들교회에서는 성도들이 유언서를 작성합니다. 자녀에게 잔소리만 하지 말고 유언서를 남겨 보십시오. 아무리 탕자여도 부모가 죽은 후에라도 그 편지를 읽고 돌아오지 않겠습니까? 어떤 분들은 "나는 큐티 안 하는데요" 합니다. 그런 분들에게는 정말이지 할 말이 없습니다.

저는 엄마가 생전에 남기신 수십 권의 큐티노트를 가책도 없이 쓰레기통에 처넣었습니다. 그 안에 어떤 내용이 적혀 있는지도 몰랐습니다. 그저 엄마가 매일 새벽기도를 나가 그 노트를 쓰셨다는 것만 알고 있습니다. 비록 내용은 몰라도 그 노트가 저에게는 유언서가 되었습니다. 오랜 세월 쌓인 엄마의 기도로 주님이 저를 찾아오셨습니다. 나 잘난 맛에 살면서 세상 성공만 좇았던 제가 지금 이렇게 하나님 앞에 돌아와 생명을 살리고 있습니다.

몇 년 전 유럽 코스타에 가서 어느 분을 만났습니다. 천주교에서 기독교로 개종한 분인데, 인터넷 교인으로서 우리들교회를 무척 사모하셨습니다. 제가 그분을 통해서 정말 큰 감동을 받았습니다.

그분이 사는 지역의 인터넷은 얼마나 느린지 페이지 한번 넘기려면 한참을 기다려야 한답니다. 그런데도 우리들교회 홈페이지를 다 둘러보면서 교회에 대해 모르시는 것이 없었습니다. 말씀도 얼마나 꿰고 있던지 저를 너무 어려워하시기에 왜 그러느냐고 물었더니 "아유, 제사장하고는 이천 규빗의 거리를 두라고 했잖아요" 하시는 겁니다. 이스라엘 백성들이 카타콤에서 '성경 한 줄이 있었으면' 했던 간절함과 사모함이 그분에게 있었습니다.

그분은 몇십 년 전만 해도 천주교에서 기득권을 가졌던 분이었습니다. 그런데 아프고 힘든 가운데 우리들교회 홈페이지를 만났다고 합니다. 자기는 읽고 듣는 큐티만 하고 적용은 하지 않았는데, 우리들교회 목장보고서를 보면서 모두 자신의 이야기로 들렸다고 합니다. 삶에서 말씀을 적용하는 목장 식구들의 간증을 읽으면서 자기도 적용을 해 보니 기적이 일어나더랍니다. 그래서 개신교로 개종도 하셨습니다. 얼마나 열심히 목장보고서를 읽었으면 우리들교회 각 목장의 별명들을 다 꿰고 계셨습니다.

반면에 제가 특히 안타깝게 여기는 우리들교회 집사님이 계십니다. 큐티도 적용도 열심히 하시는데 어찌나 가치관이 안 바뀌는지, 아직도 자기 죄는 보지 못하고 남 탓만 하십니다. 그런데 이분이 그 집사님도 알고 계셨습니다. 우리들교회 창립 8주년 때는 자신이 우리들교회를 통해 받은 은혜를 보답해야 하는 것이 아닌가 싶어 그 집사님의 마음을 체휼하면서 금식기도를 했다고 합니다. 8년 전부터 그 집사님이 계신 목장보고서를 봐 왔는데 자기랑 어찌나 비슷한지 공감도 되고, 여전히 변하지 않으시는 모습에 안타까워 화끈하게 금식기도를 하셨다는 겁니다. 그러다 보니 말씀으로 적용할 수 있는 지혜도 생겨서, 저에게 "그 집사님의 문제는 이렇게 하면 눈 녹듯 풀어질 것 같다는 생각이 들었어요" 하시는데 기가 막혔습니다.

이렇게 얼굴도 모르는 누군가를 위해 금식기도를 하면서 적용할 점까지 찾아 주는 지체가 있다는 것을 어떻게 생각합니까? 아직도 그 집사님은 말씀의 나팔 소리가 안 들려서 헤매고 있는데, 얼굴도, 이름도 모르는 누군가가 이렇게 애타게 기도한다는 것이 놀랍지 않습니까? 여러분은 매주 만나는 내 옆 지체를 위해 이렇게 금식하면서 기도해 본 적이 있습니까?

저는 코스타에서 만났던 그분을 생각하면 우리의 큐티가, 우리의 적용이, 우리의 변화가 단지 우리만의 이야기가 아니라는 것을 깨닫습니다. 지금 내가 골방에서 적은 큐티노트 한 장이 세계를 돌면서 수많은 영혼을 깨우고 뒤흔들 수 있다는 말입니다. 아무것 없어도 우리가 말씀을 사모하면 형제가 되고 지체가 될 수 있습니다. 이렇게 시간과 공간을 초월해서 형제 사랑에 동참하는 하나님의 사람을 보니 너무 감사했습니다.

• 내가 먼저 말씀을 적용한 것이 다른 사람들의 적용을 돕고 생명을 살릴 수 있다는 것을 믿습니까? 이를 위해 매일 큐티하고 적용한 것을 내어놓고 있습니까?

나의 환난이 예수의 환난으로 바뀌면
어떤 환경에 있든지 천국을 누리게 될 것입니다.
나의 최종 도착지가 천국이라면,
칠팔십 년의 유배 생활도 잠시 잠깐입니다.

저는 첩의 소생으로 자존감이 낮고 열등감과 피해의식이 많았습니다. 방송통신대학교를 다니며 대기업에 입사했지만 학력에 대한 열등감으로 3년 만에 퇴사했습니다. 그러고는 큰돈을 벌어보겠다는 생각으로 20대에 사업을 시작했습니다. 처음엔 잘되는 듯했던 사업은 날이 갈수록 내리막길을 걸었습니다. 결국 저는 수십억의 보증과 빚을 떠안고 파산하게 되었습니다. 설상가상 13년간 섬기던 교회에서 장로 추대를 받지 못하여 오랜 시간 기득권을 누리던 교회에서도 떠나게 되었습니다. 그렇게 갈 곳을 잃은 저는 '밧모섬'과 같은 지금의 말씀 공동체에 머무르게 되었습니다(9절). 저는 돈을 벌기 위해 낮에는 세탁 편의점, 밤에는 대리운전과 택배 물류센터, 음식 배달 일을 하며 주 6일 18시간씩 일했습니다. 일은 힘들었지만 예배를 드리며 공동체를 섬기는 것이 제게는 큰 기쁨이었습니다. 그러다 보니 목자로 세움 받는 은혜도 허락해 주셨습니다.

그러나 얼마 전 저희 목장의 한 집사님이 목장예배 대표 기도를 시킨다는 이유로 "목장을 탈퇴할까 합니다. 진심입니다"라고 폭탄 선언을 하셨습니다. 또 부목자는 "탈퇴합니다. 연락하지 마세요"라는 글을 불현 듯 목장 채팅방에 남기셨습니다. 저는 '정말로 안 나오면 어쩌지? 대표 기도를 시킨 것이 경솔했나?' 하며 온갖 고민을 했습니다. 그런데 지체들에 대해 안타까워할수록 저의 죄가 보였습니다. 술과 음란에 빠져 매일 접대를 즐기던 저의 룸살롱 중독이 생각나고, 사장 직함과 좋은 차로 치장하던 저의 허세가 떠올랐습니다. 의와 열심으로 사람을 죽이는 저의 죄도 보였습니다. 목원들의 모습이 모두 제 모습이었습니다. 공동체의 집사님들을 통해 저의 죄가 낱낱이 드러나, 이런 저야말로 자격 없는 자인 것이 깨달아졌습니다. 일생 죄에 매여 종노릇하며 사망을 퇴직금으로 받을 저에게 주님의 말씀이 나팔 소리같이 들렸습니다.

하나님은 말씀으로 저로 하여금 내 주제를 깨닫게 하셔서 밧모섬과 같은 고난의 삶에서도 영원히 살 것처럼 인내하는 마음을 주셨습니다. 부족한 목자이지만 밧모섬에서 "나 요한은 너희 형제요"라고 말하는 사도 요한처럼 목장에 안 나오는 지체들에게 "나의 형제요" 하며 찾아가기 원합니다(9절). 나의 실패와 여전히 진행 중인 죄를 지체들에게 솔직히 고백하며 "네가 보는 것을 두루마리에 써서 일곱 교회에 보내라 하시기로" 하신 말씀처럼 공동체 지체들과 말씀을 나누는 목자가 되기 원합니다(11절). 나를 살리신 주님을 기억하며 나의 환난이 예수님의 환난이 되어 기쁨으로 목자의 사명을 감당하기를 간절히 소원합니다(9절).

영혼의 기도

하나님 아버지, 아직도 예수님의 환난이 아닌 나의 환난으로 고통 받는 부분이 많습니다. 하나님의 말씀과 예수님의 증거로 밧모섬에 갇혀 있어도, 성령에 감동하여 하나님의 음성이 나팔 소리처럼 들려도 아직도 제 삶의 무게가 솜털처럼 가벼워지지 않는 부분이 있습니다. 날마다 말씀 안에 살면서 제 삶의 무게가 완전히 느껴지지 않으면 얼마나 좋겠습니까?

아직도 회개할 것이 많습니다. 내 죄를 내어놓을 때 그런 나를 보고 많은 사람이 각자의 버가모와 두아디라를 보게 될 줄 믿습니다. 진정한 형제애가 무엇인지 보이기 원합니다. 사명이 따로 있는 것이 아니라, '말씀을 읽고 듣고 지키는 데까지 나가야 한다'는 이 말씀이 들리게 도와주시옵소서. 주님의 말씀이 나팔 소리처럼 들리게 도와주시옵소서.

나도 모르는 누군가가 나를 위해 애통하면서 기도해도 그 음성이 들리지 않는저희를 불쌍히 여겨 주시옵소서. '나는 내 삶을 향해서 간다'고 하면서 주식을 끊지 못하고 음란을 끊지 못하며 각종 중독에 시달립니다. 그러나 나를 위해 애통하는 누군가의 그 기도가 땅에 떨어지지 않고 반드시 응답되어, 언젠가는 나도 반드시 변화될 줄 믿습니다. 예수님 이름으로 기도합니다. 아멘.

Chapter 4

별은 칠흑같이
어두운 밤하늘에서 빛납니다

요한계시록 1장 12~20절

하나님 아버지, 말씀으로 어둠을 비추는 인생이
무엇인지 알기 원합니다. 말씀해 주시옵소서. 듣겠습니다.

"어떤 시대에도 지도자가 손수 신앙 공동체를 설립하지는 않았습니다. 모세, 사무엘, 이사야, 에스겔 등 어떤 선지자도 신앙 공동체의 형성과 생존을 책임지지는 않았습니다. 신앙 공동체는 하나님이 만들어 주신 것입니다. 지도자는 청지기로 부름을 받은 사람일 뿐입니다. 그들은 공동체 속에서 하나님을 기억하고 기념하며 그분의 명령을 학습하고 순종하는 역할을 해야 합니다."

유진 피터슨(Eugene H. Peterson)의 이야기입니다.

오늘날 한국교회에서 수없이 문제가 일어나는 이유가 무엇입니까? 하나님이 신앙 공동체를 형성하고 만드셨는데 왜 문제가 생깁니까? 그것은 우리의 공동체가 불완전하기 때문입니다. 아직도 이루어져 가는 과정이기 때문입니다. 그러나 분명한 것은 어떤 신앙 공동체이든 하나님께서 값 주고 사신 것이라는 사실입니다. 아무리 미약하고 비천하고 일꾼이 없고 문제가 많아도 예외가 없습니다. 주님이 값 주고 사셨기에 신앙 공동체는 높이 들림 받아 마땅합니다.

그런데 우리는 이런 사실을 알면서도 답답합니다. 내가 당장 죽겠어서, 건강한 공동체에서 힘을 받아야 살 것 같아서 교회에 왔는데 교회도 건강하지 못하기는 내 상황과 다를 게 없는 겁니다. 성경에도 보세요. 건강하지 못한 교회가 너무도 많았습니다. 덩달아 교인들도 위기에 놓였습니다. 그런데 하나님께서 그런 교회도 지키겠다고 말씀하십니다. 지상에 완전한 교회는 없습니다. 그래도 하나님은 건강한 교회에 대해서 말씀하십니다. 건강한 교회의 모델을 보여 주십니다. 왜 그렇습니까? 우리의 교회가 건강한 교회가 되어서 살아나기를 원하시기 때문입니다.

건강한 교회는 돌이켜서 생각합니다

몸을 돌이켜 나에게 말한 음성을 알아보려고 돌이킬 때에 일곱 금 촛대를 보았는데 _계 1:12

우리는 옆 사람을 보면서 생각합니다. '저 사람은 틀렸어', '뭐 저리 못됐지?', '저 못된 버릇은 죽었다 깨어나도 못 고칠 거야.' 이런 생각들이 고정관념이 되어 나도 모르게 머릿속에 자리하고 있습니다. 옆 사람이 조금만 이상한 행동을 해도 '저러니 인생이 저 모양이지' 합니다.

도미티아누스가 그렇습니다. 그리스도인들을 극심히 박해하더니 사도 요한을 아예 밧모섬에 가두어 버렸습니다. 이런 사람을 이해할 수 있습니까? '저 사람은 왜 나를 힘들게 할까?' 진지하게 생각할 겨를이 있습니까? 당장에 '아, 저 원수 같은 놈. 저놈만 없어도 내 인생이 이토록 고되지는 않을 텐데' 하지 않겠습니까?

그런데 우리가 늘 큐티하면서 주님이 주시는 음성을 듣다 보면 상대방에 대해서 돌이키는 마음이 생깁니다. 내가 환난 가운데 예수님을 만나게 된 일이 너무 기가 막혀서, 나를 이 환난에 끌어들인 원수에 대한 고정관념도 깨집니다. '저 사람이 아니면 내가 어떻게 예수님을 만났겠는가' 깨닫게 되는 것입니다. 고정관념이 곧 몸입니다. 우리가 몸을 돌이켜 발상을 전환하면 원수 같았던 그 사람의 입장이 이해가 됩니다. 그렇게 우리의 지경이 넓어집니다.

요한이 몸을 돌이켜 일곱 금 촛대를 보았다고 합니다. 1장 20절에서는 "네가 본 것은 내 오른손의 일곱 별의 비밀과 또 일곱 금 촛대라 일곱 별은 일곱 교회의 사자요 일곱 촛대는 일곱 교회니라"고 하며 일곱 금 촛대에 대해 구체적으로 설명합니다. 앞서 일곱은 완전수로, 요한계시록이 이 시대의 가고 오는 모든 믿는 사람에게 주신 편지라는 것을 배웠습니다. '금 촛대'라고 한 것은 피로 값 주고 사신 교회가 어떤 정금보다 귀하다는 것을 의미합니다. 하나님이 세워 주신 교회는 힘과 영광이 있다는 뜻입니다.

우리가 인생의 밧모섬에서 말씀을 읽고 듣고 지키다 보면, 발상이 전환되어 원수 같은 사람도 용납됩니다. 또 그런 나를 보고 다른 사람도 주님을 알게 되며 교회가 이루어져 가는 것입니다. 우리 각자는 주님의 교회입니다. 나를 넘어서 형제가 보이고, 공동체가 보이는 것이 건강한 교회의 특징입니다. 조금 더 나아가면 다른 사람을 살릴 수 있습니다.

니콜이라는 목사가 미국 캘리포니아 롱비치에 교회를 개척했습니다. 그곳에서 그는 마약 중독자 숀을 만났습니다. 그가 숀에게 예배에 오라고 권면하니 놀랍게도 숀은 주일날 교회를 찾아왔습니다. 마약은 끊지 못했지만 매주 예배에 나오고 세례도 받았습니다. 세례 받던 날 숀은 너무 기분이 좋다면서 또 마약에 흠뻑 취했습니다. 할 줄 아는 게 그것밖에 없었던 것입니다. 숀은 니콜 목사와 매일 만나 죄 고백을 하기로 했는데, 그때마다 "내가 오늘도 마약을 했다", "어제도 마약을 했다", "마약에 무릎을 꿇었다"라는 말뿐이었습니다. 법원 명령으로 참여하는 약물 치료 프로그램도 그에게는 아무 소용이 없었습니다. 니콜 목사는 숀을 자신의 집에 머물게도 해 봤지만, 숀은 집을 나가면 또다시 마약의 굴레에 빠지고 말았습니다. 그러다 니콜 목사는 숀에게 한 가지 제안을 했습니다. 발상을 전환한 것입니다.

"숀, 내가 특별한 처방을 하나 내리겠네. 당장 나와 함께 차를 타고 마약 판매상에게 가서 그를 전도하세. 그 뿌리를 끊으면 자네가 더 이상 마약을 하지 않을 것 아닌가?"

숀은 "그곳은 당신 같은 분이 갈 만한 곳이 아니라"고 강력히 말렸지만 니콜 목사도 지지 않았습니다. 결국 숀은 자신이 가서 복음을 전하겠다고 약속했습니다. 그런데 숀이 찾아가서 보니 마약 판매상은 험악한 사람도, 위험한 사람도 아니었습니다. 빈민가에 살고 있는 한 가정의 아내

이자 엄마였습니다. 숀은 니콜 목사와 약속한 대로 그녀에게 가서 복음을 전했습니다. 그러자 생각지 못한 일이 일어났습니다. 어떤 방법도 소용 없었던 숀이 마약을 끊은 것입니다. 어떻게 된 것일까요? 복음을 전하며 숀은 마약 판매상을 진실로 긍휼히 여기게 되었고 그의 마음에도 복음이 확증되었습니다.

정말 놀랍지 않습니까? 우리가 말씀을 받아들이고 나누는 것이야말로 죄악의 사슬을 끊는 최고의 방법입니다. 우리들교회에도 이와 같은 일들이 얼마나 자주 일어나는지 모릅니다. 예수님을 알고 싶고 교회도 열심히 다니지만, 아무리 노력해도 술을 끊지 못하는 분들을 정말 많이 만납니다. 주변에서 "끊어라, 끊어라" 닦달해도 안 됩니다. 그런데 그런 분들이 목자가 되면 달라집니다. 죄악이 끊어집니다. 스스로 복음을 전하게 되니까, 그 복음에 책임을 지고 싶어서 술과 죄악을 끊게 되는 것입니다. 이런 발상의 전환을 통해 우리가 건강한 교회를 세우게 될 줄 믿습니다.

의사라는 좋은 직업을 가지고도 주식을 끊지 못해 온 가족을 고통스럽게 하는 한 집사님이 계십니다. 제가 아무리 중보하고 말씀으로 처방해 드려도 참 변하지 않으십니다. 그분의 목장보고서를 보니, '내가 원하는 것을 하고 싶은데 목사님은 자꾸 초를 친다'면서 도리어 적반하장입니다.

그래서 저도 발상을 전환해 그분에게 한 가지 처방을 내려 보려고 합니다. 의사라는 좋은 달란트를 사용해 의료 선교를 나가 보시기를 제안합니다. 빚쟁이 아버지, 주식에 중독된 아버지보다 선교사 아버지로 자리매김하면 얼마나 좋습니까?

숀이 복음을 전했던 마약 판매상은 그날 당장 예수를 영접하지는 못

했습니다. 대신 열네 살 난 그녀의 아들이 복음을 영접했습니다. 그 자리에서 손은 그에게 세례도 주었습니다. 그리고 1년 후 마약 판매상은 체포되어 감옥에서 주님을 영접했습니다. 우리가 전한 복음이 하나도 헛되지 않은 줄 믿습니다.

손은 마약 판매상의 아들과 그의 친구들을 전도해서 세례를 주고 그들과 함께 교회도 개척했습니다. 그런데 독특하게도 예배 시간이 새벽 3시였습니다. 손의 직업이 경비원이라, 주변에 밤에 일하고 낮에 자야 하는 사람들뿐이었기 때문입니다. 이 이른 시간에 예배를 준비할 수 있는 사람이 손밖에 누가 더 있겠습니까? 하나님은 손의 돌이킴을 통해서 수많은 영혼을 살리셨습니다. 우리가 조금만 돌이키면 거기에 사명이 기다리고 있습니다. 영혼은 다 똑같이 귀합니다. 그러니 우리가 누굴 욕하겠습니까? 교회도 마찬가지입니다. 어떤 교회든지 다 똑같이 귀합니다. 예수님이 주인 되신 교회는 누구도 막을 수 없습니다.

요한은 밧모섬의 채석장에서 돌을 캐는 중노동을 했습니다. 구십 평생 주를 위하여 살다가 예수의 환난에 동참하게 된 요한은 밧모섬에서 나팔 소리 같은 음성을 듣고 계시록을 기록했습니다. 그곳에서 그가 본 주님은 십자가에서 처참히 죽임당하신 모습이 아니었습니다. 빛나고 찬란한 주님의 영광만이 보였습니다.

우리도 조금만 돌이키면 주님의 영광을 볼 수 있습니다. 조금만 돌이킵시다. 발상의 전환이 필요합니다. 주식에 빠진 집사님께 제가 의료 선교를 제안했는데, 조금만 다르게 생각하면 새로운 세상이 있습니다. 이타적으로 산다고 내가 손해 보는 것이 아닙니다.

- 내 말씀의 지경이 이웃에게까지 넓어졌습니까?
- 몸을 돌이켜 내 배우자의 입장, 상사의 입장을 생각합니까? 나를 괴롭게 하는 자의 입장을 생각합니까?

건강한 교회는 예수님이 누구이신지 날마다 생각합니다

우리는 늘 성공을 생각하고 부유해지기를 갈망합니다. 어떻게 하면 이익을 취할까 생각합니다. 그러나 주 안에 있는 사람은 생각도 달라져야 합니다. 건강한 교회는 예수님이 누구이신지를 생각합니다. 우리가 겪는 모든 고난에 대한 답은 '예수님은 누구이신가'에 있습니다.

욥이 고난 중에서 '왜 나한테 이런 고난이 왔는가?'라고 탄식할 때 하나님께서는 고난에 대해 설명하지 않으셨습니다. 대신 욥에게 무지한 말로 생각을 어둡게 하지 말고, 대장부처럼 허리를 묶고 주님이 묻는 것에 대답하라고 하셨습니다(욥 38:2~3). 그러시고는 "내가 땅의 기초를 놓을 때에 네가 어디 있었느냐"(욥 38:4a), "누가 그것의 도량법을 정하였는지, 누가 그 줄을 그것의 위에 띄웠는지 네가 아느냐. 그것의 주추는 무엇 위에 세웠으며 그 모퉁잇돌을 누가 놓았느냐"(욥 38:5~6)라고 물으셨습니다. 이러한 70가지의 질문을 욥에게 하셨습니다. 이게 무슨 뜻입니까? '하나님은 누구이신가'를 생각하라는 말입니다.

태양 표면의 온도가 약 6,000K인데, 태양 중심부의 온도는 약 15,000,000K라고 합니다. 또한 태양계는 지구를 포함해 여덟 개 행성으로 이루어져 있습니다. 그런 태양계가 여러 개 모인 것이 은하계이고, 여러 은하계가 모인 것이 은하군이고, 또 그 은하군이 여러 개 모여 은하단을 이룹니다. 이렇게 거대한 우주에 점만 한 크기도 안 되는 지구, 그 지구의 3분의 1만 한 땅에, 사막과 불모지를 빼면 얼마 되지도 않는 곳에 70억 명의 사람들이 우글거리고 살고 있습니다. 그러니 하나님이 계시지 않는다고 핑계할 사람이 어디 있겠습니까? 인간은 이 우주를 만들 수 없고 어떻게 창조되었는지조차 가늠할 수 없습니다.

그런데 내가 무엇이기에 주님이 나에게 물어보십니까? 나는 입이 열 개라도 할 말이 없는 죄인인데, 주님이 물어봐 주시는 것이 얼마나 감사합니까. 이렇게 하나님이 내게 물어보시고 내가 하나님께 답하는 것이 큐티입니다. 그러니까 우리가 큐티를 통해서 하나님이 누구이신가를 찾는 것이 고난에 대한 답입니다.

하나님은 우리가 왜 고난당하는지 가르쳐 주지 않으십니다. '내 배우자가 왜 바람피우나?'라는 것은 물어볼 가치도 없습니다. 우리가 하도 하나님 말을 안 들으니까, 하도 서로 지지고 볶고 싸우며 '저 남편과는 못 산다'고 난리를 치니까 할 수 없이 이 사건을 주신 것입니다. 내 사건을 통해 하나님이 누구이신지 깨달으라는 것입니다.

욥은 하나님의 70가지 질문에 하나도 대답하지 못했습니다. 그저 하나님이 자신에게 물어 주시는 것이 감사해서 입을 다물게 되었습니다. 우리의 예배 가운데 주님은 내게도 끊임없이 물으십니다. 대답하지 못해도 좋습니다. 그냥 예배에 참여하는 것 자체가 중요합니다. '도대체 하나님은 어떤 분이기에 나 같은 죄인에게 끝없는 사랑을 베풀어 주시는가' 하며 할 말이 없어져야 합니다.

요한도 '하나님은 누구이신가, 예수님은 누구이신가'를 생각하고 찬양합니다. 주님의 모습을 묘사하는 말씀이 하나같이 신비하고 놀랍습니다.

촛대 사이에 인자 같은 이가 발에 끌리는 옷을 입고 가슴에 금띠를 띠고
_계 1:13

첫째, 발에 끌리는 옷은 제사장의 의복을 의미합니다. 가슴에 금띠를 띠었으니 왕 같은 제사장입니다. 주님은 사람의 아들로 오셔서 촛대 사이, 즉 교회 사이에 계십니다. 거기서 무엇을 하십니까? 우리를 위해 중보하십니다. 내가 죽을 지경일 때 왕 같은 제사장이신 주님이 나와 같은 언어를 쓰고 나와 같은 입장이 되어 주셔서 나를 위해 기도해 주십니다. 그러니 우리가 고난에 빠졌을 때 '도대체 왜 이런 고난이 나에게 왔는가' 탄식하면서 주저앉아 있을 것이 아니라, 늘 큐티하면서 예수님은 누구이신가 찾아보고, 나도 이제 예수님처럼 살아야겠다고 적용해야 합니다. 누군가 고통당하는 이웃이 있으면 나도 그의 입장으로 찾아가 왕 같은 제사장으로서 늘 중보해 주어야 합니다.

그의 머리와 털의 희기가 흰 양털 같고 눈 같으며 그의 눈은 불꽃같고
_계 1:14

둘째, 머리털의 희기가 흰 양털 같다고 합니다. 주님의 순수하심과 완전하심을 묘사한 것입니다. 셋째, 눈은 불꽃같다고 합니다. 주님의 눈은 만물을 꿰뚫어 보고 심판하시는 눈입니다. 날 선 검처럼 매섭게 쳐다보는 것도 무섭지만, 말도 하지 않고 가만히 볼 때 더 무섭지 않습니까? 하나님은 불꽃같은 눈으로 나를 지켜보시며 내가 어디를 가든지 감찰하십니다.

> 그의 발은 풀무불에 단련한 빛난 주석 같고 그의 음성은 많은 물소리와 같으며 _계 1:15

넷째, 발은 풀무불에 단련한 빛난 주석 같다고 합니다. 여기서 주석은 청동을 말합니다. 십자가에 달려 못 자국이 난 발이 아닙니다. 구리와 주석의 합금인 튼튼한 청동 같은 발입니다. 많이 다녀서 단련된 발이고 행동으로 옮기는 발입니다. 우리의 신앙도 그래야 합니다. 나의 믿음을 행동으로 옮기며 섬김과 봉사의 삶을 살아야 합니다.

다섯째, 음성은 많은 물소리 같다고 합니다. 에스겔 43장 2절에서도 "하나님의 음성이 많은 물소리 같다"고 했습니다. 이어지는 16절에 주의 입에서 날 선 검이 나온다고 하는데, 그럼에도 그 음성은 매우 아름다운 많은 물소리 같다고 합니다. 이는 주님의 음성에 위엄과 권위가 있다는 의미입니다.

그런데 여기에는 아주 무서운 의미도 담겨 있습니다. 여름에 폭포수 소리를 들으면 높은 곳에서 시원하게 떨어지는 물소리가 매우 아름답습니다. 그런데 사람을 고문할 때도 이 소리를 이용한다고 합니다. 아름다운 물소리이지만, 며칠만 반복해서 들려주면 사람이 미쳐 버릴 수도 있다고 합니다. 하나님 말씀도 그렇습니다. 하나님의 권능으로 말씀을 듣지 않으면 미칩니다. 말씀이 이해되지 않으니 오해를 하고, 그러다가 이단이 되어 인생을 망쳐 버립니다. 땅끝까지 내려간 고난의 사건 속에서 많은 물소리처럼 쏟아지는 말씀의 능력을 체험하고 있습니까?

> 그의 오른손에 일곱 별이 있고 그의 입에서 좌우에 날 선 검이 나오고 그 얼굴은 해가 힘 있게 비치는 것 같더라 _계 1:16

여섯째, 오른손에 일곱 별을 붙잡고 있다고 합니다. 20절에서 '일곱 별은 일곱 교회의 사자'라고 합니다. 하나님은 형편없는 나라도 우리 집의 사역자로, 예수 그리스도를 믿는 주역으로 자처하면 능력의 오른손으로 일곱 별을 붙잡고 계신다고 합니다. 불신 결혼을 한 어느 집사님이 남편을 위해 기도하며 감당이 안 될 만큼 힘들었다고 합니다. 그런데도 남편이 구원 받지 못하고 죽었습니다. 얼마나 천지가 무너지는 것 같겠습니까? 이렇듯 이해할 수 없는 사건 가운데서도 하나님은 능력의 오른손으로 우리의 인생을 붙잡고 계십니다. 대단한 환난이 우리를 쥐고 흔드는 것 같아도 주님께서 붙잡으시면 완전히 엎드러지지 않습니다.

일곱째, 입에서는 좌우에 날 선 검이 나온다고 합니다. 날 선 검은 심판 도구를 상징합니다. 또한 검은 말씀을 뜻합니다. 살아 있고 활력이 있는 말씀입니다.

주님은 늘 사람을 통하여 우리에게 말씀하십니다. 나와 같은 형제자매를 통해 말씀하시는 것이 주님의 겸손입니다. 그런데 우리는 내 옆의 지질한 친구가 "주님을 믿으라"고 하면 그것을 하나님의 음성이라고 생각하지 않습니다. 비천하고 약한 자를 통해 끊임없이 말씀하시는 것이 하나님의 방법인데, 외모만 보며 판단하는 것입니다. 그러므로 어떤 직분을 맡길 때도 외모나 학벌로 사람을 선택해서는 안 됩니다. 입에서 날 선 검이 나오는 사람을 택해야 합니다. 또한 내게도 주님처럼 입에서 날 선 검이 나오도록 기도해야 합니다.

여덟째, 그 얼굴은 해가 힘 있게 비추는 것 같다고 합니다. 그는 해를 볼 필요가 없습니다. 그 자체가 해이기 때문입니다. 그를 보기만 해도 모든 문제가 해결될 것 같습니다. 바울이 다메섹 도상에서 만난 빛나는 주님이 바로 이런 모습입니다(행 9:3).

그런데 이런 주님의 모습이 죄인에게는 어떻겠습니까? 그야말로 공포입니다. 죄 가운데 있는 사람은 교회를 싫어합니다. 주님의 빛 앞에 모든 죄를 드러내고 예수를 닮아 가려니, 거부반응이 생겨서 "싫어, 싫어" 하는 것입니다. 죄짓고 편한 대로 살고 싶은데 왜 귀찮게 하느냐고 합니다. 목장 가서 죄를 고백하는 것도 딱 싫습니다. 그러나 믿음의 사람은 해가 힘 있게 비추는 것같이 주님의 말씀이 삶을 비추어 더 이상 어둠 가운데 거하지 않게 됩니다.

• 고난 중에서 '왜 나에게 이런 일이 생겼는가?' 하며 원망합니까? '예수님은 누구이신가?'를 생각해 보는 것이 내 고난을 이기는 답이라는 사실을 믿습니까?

• 죄와 수치를 드러내는 것이 싫어 교회도, 목장도 가기 싫다고 하지는 않습니까?

건강한 교회는 진정한 두려움이 있습니다

내가 볼 때에 그의 발 앞에 엎드러져 죽은 자같이 되매…… _계 1:17a

요한이 예수님의 발 앞에 엎드러져 죽은 자같이 되었다고 합니다. 이는 때마다 하나님의 거룩함에 이르지 못한 자신이 부끄러워서 죽은 자 같이 되었다는 것입니다. 이사야도 보좌에 앉으신 주님을 본 후 "화로다 나여 망하게 되었도다"(사 6:5)라고 고백하지 않았습니까? 이것은 한마디로 "나는 죄인이로소이다"라는 고백입니다. 죄인은 하나님을 보면 살 수 없습니다. 그렇기에 여호와의 임재와 영광을 본 자들은 "내가 망하게 되었다"라고 고백하게 됩니다. 이처럼 우리도 자기의 실체를 하나님 앞에 내려놓아야 합니다. 자기 정체성에 대한 고백이 필요합니다.

이사야가 사역하던 때 유다 백성의 타락과 패역은 극에 달했습니다. 온 백성이 하나님을 떠나 거짓과 악을 행했습니다. 그러나 이사야는 타락한 자들과 구별되어서 성전에서 기도하고 있었습니다. 그런데도 그는 "나는 입술이 부정한 사람이요 나는 입술이 부정한 백성 중에 거주했다"라고 고백합니다(사 6:5). 이사야는 백성들의 죄짐을 함께 짊어지고, 백성과 동일한 정체성을 가지고 하나님 앞에 엎드렸습니다. 백성의 죄를 나의 죄로 여기며 고백하기가 어디 쉽습니까? "남편의 죄가 내 죄이고, 아내의 죄가 내 죄이고, 자녀의 죄가 내 죄이다" 하며 죽은 자처럼 엎드러져야 하는데 그러기가 너무 어렵습니다. 내 남편이 구원 못 받아도 애통하지 않고, 내 아내가 구원 못 받아도 애통하지 않고, 내 자녀가 구원 못 받아도 애통하지 못합니다. 그들의 죄를 내 죄로 여기면서 엎드러지기가 정말 어렵습니다. 그러나 하나님께서는 나에게서 이사야의 고백을 듣고 싶어 하십니다. 그 고백이 우리의 기도 제목이 되어야 합니다.

우리는 누군가의 간증을 듣고 은혜를 받아도, 그렇게 살라고 하면 너무 싫습니다. 어떤 분들은 'Radical dicipleship'(급진적 제자도)으로 살라고 하니까 "싫어, 그렇게는 못 살아!" 하면서 화를 냅니다. 사실 그런 삶을 살 수 있는 사람이 얼마나 있겠습니까? 우리 중에 몇 명이나 하나님 앞에 부끄럽지 않은 삶을 살 수 있겠습니까? 그러니 선지자들도 두려워 '내 믿음으로는 도저히 그렇게 못 산다'고 죽은 자처럼 반응하는 것입니다. 그런데 말씀에 은혜를 받으면 저절로 그렇게 살아집니다.

우리는 날마다 두려운 것이 많습니다. 제가 강단에서 해같이 빛난 모습으로 설교할 때는 좋다고 보고 들으시다가도, "기도했더니 남편이 천국 갔다"는 이야기를 하면 어떤 분들은 싫어합니다. '내가 기도했을 때 하나님이 내 남편도 데려가시면 어쩌나' 하면서 두려워하는 것입니다. 이렇게 육적으로, 정신적으로, 영적으로 두려운 것이 많습니다.

그러나 하나님께서는 "내가 너에게 말씀을 주고, 내가 시작하고 내가 다 끝낼 텐데 왜 네가 하려고 하느냐? 네가 할 것이 하나도 없다. 그러니 두려워 말라"고 하십니다.

17 ……그가 오른손을 내게 얹고 이르시되 두려워하지 말라 나는 처음이요 마지막이니 18 곧 살아 있는 자라 내가 전에 죽었었노라 볼지어다 이제 세세토록 살아 있어 사망과 음부의 열쇠를 가졌노니 _계 1:17b~18

이 말씀이 우리에게 얼마나 위로가 되는지 모릅니다. 두려워 말라고 하시면서 "나도 죽었었다"라고 하십니다. "내가 너의 두려움을 다 이해한다" 하십니다.

저도 하나님 뜻대로 살지 못하니 날마다 두려운 것이 많습니다. 어떤 때는 설교도 제가 하는 줄 착각합니다. 그래서 집에 가면 죽은 자같이 엎드러져 있습니다. 주일날 해같이 빛나는 모습으로 나와 설교하지만 집에 가면 또다시 죽은 자같이 엎드러집니다. 내 힘으로는 설교를 할 수 없다는 사실을 잘 알기 때문에 날마다 죽은 자같이 엎드러져 있습니다. 그런데 주일 강단 앞에 서면 하나님은 제가 일주일 동안 죽은 자같이 있던 것을 기억하시고 또 빛나게 해 주십니다. "네가 하는 게 아니라 내가 시작했으니 내가 끝낸다"고 말씀하십니다.

주님은 내 믿음 이상의 삶을 요구하지 않으십니다. 그런데 우리는 미리 두려워합니다. 그래서 문제를 두고 성경대로 처방해 줘도 지레 겁먹고 순종하지 않습니다.

제가 앞서 주식에 빠진 한 의사 집사님에게 의료 선교를 권면했습니다. 그런데 그분이 "의사가 돈을 벌어야지 어떻게 선교를 갑니까?" 하셨다더군요. 만약 주식에 매진하는 대신에 선교를 갔다면 돈도 안 날리고 망하지도 않았잖아요? 몇 년 동안 주식만 하다가 더 망하기만 했습니다.

좋은 직업 놔두고 왜 만날 주식만 들여다보고 계신 건지…… 정말 인간의 힘으로는 끊을 수가 없나 봅니다.

그렇지만 그 집사님이 얼마나 우리들교회를 좋아하는지 모릅니다. 이런 갖은 수모를 당하고도 교회를 열심히 나오고 목장예배도 열심히 가십니다. 목자직을 주었다 뺏고, 교회 운영위원회 자격도 주었다가 뺏었는데도 상처도 안 받고 교회에 열심히 나오십니다. 그래서 저는 그분을 위해 기도하지 않을 수 없습니다. 본인도 안 되는 것이죠. 죄의 중독에서 벗어나는 것이 이렇게 어렵습니다.

중독의 문제가 꼭 이 집사님만의 문제입니까? 아닙니다. 우리에게도 내 힘으로는 안 되는 것이 있습니다. 그래서 중독에 빠진 다른 지체의 문제에 공감하고 체휼할 수 있는 것이죠. 앞서 손이 마약을 끊지 못하면서도 주님을 사랑해서 교회를 열심히 나왔다고 하지 않았습니까? 결국 그도 자기와 같은 사람들을 위해서 살았습니다.

우리가 죽은 자같이 되지 않으면 다른 사람을 섬길 수 없습니다. 선교지에 의사가 얼마나 필요합니까. 그래서 주님은 이 집사님에게도 묻고 계십니다. 부잣집 아들로서 열악한 곳에서 누군가를 섬기려면 죽은 자같이 엎드려져야 하기에, 하나님이 이분의 인생을 손보고 계십니다. 더불어 자기를 부인하고 주님을 따르는 것이 얼마나 십자가 길인지 저도 잘 알기에 이분의 고통에 동참하게 됩니다. 함께 아파하게 됩니다.

오늘 내가 망해서, 주님의 일을 하지 못해서, 주님이 원하시는 인생을 살 수 없어서 각자의 환경에서 죽은 자처럼 엎드려져 있습니까? 주님이 "내가 시작했으니 내가 끝낸다. 나는 처음이요 마지막이다. 그러니 두려워하지 말아라" 하십니다. "나도 죽었다가 살아나지 않았니? 이제 나는 사망과 음부의 열쇠를 가지고 세세토록 살아 있다"고 하십니다.

- 주님을 사랑해서 교회에는 열심히 나오지만 여전히 해결되지 않은 중독의 문제가 있습니까?
- '나는 죄인입니다' 하며 죽은 자처럼 엎드려져 있습니까?
- 하나님께서 내 믿음 이상의 삶을 요구하실까 봐 두렵습니까?

건강한 교회는 더 큰 사명을 향해서 나아갑니다

우리에게 예수님이 누구이신지를 보여 주시는 이유가 무엇입니까? 왜 우리에게 말씀을 주십니까? 왜 우리를 왕 같은 제사장으로 부르셔서 이 시대를 향한 주님의 안타까움을 알게 하십니까? 더 큰 사명을 향해 나아가라는 뜻입니다. 건강한 교회는 나 혼자 큐티하고 끝내지 않습니다. 더 큰 사명을 향해서 나아갑니다. 그것이 무엇입니까? 죽어 가는 영혼을 살리는 것입니다. 왜 내가 그들보다 먼저 고난을 당했겠습니까? 왜 내 입에 말씀을 넣어 주셨겠습니까? 지금 고난 중에 있는 사람들을 살리라는 것입니다. 그 영혼들을 살리라고 내 입에 날 선 검을 넣어 주신 것입니다. 날 선 검이 우리를 다 찔러 죽일 것 같아도, 아름다운 물소리 같아서 우리에게 위로가 됩니다.

바울과 실라가 복음을 전하고 귀신을 쫓다가 옥에 갇혔을 때, 그들이 한밤중에 기도하고 찬송하자 지진이 나면서 옥문이 열렸습니다. 그런데 그들은 그냥 옥문을 나서지 않고, 자결하려던 간수에게 복음을 전했습니다(행 16:25~34). 주님의 말씀을 전하다가 잡혀갔는데, 주의 사자가 옥문을 열어 주어도 나가서 또 복음을 전했습니다. 바울만 그런 것이 아닙니다. 당시 사도들은 성전에 있든지 집에 있든지 날마다 예수를 가르치기와 전도하기를 그치지 않았다고 합니다(행 5:42).

하나님께서 제 남편을 데려가신 이유가 무엇이겠습니까? 제가 남편의 감옥에 갇혀 있을 때 저 편하게 살라고 옥문이 열렸겠습니까? 더 큰 사명이 저를 기다리고 있었습니다. 제가 큐티하고 깨달은 것, 제가 받은 말씀을 남들에게 나누어 주는 더 큰 사명으로 나아가게 하셨습니다.

하나님이 고난을 주시는 이유도 여기에 있습니다. 그런데 왜 자꾸 고난을 피하려고 합니까? 고난을 통해서 더 큰 사명으로 나아가야 합니다. 그 큰 사명이 보여야 합니다. 주님이 우리에게 주신 사명이 무엇입니까?

그러므로 네가 본 것과 지금 있는 일과 장차 될 일을 기록하라 _계 1:19

별 인생 없습니다. 도미티아누스는 황제로서 권력과 부를 누렸어도 지옥에 갔지만, 믿는 자는 이 땅에서 고난당해도 천국에 갑니다. 요한계시록은 이 이야기를 반복해서 말합니다. "내가 세상 죄에 젖어 살다가, 내가 성공을 향해 살다가 보니 별 인생이 없더라. 인생이 다 똑같더라. 그러니 이제 너는 구원과 심판 중에서 무엇을 택할 것이냐. 인생 별것 없으니 예수 믿고 천국 가라" 이야기합니다. 이것은 과거와 현재, 미래를 아우르는 복음의 핵심입니다. 그리고 그것을 적어서 모든 사람에게 전하는 것이 주님이 우리에게 주시는 사명입니다. 요한계시록을 놓고 혼란스럽게 해석하는 것은 다 잘못된 것입니다. 거르고 또 걸러 들어야 합니다.

> 네가 본 것은 내 오른손의 일곱 별의 비밀과 또 일곱 금 촛대라 일곱 별은 일곱 교회의 사자요 일곱 촛대는 일곱 교회니라 _ 계 1:20

일곱 교회는 금 촛대입니다. 교회는 하나님이 만드신 것이기에 중요합니다. 그런데 더 중요한 것이 있습니다. 바로 촛대에 불을 붙여야 하는 사람입니다. 그래야 촛대가 별같이 빛나지 않겠습니까? 그 불을 누가 붙입니까? 바로 '사자'입니다.

사자는 '일곱 별의 비밀'이라고 합니다. 일곱 금 별이라고 하지 않으십니다. 그러고 보니 하나님께서 쓰시는 사자들은 너무나도 초라하고 비천합니다. 예수님도 그러셨습니다. 이 땅에 너무나 초라하게 오시지 않았습니까?

예수님이 하늘의 복음을 전하자 사람들이 기이하게 여겼습니다. 그런데 그가 나사렛의 어느 목수의 아들이라는 것이 밝혀졌습니다. 게다가 처녀가 잉태해서 낳은 아들이었습니다. 바리새인들과 예수님의 고향 사람들은 분노했습니다. 자기들과 격이 다르다고 생각했기 때문입니다. 비천해도 너무 비천한 그가 하늘의 복음을 전하니 그저 분했습니다. 우리도 그러지 않습니까? 나보다 직분이 높은 사람이 알고 보니 출생의 비밀이 있고 가정사가 화려하면 격이 다르다고 무시합니다. 성경에서도 남자와 여자를 차별했다고 하면서 여자인 제가 말씀을 전하면 분해하는 사람들이 있습니다. 여자와 남자는 격이 다르다고 합니다.

그러나 하나님은 대단한 사람을 쓰지 않으십니다. 다 갖춘 사람들은 날마다 '나는 이래서 못 해, 저래서 못 해' 핑계가 많습니다. 소위 격이 떨어지는 사람이 주님의 말씀을 전할 때 수많은 영혼을 살립니다. 우리들교회도 다 갖춘 잘난 사람이 은혜를 끼치는 것이 아니라 무서운 시어머니, 바람난 배우자 때문에 고통당했던 사람들이 영혼을 살립니다. 지식이 많다고 복음을 잘 전하는 것도 아닙니다. 그러니 이것이 일곱 별의 '비밀'입니다. 하나님은 일곱 교회와 일곱 사자에게 비밀스러운 사명을 맡기셨습니다. 바로 세상에 올바른 이야기를 해 주고 등불을 비추는 것입니다. 이 세상에 하나님의 구원 역사를 풀어 주는 비밀 역할을 맡기신 것입니다. 그런데 교회가, 믿는 우리가 세상과 다르지 않다면 되겠습니까?

수년 전에 전면 무상급식을 할 것이냐 말 것이냐를 두고 곳곳에서 의견이 첨예하게 갈린 적이 있었습니다. 이것으로 주민투표를 하기도 했지요. 그때 제가 어느 고위직 간부의 인터뷰를 보았는데, 그는 "투표를 하러 가지 않았다"고 했습니다. "왜 하지 않았느냐?"고 물으니 "이미 우리 아이가 공짜로 급식을 먹고 있는데 굳이 투표를 해서 제도를 바꿀 필요가 뭐 있느냐?"고 했습니다. 이것이 고위직 간부가 할 말입니까? 세상에 무엇이 잘못 돌아가고 있는지, 어떤 게 바른 것인지 말해 주는 사람이 없습니다.

브라질의 전 대통령 룰라 다 실바(Lula da Silva)는 초등학교 교육도 제대로 받지 못했습니다. 열여덟 살에 공장에서 일하다가 사고로 손가락이 잘렸고, 결혼 후에는 병원비 낼 형편도 안 돼 아내와 자식을 잃었습니다. 그런 그가 대통령이 되자 나랏돈을 전부 풀어 빈민을 구제하는 데 썼습니다. 모두 그를 미쳤다고 했습니다. 그러나 당시 브라질은 너무 가난했기 때문에 그런 지원이 필요했습니다. 단, 조건이 있었습니다. 아이들을 반드시 초등학교에 보내야 한다는 것이었습니다. 그래서 빈민들은 나라로부터 지원을 받는 대신 자녀들을 가르쳤습니다. 그 결과 온 국민이 문맹에서 벗어났습니다. 가난했던 나라가 8년 만에 경제 대국이 되었습니다.

나라가 망하느냐 마느냐의 기로인데 내 이해타산만 생각해서 되겠습니까? 한 나라를, 국민을 대표하는 사람들이 당리당략을 위해서만 움직여서야 되겠습니까? 자기 배만 불리면서 나라가 망하든 말든 신경 쓰지 않는 사람이 나라를 대표할 수 있습니까?

제가 배우자 때문에 고통의 나날을 보내는 사람들에게 "그래도 이혼은 안 된다"고 하면 모두 미쳤다고 합니다. 그런 남편하고, 그런 아내하고 어떻게 사느냐고, 그런 바람둥이랑, 그런 알코올중독자랑 어떻게 사느냐고, 당신이 한번 살아 보라고 조롱합니다. 그러나 우리는 이 고난이 구원 역사에 필요한 과정이고, 여기에 순종하면 나도 살고 배우자도 살고 온 가족이 살게 된다는 것을 믿어야 합니다. 이런 비밀을 가족들에게 전해 주는 사자가 되는 것이야말로 우리에게 맡겨진 사명입니다. 이렇게 일곱 교회의 등불을 켜는 일곱 사자를 하나님께서 지키십니다.

요나 선지자는 하나님의 명령에 따라 니느웨에 가서 너희가 곧 망할 것이라고 예언했습니다. 그랬더니 니느웨가 회개하고 돌아왔습니다. 그런데 요나는 성이 났습니다. '이스라엘을 괴롭힌 니느웨는 망하는 게 마땅한데 괜히 예언을 하는 바람에 그들이 살게 되었다'는 것이죠. 결국 요나는 분을 못 이겨 성읍을 떠났습니다. 그런데 떠났으면 아주 갈 일이지, 성읍 동쪽에 초막을 짓고 앉아서는 니느웨가 망하나 안 망하나 지켜보고 있었습니다. 그러다가 사막 한가운데서 너무 뜨거우니 괴로워 견딜 수가 없었습니다. 그때 하나님이 요나에게 박넝쿨을 하나 주셔서 요나의 머리 위에 그늘이 지게 해 주셨습니다. 요나는 너무 기뻤습니다. 그런데 그것도 잠시, 밤새도록 벌레가 먹어서 박넝쿨이 다 시들었습니다. 그러니 요나는 또 불평불만을 합니다. 그때 하나님이 말씀하셨습니다.

"너는 하룻밤에 말라 버린 박넝쿨도 아끼는데, 내가 니느웨 백성 십이만여 명을 어떻게 아끼지 않겠느냐?"(욘 4:10~11)

한 집사님이 이 요나서 말씀으로 큐티하고 적용을 한 내용입니다.

얼마 전 남편이 성령님이 임하신 것 같다며 기도할 때 너무 눈물이 났습니다. 남편이 하나님을 만난 것 같았습니다. 그 후 함께 큐티를 하면서 말씀을 나누어 왔는데, 하루는 남편이 어렵게 고백을 했습니다. 자신이 음란물에 중독되었고 그것 때문에 늘 곤고했다고, 이제는 더 이상 죄를 짓고 싶지 않다고 하면서 저에게 도움을 요청했습니다.

남편은 저와 하나님 앞에서 회개했지만 저는 아내로서 자존심이 상하고 용서할 수 없다는 생각에 화가 났습니다. 결국 눈물을 흘리면서 그 자리에서 일어났습니다. 목장 식구들이 그런 고백을 할 때는 넓은 마음으로 다 이해했는데 나에게 그런 일이 생기니까 남편을 도무지 용서할 수 없었습니다. 다른 사람이 보면 남편이 바람을 피운 것도 아니고 큰 죄를 지은 것도 아닌데 유난스럽다고 생각할지 모르겠지만, 제 상식으로는 이해할 수도, 납득할 수도 없는 일이었습니다.

저는 요나처럼 화를 내면서 "나에게 왜 이런 일이 생겨야 하냐?"며 죄를 고백한 남편과 하나님까지 원망했습니다. 이혼은 안 된다는 말씀을 들었지만 저는 이런 남편과 같이 살고 싶지 않았습니다. 이런 환경에서 벗어나고만 싶었습니다. 이 수치스러운 일을 오픈하고 싶지 않아서 공동체의 성읍에서도 나가고 싶었습니다. 고백하기도, 회개하기도 싫고 내 교양의 박 넝쿨 속에서 그저 쉬고 싶었습니다. 이 교회를 다니지 않으면, 공동체를 떠나면 다른 사람들 모르게 교양 차리며 살 수 있겠다는 생각이 들었습니다.

하지만 하나님께서 요나를 쉬게 한 박을 갑자기 벌레 먹게 하신 것처럼 저에게도 하나님이 뜻밖의 사건으로 찾아오셨습니다. 저에게 오픈한 것도 기가 막힌데, 남편이 목장에서도 죄를 오픈하여 저의 교양을 한순간에 무너뜨린 것입니다. 그러나 하나님이 원하시는 것은 남편의 진정한 회개였습니다. 그러기 위해 공동체에 죄를 고백하고 음란 중독을 끊겠노라 선포하는 과정이 필요했던 것입니다.

오늘 말씀에 하나님이 요나에게 "네가 수고하지도 않고 재배하지도 않고 하룻밤에 말라 버릴 이 박넝쿨을 그렇게 아꼈느냐" 말씀하시는데, 저 역시 그저 시들어 버릴 저의 체면과 교양만을 중요하게 생각했습니다. 남편의 죄고백은 자존심이 추락하는 일이 아니라 오히려 하나님 안에서 자존감을 세우는 일이었습니다. 또한 제가 마음에 품었던 죄를 목장에서 오픈했더니, 다른 지체들이 이를 듣고 살아나는 은혜도 경험했습니다.

남편은 목장 식구들의 기도를 받고, 끊임없이 죄를 나누면서 음란물을 조금씩 끊어 가는 중입니다. 우리 가정은 이 사건을 통해 하나님의 구속사를 알게 되었습니다. 말씀으로 우리 가정을 양육해 주시는 하나님, 감사합니다.

이후 이 부부는 목자와 부목자로 세워져 교회 일에 헌신하고 있습니다. 이 사건을 통해 진정으로 주님을 만났기 때문입니다. 그러니 남편이 음란물에 중독되었던 것이 여간 잘된 일 아닙니까? 안 그랬으면 이 집사님은 언제까지고 의인의 모습으로 제 잘난 줄 알고 살다가 심판대 앞에 설 뻔했습니다. 그러나 사건을 통해 자기 죄를 보게 되니, 부부가 합심하여 건강한 공동체에서 죄를 드러내고 더 큰 사명으로 나아가게 되었습니다.

같은 사건을 경험하면서도 끝까지 자기 죄를 보지 못하고 '어떻게 예수 믿으며 음란물에 중독될 수 있느냐'면서 이혼을 굳히고 마는 분들도 있습니다. 아무리 남편이 죄를 고백하고 회개해도 받아들이지 못합니다. 이것이 건강하지 못한 교회의 특징입니다. 죄를 짓다가 들킨 것도 아니고 남편의 입으로 고백했는데 그것을 용서 못 하겠다고, 기어코 이혼을 하겠다고 합니다.

"지혜 있는 자는 궁창의 빛과 같이 빛날 것이요 많은 사람을 옳은 데로 돌아오게 한 자는 별과 같이 영원토록 빛나리라"(단 12:3)고 합니다. 왜 태양처럼 빛나는 것이 아니라 별과 같이 빛난다고 했을까요? 별은 밤에 빛납니다. 칠흑같이 어두운 밤에 나 하나 말씀으로 중심 잡으면 우리 집안이 밝아지고 교회가 밝아지고 나라가 밝아집니다. 내가 건강한 신앙을 가지면 다른 사람을 살립니다.

건강한 교회는 돌이킬 수 있는 유연함이 있는 교회입니다. 조금만 돌이킵시다. 조금만 생각을 바꿉시다. 저 말도 안 되는 배우자를 벗어나야만 내 고생도 끝날 것 같습니까? 너무 힘든 부모, 배우자, 자녀가 도무지 안 바뀔 것 같습니까? 내가 바뀝시다. 예수님은 누구이신가 날마다 생각해 보면서 상대방 입장에서 적용해 봅시다. 나는 왕 같은 제사장이기에 그들을 위해서 중보해야 합니다. 예수님이 어떤 분이신지 알게 될 때 인간적인 두려움은 거룩한 두려움으로 바뀌게 될 것입니다.

내가 지금 밧모섬에 갇힌 고난 속에 있다고 할지라도, 나를 찾아오시는 예수님을 바라보기 원합니다. 내 생각을 돌이켜 죄의 사슬을 끊고, 몸을 돌이켜 고정관념을 깨고 상대방의 입장에서 생각하기를 바랍니다. 죽은 자같이 엎드러져 많은 물소리 같은 주님의 음성을 들음으로 구원의 비밀을 깨달아 더 큰 사명을 향해 나아가기를 바랍니다. 그래서 내 가족과 지체들을 위해 일곱 별과 같이 빛나는 사명자의 삶을 살아가기를 바랍니다.

- 고난을 피하고 싶습니까? 내가 큐티하고 깨달은 것, 내가 받은 말씀들을 남들에게 나누어 주라고 하나님께서 고난을 주심을 믿습니까?
- 어두운 밤하늘에 빛나는 별처럼 변할 것 같지 않은 가정에, 직장에 올바른 이야기를 해 주고 등불을 비추고자 하는 사명이 내게 있습니까?

우리들 묵상과 적용

저희 부부는 연애결혼을 했지만 결혼생활 내내 불화했습니다. 남편이 병원을 개원한 후 스트레스로 큰소리 내는 일이 잦아지면서 부부 관계는 더욱 악화되었습니다. 저는 통하지 않는 남편과의 결혼생활이 너무 힘들어 친지의 전도로 교회에 나가게 되었습니다. 교회에 간 첫날 말씀이 내게 주시는 말씀으로 들려 "제가 오늘부터 하나님 잘 믿겠으니 저와 제 남편 잘살게 해 주세요"라고 기도했습니다. 그러나 그 후 남편의 외도와 다섯 살 난 혼외 아들이 있다는 사실이 밝혀졌습니다. 저는 받아들일 수 없는 기막힌 현실 앞에 목사님의 설교 말씀과 큐티 말씀을 묵상하며 떨리는 마음을 다잡았습니다. 공동체의 권면으로 남편을 교회로 인도하기도 했습니다. 그러나 남편이 암에 걸리고 내연녀와 살림을 차리면서 저의 영과 육은 지쳐 갔습니다.

그러던 어느 날 동사무소에서 서류를 떼다가 남편이 한 달 전에 사망했다는 사실을 알게 되었습니다. 저는 큰 충격을 받고 '하나님, 대체 내게 왜 이러십니까' 하며 울부짖었습니다. 남편이 내연녀와 그 아들에게 재산을 남겨 주기 위해 저와 자녀들에게는 자신의 죽음을 알리지 않았다는 사실도 알게 되었습니다. 그간 남편이 돌아오기만 기다리며 버텨 온 저의 모든 것이 무너져 내렸습니다. 죽을힘을 다해 억지로 펴든 큐티 말씀은 "돌 하나도 돌 위에 남지 않고 다 무너뜨려지리라"(막 13:2)는 말씀이었습니다. 말씀을 읽으며, 교회에 다녀도 주님을 알지 못하고 남편을 우상 삼는 저를 무너뜨리시고자 하나님이 이 모든 일을 행하셨음이 비로소 깨달아졌습니다. 그러나 유류분반환 청구소송을 하면서 다시 분노가 올라와 "너희 아빠는 어찌 그리 개떡 같은 유언장을 써 놓고 죽어서 이렇게 힘들게 하냐"고 나도 모르게 아이들 앞에서 울부짖었습니다. 그러자 큰딸은 "엄마, 아빠는 최고의 유언을 한 거야. 아빠가 힘들게 하지 않았다면 우리가 어떻게 하나님을 알고 믿음의 공동체를 만났겠어?"라고 했습니다. 딸아이의 말에 믿음 없는 내 모습이 부끄러웠습니다. 고난 중에 두 딸을 잘 자라게 해 주신 하나님께 감사하고, 믿음의 전쟁을 할 수 있도록 함께해 준 공동체에 감사해서 눈물이 났습니다.

남편의 외도와 죽음을 해석할 수 없어 칠흑같이 어두운 인생길에 죽은 자같이 되었던 저였습니다(17절). 이런 사망과 음부에서 건지시고 일곱 별의 비밀을 보이사 회개와 감사로 이기게 해 주신 주님, 감사합니다(18~20절). 내게 주신 구원의 사건을 기록하며 더 큰 사명으로 나아가기를 소원합니다(19절).

영혼의 기도

하나님 아버지, 우리가 각자의 밧모섬에서 주님의 음성을 듣고 말씀을 읽었습니다. 거기서 조금만 몸을 돌이켜서 상대방의 입장에서 생각하고 적용해야 하는데, 고정관념에 사로잡혀 조금도 돌이키기가 어렵습니다. 그러나 우리가 조금이라도 돌이키기를 원합니다. 마약 중독자였던 손이 교회를 개척해서 지도자가 되었습니다. 나를 괴롭게 하는 내 가족이, 내 옆에서 수고하는 원수가, 결코 변할 것 같지 않은 그 사람이 일곱 별이 될지 누가 알겠습니까?

예수님의 찬란한 모습을 우리가 보았습니다. 내 입에서도 날 선 검과 같은 주님의 말씀이 많은 물소리같이 흘러나오기를 원합니다. 주님의 영광이, 그 능력이 나에게도 임하게 하옵소서. 내가 칠흑 같은 밤을 밝혀 주는 별이 되어, 내 가족을 구원으로 이끌게 하옵소서.

주님, 우리는 말씀을 들어도 '나는 할 수 없다'며 자꾸 죽은 자같이 엎드러집니다. 그러나 주님은 비천한 자를 택하십니다. 두려워하지 말라고, 네 일이 아니고 내 일이라고, 너는 마음만 먹으라고, 네가 더 큰 사명으로 나아가기를 원한다고 하시는 주님의 음성을 듣기 원합니다. 우리는 그저 말씀 따라서 한 절 한 절 순종하고 나아갑니다. 건강한 교회와 건강한 교인이 되어서 많은 사람에게 등불을 비추는 우리가 되게 해 주옵소서. 말씀을 적용할 때마다 그 말씀이 날 선 검이 되고 많은 물소리처럼 흘러나가 다른 사람들을 변화시키게 해 주옵소서. 예수님 이름으로 기도합니다. 아멘.

별은 밤에 빛납니다. 칠흑같이 어두운 밤에
나 하나 말씀으로 중심 잡으면 우리 집안이 밝아지고
교회가 밝아지고 나라가 밝아집니다.
내가 건강한 신앙을 가지면 다른 사람을 살립니다.

Part 2

회개하라

Chapter 5

첫사랑을 회복하려면
내 죄를 고백해야 합니다

요한계시록 2장 1~7절

하나님 아버지, 처음 사랑을 회복하여
주님께 칭찬 받는 교회가 되기 원합니다.
말씀해 주시옵소서.

어릴 적 친구가 찾아와서 "내가 너를 다 알아"라고 이야기한다면 여러분은 어떤 생각이 들 것 같습니까? '내 옛날 스캔들을 알고 있나?' 하면서 덜컥 겁이 날 수도 있겠지요. 만약 내가 과거에 고통과 외로움의 시간을 보냈다면 친구의 그 말 한마디가 큰 위로가 될지도 모릅니다.

하나님이 "내가 너를 아노라" 말씀하실 때 우리도 두 가지로 반응합니다. 과거의 죄가 먼저 떠오르는 사람은 두려울 것이고, 아팠던 기억이 먼저 떠오르면 위로를 받겠죠. 우리는 모두 죄인이요, 고난의 길을 지나고 있기에 "내가 너를 안다"는 주님의 말씀에 두려우면서도 감격하는 두 마음이 공존합니다. 하나님은 에베소 교회를 향해서도 "내가 너를 안다"고 말씀하십니다. 이 두렵고도 떨리는 말씀을 따라 우리도 에베소 교회에 대해 알아보겠습니다.

에베소 교회의 사자에게 편지하라 오른손에 있는 일곱 별을 붙잡고 일곱 금 촛대 사이를 거니시는 이가 이르시되 _계 2:1

하나님은 특별히 에베소 교회에 '편지하라'고 하십니다. 이것은 책망의 편지일 수도 있고, 위로의 편지일 수도 있겠지요. 에베소 교회에 보내는 편지는 책망의 성격이 강하지만, 그럼에도 이 편지에는 하나님의 사랑이 담겨 있습니다. 에베소 교회를 향해 "네가 왜 이런 고난을 받고 있는지 생각해 보라" 말씀하시죠.

소아시아에서 가장 큰 도시인 에베소는 정치·경제·문화의 중심지로 많은 상인과 문물이 모이는 곳이었습니다. 특히 에베소는 로마의 속주이나 로마 군대가 주둔하지 않는 자치령이기도 했습니다. 그야말로 거칠 것 없이 자유로운 도시, 화려하고 아름다운 도시가 바로 에베소였습니다.

그런데 에베소 사람들은 이 모든 공로가 아데미 여신에게 있다고 믿었습니다. 아데미 신전은 기둥만 120개가 넘는 큰 건축물로, 그중 금으로 만들어진 기둥도 있어 화려하기가 이를 데 없었습니다. 오죽하면 태양이 지나가다가 그 아름다움에 멈춰 쳐다볼 정도라고 했죠. 도시에 이런 어마어마한 건축물이 자리하고 있으니, 사람들은 그 웅장함과 아름다움에 취해 자신들이 잘사는 이유도 그 신전 때문이라고 여겼습니다. 그래서 은장색들은 하나같이 신전 모형 제작에 힘쓰고, 사람들은 그 모형을 집에 놓고 섬기며 심지어 목걸이로 걸고 다니면 무병장수하고 소원이 성취된다고 믿었습니다.

그런데 사도행전 19장에 보면 에베소의 데메드리오라는 은장색이 그 직공과 영업하는 자들을 모아 바울을 탓하는 장면이 나옵니다. "우리가 아데미의 신상 모형을 만들어 파는 것을 업으로 삼아 풍족한 생활을 누리고 있는데, 바울이 에베소뿐 아니라 전 아시아를 다니며 사람의 손으로 만든 것들은 신이 아니라고 한다. 아데미 여신의 위엄이 다 떨어지겠다!" 이 소리를 들은 모든 자들이 분노하여 바울 일행을 죽이려고 덤벼들었죠.

에베소 교회는 이런 핍박과 고난 가운데서 세워진 교회입니다. 저도 로마에 갔을 때 그곳에 뿌리박힌 우상 문화를 보고 입이 다물어지지 않았습니다. 그런 곳에서 전도를 하려니 얼마나 핍박이 심했겠습니까? 그야말로 생명을 내놓고 복음을 전했을 것입니다.

이 에베소에서 처음에는 바울이, 그 뒤에는 디모데가 목회를 했고, 나중에는 성경 신학자인 아볼로가, 브리스길라와 아굴라가 목회를 했습니다. 그리고 요한계시록을 쓴 사도 요한도 이곳에서 목회를 했습니다. 대단한 목회자들이 줄을 이었던 교회가 바로 에베소 교회입니다. 지금으로 말하면 대단한 목사님들을 배출한 성공한 교회인 것입니다.

그런데 이렇게 누가 봐도 위대해 보이는 에베소 교회가 설립 40년이 지나면서 초심을 잃어버렸습니다. 교회가 안정되다 보니 복음보다는 역사와 전통을 앞세우게 된 것입니다. 교인들은 입만 열면 사도 바울, 사도 요한을 자랑하기 바빴습니다.

로마의 성 베드로 성당에는 베드로의 시신이 안치되어 있다고 합니다. 베드로가 너무 위대해서 시신까지 모시게 된 것입니다. 그러고 보면 예수님의 무덤이 없는 것이 정말 다행입니다. 만약 어딘가에서 예수님 머리카락만 발견돼도 그곳은 세계적인 성지가 되는 것은 물론 그 머리카락을 신처럼 떠받들지 않았겠습니까? 이런 모습이 아데미 신전을 떠받들던 에베소 사람들과 무엇이 다르겠습니까.

교회가 오래되면 초심을 잃고 역사와 전통을 하나님보다 더 높게 세웁니다. 그런데 하나님께서 일곱 금 촛대 사이를 거니신다고 합니다. 일곱 금 촛대가 교회라는 것을 우리는 이미 알고 있습니다(1:20). 즉, 지금 하나님께서 에베소 교회의 꼴을, 이 땅의 교회의 꼴을 다 보고 계시다는 것입니다. 주님은 모르시는 것이 없습니다. 오늘날 교회를 향해서도 "내가 너를 다 알고 있다"고 하십니다. 구체적으로 하나님은 무엇을 알고 있다고 말씀하시는 걸까요?

"첫사랑의 행위를 아노라" 하십니다

내가 네 행위와 수고와 네 인내를 알고 또 악한 자들을 용납하지 아니한 것과 자칭 사도라 하되 아닌 자들을 시험하여 그의 거짓된 것을 네가 드러낸 것과 _계 2:2

하나님은 에베소 교회의 첫사랑의 행위와 수고와 인내를 알고 있다고 하십니다. 하나님이 칭찬하실 만큼 복음을 향한 에베소의 교인들의 수고가 대단했습니다. 이 수고는 어디서부터 올까요? 데살로니가전서 1장 3절에 보면 "너희의 믿음의 역사와 사랑의 수고와 우리 주 예수 그리스도에 대한 소망의 인내를 우리 하나님 아버지 앞에서 끊임없이 기억함이 니"라고 합니다. 믿음의 역사가 있어야 우리가 사랑의 수고를 할 수 있다 는 것입니다. 아무것도 아닌 나를 구원해 주신 예수님 때문에, 그 예수님 을 향한 믿음 때문에 우리가 사랑의 수고를 하게 됩니다. 억지로 하는 것 이 아니라 예수님을 사랑하고 이웃을 사랑하니 저절로 수고하게 됩니다.

사도행전 19장에 보면, 에베소에서 하나님의 말씀이 흥왕하여 많은 사람이 주 예수의 이름을 높였다는 이야기가 나옵니다. 그중 마술을 행하 던 많은 사람이 회심하여 자신들의 책을 가지고 나와 불태웠는데 그 값 이 은 오만이나 되었다고 합니다. 주 예수만을 높이게 되니 그만한 재산 을 태우는 것도 아깝지 않았던 것입니다. 주님을 향한 믿음이 사랑의 수 고로 이어지고, 그 수고들이 열매 맺어 이렇게 또다른 믿음의 역사가 에 베소에 일어났습니다. 핍박과 고난 가운데 있을지라도 주님을 믿는 믿음 이 저절로 사랑의 수고를 하게 한 것입니다.

우리들교회에서도 이런 사랑의 수고를 찾아볼 수 있습니다. 주일학 교 선생님들이 바로 그 주인공입니다. 이분들의 수고는 정말 타의 추종을 불허합니다. 일례로 주일학교 수련회가 있을 때면 모든 선생님들이 자비 로 참가비를 내고 오십니다. 누구보다 자신들이 수련회에서 은혜를 받으 니 봉사를 하면서 비용까지 내는데도 상관하지 않습니다.

그뿐입니까? 주일예배 후 목장 모임을 할 때면 목장 식구들을 서로 대접하려는 성도들로 교회 근처 중국집이 만원을 이룹니다. 멀리서 오시 는 성도님들은 고구마, 감자, 옥수수를 내놓고 상다리가 휘어지도록 섬 깁니다. 이분들이 돈이 많아서 그러시는 것이겠습니까? 힘들수록 수고가 넘칩니다. 사랑할수록 내놓아도 아깝지가 않습니다. 자원봉사의 수준을 넘어 모두 사역자의 마음으로 수고해 주시는데, 여기서 우리들교회의 힘이 나옵니다.

10여 년 전, 한 언론에 보도된 이야기입니다. 서른일곱 살에 식물인간이 되어서 누워 있는 한유경 씨를 그의 어머니가 8년 동안 간호했습니다. 그 어머니는 아무리 피곤해도 세 시간 이상 자 본 적이 없었습니다. 행여 욕창이 날까 8년간 삼만 번도 넘게 딸의 몸을 뒤집어 주었습니다. 또 가래가 끓어 숨이 막히면 생명까지 위험해지기에 20분에 한 번씩 딸을 들여다보아야 했습니다. 그러니 외출도 한 시간 이상 해 본 적이 없었습니다. 시장 갈 일이 있어도 뛰어서 다녀왔습니다. 한번은 라디오를 켜 놓고 마트에 다녀왔는데 그 사이에 딸이 얼굴이 새파래졌답니다. "내가 마트에 다녀왔으니 너무 화내지 말라"고 속삭이니 그제야 얼굴색이 돌아왔다고 합니다. 식물인간이지만 감정은 살아 있어서 함부로 할 수 없었습니다. 이렇게 지극정성으로 병간호하는 어머니를 보면서 주변 사람들도 사랑이 아니면 할 수 없다고 칭찬을 아끼지 않았습니다. 정말 엄마의 수고는 산을 옮길 수도 있을 것 같습니다. 인간의 수고에는 한계가 없어 보입니다.

이런 사랑의 수고에는 당연히 인내가 요구됩니다. 인내 없이 되는 수고가 어디 있겠습니까? 앞서 식물인간이 된 딸을 보살핀 어머니도 8년을 인내하지 않았습니까? 그렇게 인내하고 수고해 주시는 사랑에 우리는 감사해야 합니다. 그런데 주일학교 아이들이 선생님께 감사합니까? 아이들이 아직 철이 없잖아요. 말도 듣지 않는 데다 산만하기 짝이 없습니다.

이런 아이들을 아직 아이도 낳아 보지 않은 청년들이 어떻게든 말씀으로 가르쳐 보겠다고 섬길 때 그 인내가 대단하지 않습니까? 하물며 내가 낳은 아이라도 말 안 듣고 딴짓하면 속이 터지잖아요. 이 주일학교 선생님들의 섬김이 꼭 에베소 교회의 인내 같습니다.

악인들은 심판을 견디지 못한다고 했습니다(시 1:5). 추워서 죽겠고 더워서 죽겠고 예뻐서 죽겠고 미워서 죽겠고 밤낮 죽겠어서 견디지 못하는 것이 세상 사람들의 특징입니다. 인내가 없습니다. 그런데 우리들교회는 아무리 애매한 소리를 들어도 상대방 입장에서 생각하는 성도가 많습니다. 왜 그렇습니까? 배우자 때문에 속 썩고, 자식 때문에 속 썩고, 돈 때문에 죽을 뻔하면서 인내를 배운 것입니다. 내 자식 때문에 속 썩어 본 경험이 있기 때문에 남의 자식을 껴안을 수 있는 것입니다. 그래서 저는 자식 때문에 속 썩고 있는 부모가 있으면 다 나와 주일학교에서 봉사하라고 합니다. 그런 분들이 오셔서 아이들을 돌보면 정말 놀랍도록 잘합니다. 덕분에 주일학교가 부흥합니다.

지금 내 인생이 아무리 힘들어도 인내하며 거기에서 사명을 발견하면 영혼 구원의 열매가 맺힙니다. 마태복음 10장 22절에 "끝까지 견디는 자는 구원을 얻으리라"고 했잖아요. 누가복음 21장 19절에도 "너희의 인내로 너희 영혼을 얻으리라"고 합니다. 그러니 결론적으로는 나를 괴롭게 하는 식구들 때문에, 그 식구들을 인내하므로 나와 가족의 영혼 구원이 이루어지는 것입니다.

이처럼 사랑의 수고에는 인내가 따르는데, 그렇다고 아무나 인내하라는 것은 아닙니다. 도박과 이단과 거짓과 사기는 안 된다고 단호히 말해야 합니다. 에베소 교인들도 악한 자들을 용납하지 않았다고 합니다. 모든 사람을 사랑해야 하지만 죄를 용납해서는 안 됩니다.

앞서 소개한 주식 집사님의 이야기를 또 하나 들려드리려고 합니다. 하나님께서 놀라운 축복을 주셔서, 그분이 속한 목장에 주식의 거물, 주식 때문에 감옥까지 다녀온 소위 '범털'인 새신자가 왔다고 합니다. 그분이 이 집사님에게 처방을 딱 해 주는데 "절대 악한 것을 용납하지 말라"고 했답니다. 물론 주식 자체를 악하다고 할 수는 없습니다. 주식도 기업을 활성화하고 경제를 원활히 돌아가게 하는 데 반드시 필요한 수단이잖아요. 이 집사님의 문제는 노력 없이 이익을 얻고 싶어 만날 단기매매를 하면서 꼼수를 부린다는 것입니다. 이것이 중독 수준에까지 이르렀습니다.

새신자 집사님이 주식 집사님에게 "그렇게 해서는 절대로 돈을 못 번다"고 하면서 치타와 표범 이야기를 해 주었다고 합니다. 치타는 만날 수고하지만 사냥감의 10%밖에 못 먹습니다. 사자에게 다 빼앗겨 버리기 때문이죠. 그런데 표범은 종일 늘어지게 자다가 사냥감을 발견하면 단번에 숨통을 끊어 버리고 높은 가지에 올라서 먹이를 누구에게도 뺏기지 않습니다. 새신자 집사님이 이 집사님을 향해 "당신은 꼭 치타 같다"고 하니, 옆에서 듣던 아내 집사님도 "그럼요, 이 사람이 얼마나 부지런한데요. 아침부터 컴퓨터만 들여다보고 일하면서도 종일 주식 창만 봐요. 밤에는 주식 생각에 잠도 못 자면서 아침에는 얼마나 일찍 일어나는지 몰라요" 하고 거들었습니다. 이렇게 부지런히 동동거리면서 사는데 남는 것은 없고 빚까지 지는 인생이라니, 안타깝기가 그지없습니다.

새신자 집사님이 또 이런 말도 했다고 합니다. "집사님처럼 주식을 하는 것은 아무리 이겨도 사기예요. 왜냐하면 내가 이익을 보는 순간에 반드시 잃는 사람이 있기 때문입니다. 사기는 하지 말아야 합니다. 우리들교회 말씀을 듣다 보니 새신자인 제가 보기에도 목사님이 집사님을 정말 사랑하시는 것 같습니다." 온 교인이 이 주식 집사님을 위해 하도 기도를 하다 보니 하나님이 이런 분을 다 보내 주셨습니다.

아무리 매주 교회에 앉아 있어도 나팔 소리 같은 말씀을 듣지 못하면 무엇이 옳고 그른지 분별하지 못합니다. 그런데 본문을 보니 에베소교회가 "자칭 사도라 하되 아닌 자들을 시험하여 그의 거짓된 것을 다 드러냈다"고 합니다. 이들은 어떻게 거짓을 분별했을까요?

거짓 사도는 시간이 지나면서 반드시 모순이 드러나게 되어 있습니다. 그들은 돈과 명예가 목적이기에 절대로 수고하지도 인내하지도 못합니다. 반드시 대가를 바랍니다. 늘 과장하고 말의 앞뒤가 맞지 않습니다. 도덕적·윤리적 문제가 드러나 자신이 인정받지 못하면 화를 내고 도리어 다른 사람을 비방합니다.

저는 늘 우리들교회는 환난당하고 빚지고 원통한 자들이 모이는 교회라고 말합니다. 그런데 제가 "성도들 간에 절대로 돈거래 하지 말라"고 했더니 어떤 사람들은 "가난한 자를 위한 교회인데 왜 돈을 꿔 주지 말라고 하느냐?"라면서 이상한 논리로 비방을 합니다. 이런 사람들은 다 거짓 사도인 줄 아셔야 합니다. 이런 거짓된 것들을 분별해 내는 힘이 있어야 합니다. 신천지를 보세요. 우리들교회 성도들의 신상을 어떻게 알았는지 성도들에게 요한계시록 공부를 하자고 편지를 보낸답니다. 알곡을 추수한다고 하면서 교회 잘 다니는 사람을 공략합니다. 이것은 도덕과 윤리면에서도 문제가 있는 것이죠.

> 또 네가 참고 내 이름을 위하여 견디고 게으르지 아니한 것을 아노라
> _계 2:3

당시 에베소 교회는 황제 숭배를 강요하는 도미티아누스 아래서 거센 핍박을 받았습니다. 에베소에는 로마 군대가 주둔해 있지 않아 로마의 요구만 잘 따른다면 큰 박해를 받지 않을 수도 있었습니다. 하지만 그리스도인으로서 황제를 신처럼 여기고 섬길 수는 없기에, 에베소 교인들은 핍박이 올 줄 알면서도 로마의 뜻을 거슬렀습니다. 핍박을 잘 견디고 인내하며, 게으르지 않고 열심히 신앙생활을 했습니다.

고통과 핍박을 견딘다는 것은 영과 육과 정신이 바닥까지 꼬꾸라지는 아픔입니다. 치사한 일도 많고 수치스러운 일도 많습니다. 살면서 견뎌 본 경험 한번 없는 사람은 인생을 논할 자격이 없다고도 말합니다. 세상에서도 끝까지 참으면 결실이 있게 마련입니다.

하나님은 주님의 이름을 위하여 참고 견딘 에베소 교회를 칭찬하십니다. 내가 부자이고 일류대학 출신이고 대기업 다니는 것이 뭐 그리 큰 자랑이겠습니까? 자식이 좋은 대학 나와 시집 장가 잘 가고 좋은 직장 다니는 것밖에 인생에 자랑할 것이 없습니까? 믿는 우리는 부디 주를 위해 고통을 견디고 핍박을 견딘 것이 자랑이 되기를 바랍니다. 가진 것 없어도, 배운 것 없어도 내가 견딘 것을 자랑하고, 견딘 것을 부러워하는 우리가 되기를 바랍니다.

- 내 인생은, 우리 가정은 무엇을 자랑합니까? 자랑할 만한 견딤과 인내가 내 인생에, 우리 가정에 있습니까?
- 거짓과 악한 것을 분별할 수 있는 능력이 있습니까? 혹시 거짓과 악한 것을 따르고 있지는 않습니까?

"처음 사랑을 버린 것을 아노라" 하십니다

그러나 너를 책망할 것이 있나니 너의 처음 사랑을 버렸느니라 _계 2:4

하나님께 칭찬을 받은 에베소 교회인데 이제는 '그러나'의 교회가 되었습니다. 여러 가지 칭찬을 하시고 책망은 한마디로 하십니다. "네가 첫사랑을 버렸다"고 하십니다. 그들이 수고하고 인내하며 악한 것을 용납하지 않을 수 있었던 원천은 결국엔 사랑인데, 지금은 너희가 그 첫사랑을 버렸다는 것입니다.

열심히 수고하다가도 사랑이 사라지면 인내하기가 힘듭니다. 섬김을 자원하는 마음도 생기지 않습니다. 우리가 누군가를 처음 사랑할 때는 "너 없이는 못살아" 하다가 몇 개월만 지나면 "너 때문에 못살아" 하지 않습니까? 호르몬이 사라지면 사랑도 끝납니다.

누구나 첫사랑은 버리게 마련입니다. 그러니 첫사랑에 연연하지 마십시오. 남자는 첫사랑을 늘 마음에 품는다고 하는데, 진짜 그런 사람이 있다면 그것은 집착입니다. 추억에 빠져 사는 것이죠. 결혼하기 전까지

이 사람, 저 사람 기웃거리는 것이 차라리 건강합니다.

그렇다면 자식을 향한 사랑은 어떻습니까? 우리는 자식을 위해 오래 참으면서 수고합니다. 모성애만큼 위대한 것도 없지요. 그런데 그렇게 수고하고는 어떻습니까? 자식에게도 대가를 바랍니다. 뿌린 대로 거두지 못하면 "내가 헛살았다, 너를 헛키웠다" 합니다. "내가 너를 먹이고 입히고 가르치느라 얼마나 죽을힘으로 살았는데, 명절에 갈비 하나도 안 가져오느냐! 용돈도 안 주느냐!", "이놈 저놈!!" 하면서 역정을 냅니다. 이것을 변함없는 사랑이라고 말할 수 있습니까? 사랑의 수고를 한 것 같았는데 유익이 없습니다.

고린도전서 13장 2~3절에 "내가 예언하는 능력이 있어 모든 비밀과 모든 지식을 알고 또 산을 옮길 만한 모든 믿음이 있을지라도 사랑이 없으면 내가 아무것도 아니요 내가 내게 있는 모든 것으로 구제하고 또 내 몸을 불사르게 내줄지라도 사랑이 없으면 내게 아무 유익이 없느니라"고 합니다.

주의 사랑이 아닌 것은 훗날 허무함만 안겨 줍니다. 식물인간이 된 딸을 돌보는 어머니도 그것을 주의 사랑으로 하지 않으면 허무함만 남을 뿐입니다. 왜 그렇습니까? 사람은 사랑을 할 수도, 만들 수도, 지을 수도 없기 때문입니다. 사람은 사랑을 할 수 있는 존재가 아닙니다. 하나님의 사랑을 경험하지 않고서는 참사랑을 알 수 없습니다.

내가 사랑을 했다고요? 아니요. 과연 아무런 대가를 바라지 않고 죽을 때까지 나의 모든 것을 다 쏟아부으며 누군가를 사랑할 수 있습니까?

에베소 교회도 처음에는 예수님을 향한 사랑으로 얼마나 불탔겠습니까? 은 오만이나 되는 재산을 다 불태우며 믿은 그들입니다. 그런데 시간이 지나니까 이것이 자랑이 됩니다. "나는 악한 것을 용납하지 않았어", "나는 거짓된 것을 다 척결했어" 자랑합니다. "나는 이만큼을 버리고 믿었는데, 너는 버린 게 뭐가 있어?" 합니다. 다른 사람을 비판하는 수준이 하나님 수준까지 올라갔습니다. 그러더니 결국엔 자기가 하나님이 되었습니다. "나로 말할 것 같으면 사도 바울을 본 사람이지" 하면서 하나님 자리에 앉아 자꾸 다른 사람을 판단합니다.

로마서에서 바울은 "남을 판단하는 자는 죄를 지은 자와 똑같이 하나님의 판단을 받는다"고 했습니다(롬 2:1~2). 그런데도 우리는 왜 남을 판단합니까? 내가 옳다는 것을 과시하고 싶은 겁니다. 그런 사람들은 누가 간음한 것을 고백하고 회개하면, "어떻게 저런 죄를 짓지? 당최 이해가 안 되네" 합니다. "어떻게 부인을 두고, 남편을 두고 바람을 피울 수 있어?" 합니다. 나는 그런 죄와는 상관이 없다고 합니다. 맹렬히 나의 떳떳함을 내세웁니다. 그러나 이웃을 판단한 나야말로 하나님의 판단을 받아야 할 대상입니다.

그러니 '어떻게 도둑질할 수 있지?', '어떻게 남의 남편을 만날 수 있지?' 할 필요가 없습니다. 인간은 본래 악하고 음란한 존재입니다. 나도 충분히 그럴 수 있는 죄인입니다. 주인 없는 백화점에 나 혼자 있다고 상상해 보세요. 그곳에 있는 명품 가방이며 옷, 시계, 보석, 신발 등 각종 귀중품들을 안 들고 나올 수 있는 사람 있습니까? 들키지만 않는다면, 내 자식이 명문 대학만 갈 수 있다면 무엇이라도 할 수 있는 것이 인간입니다. 내가 아직 그런 죄를 짓지 않았다면 그저 환경이 돕지 않았을 뿐입니다.

어떤 남자가 죽어서 천국에 갔습니다. 천국 문 앞에 서자, 한 천사가 나와 이렇게 물었습니다.

"이곳에 들어오려면 그동안 살아온 것을 점수로 환산해 천 점이 돼야 합니다. 무언가 점수에 보탬이 될 만한 것을 이야기해 보세요."

"저는 30년 동안 한 교회에서 봉사하면서 많은 일을 했습니다." 남자는 자신 있게 말했습니다. "아, 그래요. 정말 대단하시군요. 1점입니다. 또 무엇이 있습니까?" 고작 1점이라니, 놀란 남자는 "저는 충실한 가장으로서 우리 가정은 늘 행복했습니다" 다시 힘주어 말했습니다. "2점입니다." 남자는 주눅이 들었습니다. "저는 십일조도 빠짐없이 내고, 주일성수도 잘 하고, 전도도 열심히 했습니다." "1점입니다." 남자의 살아온 점수가 총 4점이 되었습니다.

아직도 천 점이 되려면 996점이나 부족한데, 남자는 아무리 생각해도 그만한 점수를 채울 일이 생각나지 않았습니다. 결국 천사 앞에서 무릎을 꿇었습니다. 그는 눈물을 흘리며 이렇게 말했습니다. "저는 이제 보탤 점수가 없습니다. 아무래도 저는 천국에 들어갈 자격이 없는 것 같습니다. 제발 이 죄인을 용서해 주세요." 그 모습을 지켜보던 천사가 말했습니다. "이제야 당신의 점수가 천 점이 되었습니다. 천국에 들어가도 좋습니다."

저도 그랬습니다. 시부모님 공경하려 노력한 것, 교회 열심히 다닌 것, 공부 잘하려고 애쓴 것, 예의 바르고 상냥하려고 노력한 것만 생각하면서 스스로 의인이라고 착각했습니다. 교회에서는 밤낮 회개하라고 그러는데, 나는 착하고 믿음 좋고 예의 바르고 상냥하기까지 하니 되었다고 생각했습니다. 예배에 감격이 없고, 첫사랑을 버렸다는 것이 무슨 말인지도 몰랐습니다. 열심히 교회를 다녔지만 결국 신앙의 매너리즘에 빠지고 말았습니다.

하나님은 우리를 아십니다. 정확하게 아십니다. 전부를 아십니다. 내 믿음이 진짜인지 가짜인지, 약점은 뭐고 장점은 뭔지, 예배 시간에 일찍 나오는지 늦게 나오는지 다 아십니다. 큐티는 하는지, 목장예배를 즐거워하는지 억지로 하는지, 하나님 앞에 내놓는 것을 기쁨으로 하는지 아까워하는지 다 아십니다. 내 행위를 아시고 말을 아시고 믿음을 아십니다. 전도를 하고 난 후에 그 영혼을 잘 돌보고 있는지도 아십니다. 전도해놓고 돌보기 귀찮다고 '아, 괜히 전도했네' 하고 있는 사람의 마음을 주께서 다 아십니다. 십일조 잘라먹는 것도 아십니다. 헌금 깎아 먹는 것도 아십니다. 부모를 사랑하는지, 아내를 사랑하는지, 남편을 사랑하는지, 자녀를 사랑하는지 아십니다. 모르시는 것이 하나도 없습니다. 주님이 모르시는 것 같습니까? 그래서 큐티도 하지 않고 함부로 삽니까? 그러다가 큰일 납니다.

한국교회는 지금까지 축복을 많이 받았습니다. 이 작은 땅덩어리에 교회가 없는 곳이 없을 만큼 얼마나 큰 부흥을 허락하셨습니까? 그런데 요즘 교회마다 문제가 많이 일어납니다. 첫사랑을 잃어버렸습니다. 에베소 교회를 향한 책망은 이 시대 우리 교회를 향한 책망이기도 합니다. 그래서 기독교가 핍박 받는 때를 허락하셨습니다. 똑같은 일도 기독교가 했다고 하면 욕을 먹는 시대이지 않습니까? 기독교를 개독교라며 조롱합니다.

그러나 우리는 그것을 감당할 만한 힘이 있습니다. 오래 수고하고 인내하며 믿음을 지켜 오지 않았습니까? 맷집이 생겼습니다. 워낙 핍박 속에서 믿었기 때문에 첫사랑을 회복하라고 이런 시련도 옵니다. 어떤 역경 가운데서도 '내가 죄인입니다' 하는 자에게 회복할 방법을 주십니다.

• 나의 육적인 것만 자랑하고 있지는 않습니까? 주를 위해 수고하고 인내하며 견디는 것이 나의 자랑입니까?
• 다른 사람이 죄를 오픈하고 회개하는 것을 들으면서 '그럴 수 있어' 합니까, 아니면 '어떻게 그럴 수 있지?' 합니까?

회개하여 첫사랑의 행위를 회복해야 합니다

그러므로 어디서 떨어졌는지를 생각하고 회개하여 처음 행위를 가지라 만일 그리하지 아니하고 회개하지 아니하면 내가 네게 가서 네 촛대를 그 자리에서 옮기리라 _계 2:5

에베소 교회는 처음의 열정과 수고와 인내가 다 없어지고 기쁨도 잃어버려 마른 막대기 같은 신앙이 되었습니다. 이에 하나님이 "네가 어디에서 떨어졌는지 생각하고 회개하라"고 하십니다. 지금 에베소 교회가 전대미문의 박해를 받고 있는데, 이것이 어디에서부터 잘못된 것인지 생각하라는 것입니다. 회개하지 않으면 믿음이 식을 것이고, 믿음이 식으면 촛대가 옮겨집니다. 아무리 청년 시절 예수님을 잘 믿었어도 타성에 찌들고 세상에 찌들다 보면 결국 하나님을 떠나게 됩니다. 지금 내가 교회에서 인정 좀 받는 것 같습니까? 하나님께서 촛대를 옮기시면 막을 자가 없습니다.

그러면 어떻게 해야 진정한 회개를 하는 것일까요? 성 어거스틴(St. Augustine)은 『고백록』에서 처음 사랑과 처음 행위를 가질 수 있는 최고의 방법은 '철저한 자기 오픈', 즉 '죄의 고백'이라고 말합니다. 자신도 흉한 과거를 덮어 버리거나 망각하지 않고 오픈했을 때 도리어 형편없는 자신의 모습에 더 가까이 다가오신 주님을 만났다는 것입니다. 그래서 성 어거스틴 시대 이후 기독교인들은 모든 개인적인 죄와 의심들을 공개적으로 고백함으로써 자신의 신앙을 교회 공동체에 검증 받았다고 합니다.

하나님께서 나를 만나 주시는 것은 내가 잘나서가 아닙니다. 우리는 스스로는 구원을 얻을 수 없는 형편없는 존재이기에 하나님이 필요합니다. 자신이 얼마나 육적이었는지 자기 모습을 낱낱이 파헤친 어거스틴의 고백은, 하나님과 신앙 공동체 앞에 내 죄를 고백하는 것을 넘어 하나님을 향한 찬양이 포함된 자기 심판적 고백이었습니다. 우리는 끊임없이 자신의 삶을 발가벗기며, 진실한 규범의 잣대로 하나님께 재평가 받겠다는 각오로 내면세계를 다듬어야 합니다.

우리들교회 성도들도 날마다 회개를 합니다. 오픈할 죄가 없어도 그저 내 부족함을 드러내며 갑니다. 내가 회개가 안 된다고, 예배에 감격이 없다고, 성경이 깨달아지지 않는다고 고백하는 것입니다. 그러면 저절로 회개의 역사가 일어납니다. 그저 공동체에서 내 이야기를 하는 것, 이것이 바로 첫사랑을 회복하는 길입니다.

그런데 많은 사람이 오픈하는 것이 지질하다고 공동체에서 떨어져 나갑니다. 죄 고백하는 공동체가 싫어서 떠나고 싶어 합니다. 입으로 시인하는 것이 얼마나 중요한지 모르고 입을 꾹 닫고 있는 것입니다.

저는 시어머니가 너무 무서워 늘 벌벌 떨면서 솔직히 말을 못 했습니다. 만날 "네, 네"만 했습니다. 그러다가 주님을 깊이 만난 후로 시어머니의 영혼을 사랑하는 마음이 생겼습니다. 그때부터 시어머니를 진솔하게 대할 수 있었죠.

하루는 시어머니와 함께 예배를 드리며 제가 나누었습니다.

"제가 어제는 어머니를 미워했어요. 오늘은 애 아빠를 미워했어요. 저는 믿음이 하나도 없어요."

그랬더니 시어머니께서 저를 가만 보시면서 "너는 착해" 하시는 겁니다.

"나야말로 너희 아버지가 미웠다 고왔다 한다. 나는 교회 뜰만 밟고 왔다 갔다 한다."

그래서 제가 그랬습니다. "어머니, 기도하셔야 해요."

"내가 기도할 줄 알간?"

"눈물의 기도는 땅에 떨어지는 법이 없어요. 기도하셔야 해요."

그래도 "기도할 줄 몰라야" 하시는 시어머니께 그대로 하시면 된다며 기도를 알려드리니, "하나님 아버지, 나는 교회 뜰만 밟고 왔다 갔다 하오다. 남편이 미웠다 고왔다 하오다. 고저 불쌍히 여겨 주시구래. 아멘" 하시며 제 말을 따라 기도를 하셨습니다.

나름 교회에서 권사님이신데 며느리가 하라는 대로 기도하기가 쉬웠겠습니까? 그런데도 아이처럼 제 기도를 그대로 따라 하셨습니다.

사실 기도는 별것 아닙니다. 시어머니가 제게 하셨던 말이 그대로 기도가 되었습니다. 놀랍게도 이렇게 기도 한 번 하고 나니 그다음부터 어머니와 함께 예배드리는 것이 쉬워졌습니다. 정말 놀라운 체험이었습니다.

이것이 죄 고백의 능력입니다. 회개의 능력입니다. 어렵게 생각할 필요 없습니다. 어떤 분들은 제게 오셔서 "저는 말씀이 안 들리는 것이 문제예요" 합니다. 그러면 그대로 기도하시면 됩니다. "하나님 아버지, 저는 말씀이 안 들립니다. 그래서 사랑이 없습니다. 불쌍히 여겨 주옵소서. 아멘."

이렇게 내가 입으로 시인하고 고백할 때 첫사랑이 회복되는 줄 믿습니다.

오직 네게 이것이 있으니 네가 니골라 당의 행위를 미워하는도다 나도 이것을 미워하노라 _계 2:6

니골라 당은 이단의 일파로 이들은 "은혜와 복음의 시대가 왔으니 율법에 얽매일 필요가 없다. 육신과 물질은 악하고 영만이 선하기에 육신으로는 무엇이든지 할 수 있다"고 주장하며 쾌락을 추구하고 신자들을 현혹했습니다. 당시 이 니골라 당의 위력이 말도 못했다고 하니, 에베소 교인들에게도 이들의 주장이 매력적으로 들렸겠지요.

그러나 에베소 교회는 비록 첫사랑을 잃어버렸어도 니골라 당을 따르지는 않았습니다. 오히려 그들을 미워했다고 합니다. 그러니 예수님도 "나도 그들을 미워한다"고 하십니다. 지금까지 실컷 에베소 교회를 책망하셨지만, 마지막에 "그래도 너희가 이것 하나는 잘했어. 마음에 들어. 그래서 너희가 가능성이 있어" 해 주십니다. 첫사랑을 버렸어도 우리에게는 아직 가능성이 있습니다.

> 귀 있는 자는 성령이 교회들에게 하시는 말씀을 들을지어다 이기는 그에게는 내가 하나님의 낙원에 있는 생명나무의 열매를 주어 먹게 하리라 _계 2:7

말씀이 어렵다는 사람들이 있습니다. 그런 자에게 하나님은 "귀 있는 자는 성령이 교회들에게 하시는 말씀을 들을지어다" 하십니다. 이 모든 이야기를 귀가 있어야만 듣습니다. 성령에 의해 준비된 자만이 이 말씀을 알아듣습니다.

에베소 교인의 문제는 영적 교만에 빠진 것이었습니다. 말씀을 들으면서도 매사 선악의 문제로 보고, 옳고 그름을 따지고, 비판의 칼날만 갖다 대었습니다. 그러나 무엇이 옳고 무엇이 그른가를 따질 것이 아니라, 모든 것을 생명의 문제로 생각해야 합니다. 누가 나를 괴롭게 해도 '아, 저 사람이 나를 구원시키기 위해 수고하는구나' 생각하는 것이 생명의 생각입니다. 이것이 우리가 생명나무의 열매를 먹는 길입니다.

교만한데 어떻게 생명이 탄생하겠습니까? 교만한 사람에게는 열매가 없습니다. 그래서 우리에게 고난이 찾아옵니다. 슬픔의 길만이 슬픔

없는 길로 인도합니다. 교만은 슬픔인데, 이것을 깨닫지를 못합니다. 그래서 하나님이 슬픔의 길을 허락하셔서 교만이 얼마나 큰 슬픔인지 알게 해 주시는 것입니다.

에베소 교회에 대한 주님의 처방은 "이제 너희는 옳고 그름을 내려놓고 생명의 문제로 해석하라"는 것입니다. "에베소 교회야, 귀가 있으면 이것을 들어라" 하십니다.

우리들교회의 공동체 고백에 올라온 글입니다.

정말 알지 못할 일들로 가득 찬 결혼생활을 하면서 크고 작은 고난들이 닥쳤습니다. 우울증과 자살 충동으로 고통 받다가 교회에 처음 왔는데, 주님과의 만남은 정말 첫사랑과도 같았습니다. 사랑하는 사람을 만나러 가듯 예배가 기다려졌습니다. 아침에 눈을 뜨면 오늘은 내게 어떤 말씀을 주실까 설레 그야말로 매일이 행복했습니다. 그런데 그 첫사랑은 어느새 퇴색해 버리고, 어쩔 수 없이 예배를 드리고 습관적으로 큐티를 하게 됩니다. 교회에 먼저 왔다는 이유만으로 맡겨진 여러 모양의 직분들 덕분에 수고와 인내의 행위는 많아졌지만 그 속에 사랑이 없기에 기쁨 또한 없습니다. 사랑은 내가 원하는 것을 해 주는 것이 아니라 상대방이 원하는 것을 해 주는 것이라고 하는데, 주님에 대한 처음 사랑이 식었기에 주님이 가장 기뻐하시는 영혼 구원에 대한 애통함도 시들해졌음을 고백합니다.

남편이 예배에 안 가면 조금 속상하긴 하나 도리어 편하다고 생각합니다. 예수 없이 너무 잘사는 친정 식구들을 보며 "망해서라도 예수 믿게 해 주세요"라고 기도했지만, 사실 구원을 위해서라기보다 그들을 향한 시기와 분함으로 내심 망하기를 바란 것입니다. 예수 믿는 나를 조롱하던 그들이 내 앞에서 무릎 꿇기를 바라는 악한 마음이 제 안에 있었습니다. 이런 나의 본모습을 보게 하시고 고백하게 하시니 감사합니다.

내가 미워하고 이겨야 할 원수는 나를 힘들게 하는 자들, 믿지 않는 이들, 거짓 니골라 당이 아니라는 것을 이제 알겠습니다. 내 원수는 누구도 아닌 저 자신입니다. 주님을 향한 사랑이 식어 가고 그로 인해 영혼 구원에 대한 애통함도 시들어 가는 저 자신 말입니다. 주님이 내게서 촛대를 옮기시기 전에 회개하고 버렸던 처음 사랑을 회복하기 원합니다. 그래서 이기는 자에게 준다고 약속하신 생명나무의 열매를 얻기를 간절히 소원합니다.

하나님이 "내가 너를 아노라" 하십니다. 우리의 수고와 인내를 다 안다고 하십니다. 첫사랑을 버렸던 것도 안다고 하십니다. 그러므로 이제 어디에서 떨어졌는지 깨달으라고 하십니다. 첫사랑의 행위를 회복하라고 하십니다. 오직 자기 죄를 고백하고 나의 부족을 내놓는 것만이 회복의 길입니다. 들을 귀가 있어 말씀을 듣고 내 죄를 회개하는 자는 생명나무의 열매를 먹게 될 것입니다.

● 하나님과 공동체 앞에서 형편없는 내 모습을 고백하고 있습니까? 혹시 죄 고백이 지질하다는 생각이 들어 입을 꾹 다물고 있지는 않습니까?

우리들 묵상과 적용

남편이 사기를 당해 저희 가족은 집이 세 번이나 경매되는 사건을 겪었습니다. 게다가 돈 문제로 시아주버님이 도피하시는 바람에 시부모님과 어린 시조카들까지 저희 가족이 돌봐야 했습니다. 그런 데다 아들마저 우울과 불안, ADHD를 겪으며 유치원에서 계속 문제를 일으켰습니다. 쉴 사이 없이 몰아닥치는 고난의 환경에 절망하던 저는 아이 유치원 원장님의 전도로 교회에 나가게 되었습니다. "내가 네 행위와 수고와 네 인내를 안다"(2절) 하시는 요한계시록 설교 말씀을 들으며 주님이 나의 고난을 아신다는 것이 믿어져 큰 위로를 받았습니다. 예배마다 주시는 말씀이 나를 향한 주님의 말씀으로 들렸습니다.

저는 기쁨과 감격으로 예배를 드리며 "가정으로 묶어 주신 목적은 영혼 구원 때문"이라고 하시는 목사님의 말씀대로 시부모님을 전도하고 자녀를 위해 기도하기 시작했습니다. '빚지지 말아야 한다'는 설교 말씀을 듣고 신용카드를 없애고, 남편 고난과 자식 고난이라는 암초도 성령의 파도로 넘어갈 수 있었습니다. 그러자 아들은 차츰 회복되었고, 남편은 말씀에 순종해 야간 경비일을 하며 생활비를 벌었습니다. 저도 직장에 나가게 되면서 우리 가정은 경제적으로도 안정되었습니다.

그러나 이렇게 가정이 안정되고 여유가 생기자 주님을 향한 저의 첫사랑은 퇴색하기 시작했습니다(4절). 교회에 먼저 왔다는 이유로 맡겨진 직분이 많아 행위와 수고는 많았지만(2절) 그 안에 사랑이 없기에 생색이 났습니다. 부목자인 남편이 예배에 안 나와도 도리어 편하다는 생각을 했습니다. 예수 없이 잘사는 친정 식구들을 보며 정죄만 할 뿐 구원에 대한 애통함은 점차 시들해졌습니다. 예배에 대한 은혜도 첫사랑의 감격도 사라진 저는 오늘 말씀에 나오는 에베소 교회 같은 자입니다. "회개하여 처음 행위를 가지라"(5절)는 말씀의 책망에 마음이 찔려 주님께 살려 달라고 기도했습니다. 고통 가운데 만나 주시고 회복시키신 주님의 은혜를 잊고, 주신 것에 취해 있는 모습을 주님이 보게 해 주셨습니다.

첫사랑을 버린 죄를 고백하고 회개할 수 있게 해 주신 주님, 감사합니다. 험악한 인생을 기쁘게 살아가게 해 주신 주님의 사랑을 늘 기억하기 원합니다. 주신 책망의 말씀을 새기고 날마다 회개하여 주님이 주시는 생명나무의 열매를 얻는 자가 되기를 소원합니다(7절).

영혼의 기도

하나님 아버지, 에베소 교회의 사랑과 수고와 인내를 칭찬하십니다. 우리도 수고와 인내를 칭찬 받고 싶을 때가 있습니다. 칭찬 받는 것에서 더 나아가 생색이 날 때도 있습니다. 모두 주님 때문에 한 것이면서도 내 행위를 자랑하고 싶습니다.

첫사랑 때의 감격이 이제는 식어서 죄 고백이 싫고 지질해 보입니다. 그래서 공동체를 떠나고 싶고 나의 니골라 당에서 홀로 예배를 드리고 싶습니다. 추워서 못 하고, 더워서 못 하고, 힘들어서 못 하고, 어려워서 못 하고 매사에 비판으로 가득합니다. 성령으로 준비된 귀가 아니어서 말씀이 들리지 않습니다. 이런 저 자신과 배우자, 자녀들을 불쌍히 여겨 주옵소서. 그대로 두면 하나님께서 촛대를 옮기신다고 하는 말씀이 두렵습니다. 무엇보다도 내 안에 사랑이 식을까 두렵습니다. 우리가 촛대를 옮기신다는 말씀을 경고로 듣기 원합니다. 사랑이 식어서 될 대로 되라 하며 멋대로 사는 우리를 불쌍히 여겨 주옵소서. 모든 것을 옳고 그름으로 보지 않게 해 주옵소서. 원수는 나의 구원을 위해서 수고하는 사람이라고 생각하게 해 주옵소서. 모든 것을 생명의 문제로, 구원의 문제로 보게 도와주옵소서.

별 인생이 없습니다. 잠시 후 천국에서 만날 인생들입니다. 인생이 그러한데 너는 잘났고 나는 못났고 하는 비교가 무슨 소용이겠습니까? 그럼에도 어리석게 살아가는 우리를 불쌍히 여겨 주옵소서. 그저 나의 모든 환경을 사명지로 알고 복음을 전할 수 있는 우리가 되게 하여 주옵소서. 회개하여서 처음 행위를 가질 수 있도록 도와주옵소서. 우리를 회복시켜 주옵소서. 예수님 이름으로 기도합니다. 아멘.

Chapter 6

궁핍과 환난이
실상 부요해지는 비결입니다

요한계시록 2장 8~11절

하나님 아버지, 우리가 이 땅에서 궁핍과 비방과 고난을 당하지만
실상은 부요한 자임을 깨닫기 원합니다. 말씀해 주시옵소서.

그리스도인으로 살면서 무엇이 가장 힘드냐고 물어보면 많은 사람이 "교
회"라고 답을 합니다. 교회 때문에 좋았다가 교회 때문에 인생이 힘들고
교회 때문에 떠났다가 교회 때문에 다시 돌아온다는 것입니다. 택한 심령
인 우리에게 가장 중심되는 주제는 교회 같습니다.

왜 이렇게 교회가 우리를 힘들게 할까요? 유진 피터슨(Eugene H.
Peterson)은 교회를 가리켜 "죽음의 나라에 세워진 하늘나라의 식민지"라
고 했습니다. 교회는 왕국이 아닙니다. 하늘의 식민지입니다. 그래서 교
회는 완성된 것이 아닙니다. 하나님 나라가 있음을 이 땅에 보여 주는 증
거일 뿐입니다.

그런데 많은 사람이 사탄이 만들어 내는 거짓말에 속아 교회에 기대
했다가 실망하고 환멸을 느낍니다. 초대교회 이후로 이천 년 동안 교회는

사람들이 서로 오겠다고 아우성치는 선망의 공동체가 되지 못했습니다. "어떻게 하면 교회 공동체에 속할 수 있을까요?"라고 물어보는 사람도 찾아보기가 어렵습니다. 심지어 교인도 교회를 못 믿습니다. 교회가 우리를 부끄럽게 합니다.

어떤 사람들은 초대교회를 두고 낭만적으로 이야기합니다. "초대교회로 돌아가자!" 합니다. 천만의 말씀입니다. 사실 초대교회도 엉망이었습니다. 바울이 신약의 절반 가량을 집필했는데, 거의 모든 서신이 초대교회의 문제를 해결하기 위해 쓰였다고 해도 과언이 아닙니다. 교회 안에 음행도 있었고 소송도 있었고 간음도 있었습니다. 각종 이단이 판을 쳤습니다. 그러니 바울이 눈물로 편지를 쓸 수밖에 없었습니다. 사도 요한이 밧모섬에 갇힌 고난 속에서 요한계시록을 쓴 이유도 무엇이겠습니까? 이 땅에 제대로 된 교회가 아무 데도 없다는 것입니다. 왜 그런 걸까요?

하나님은 말씀 한 번으로 이 땅의 기아와 가난, 질병, 재난 등 각종 문제를 단번에 해결하실 수 있는 분입니다. 그런데 그렇게 하지 않으십니다. 다만 예수 그리스도라는 기적을 우리에게 보여 주셨습니다. 그 기적은 기적 같지 않게 우리에게 오셨습니다. 너무나도 위험한 장소에 무력한 아기의 모습으로 오셨습니다.

교회도 예수님이 태어나신 것과 같은 모습으로 이 땅에 세워졌습니다. 초대교회를 시작한 이들이 누구입니까? 제자로 부름 받은 어부들이나 귀신 들린 창녀 막달라 마리아와 같이 미약한, 사람들의 주목을 끌지 못하는, 영향력도 없고 낭만적이지도 매력적이지도 않은 도리어 비천한 사람들입니다. 교회도 예수님의 출생만큼 초라하고 비천하게 우리 가운데 기적적으로 들어온 것입니다.

그러나 하나님께서는 "세상의 미련한 것들을 택하사 지혜 있는 자들을 부끄럽게 하시려고" 교회를 주셨습니다(고전 1:27). 앞서 말했듯 교회는 왕국이 아니라 죽음의 나라에 세워진 하늘나라의 식민지이기 때문입니다. 그러니 가고 오는 모든 세대에게 교회가 인기를 얻기가 만무합니다.

그런데 요한계시록에 등장하는 일곱 교회 중에 하나님의 뜻과 가장 부합된 교회가 있었습니다. 바로 서머나 교회입니다. 하나님은 서머나 교회와 빌라델비아 교회 이 두 곳만을 칭찬하셨는데, 그중에서도 서머나 교회를 더 칭찬해 주셨습니다. 고난 중에 있는 서머나 교회가 하나님이 기뻐하시는 교회이며 실상은 부요한 자라고 아낌없는 칭찬을 하셨습니다. 교회는 이래야 한다고 말씀하셨습니다.

부요한 교회는 부활의 주님이 확신을 주신 교회입니다

서머나 교회의 사자에게 편지하라 처음이며 마지막이요 죽었다가 살아나신 이가 이르시되 _계 2:8

주님이 서머나 교회에 자기소개를 하십니다. "처음이며 마지막이요 죽었다가 살아나신 이"라고 자신을 나타내십니다. 그런데 주님은 왜 갑자기 자신에 대해 말씀하실까요? 고난 받는 서머나 교회를 향해 "창조주요 심판자인 내가 전능한 능력으로 너희를 돌보고 있다"는 격려를 주시려는 것입니다. 서머나 교인들에게 이런 주님의 자기소개는 말할 수 없는 위로가 되었을 것입니다.

그렇다면 서머나 교회는 왜 그토록 어려웠던 걸까요? '서머나'라는 도시는 아시아의 왕관이요, 꽃이라고 불릴 정도로 지중해 연안에서 가장 아름다운 도시였습니다. 특히 이곳은 로마를 향한 충성이 대단하기로 유명했습니다. B.C. 195년 로마 여신을 위한 신전을 짓고, 이후로도 디베리오, 하드리안, 카라칼라 황제에게 신전을 지어 바쳤습니다. 서머나의 로마 황제 숭배가 여기서부터 시작됐습니다. 그 덕에 서머나는 말할 수 없는 경제적 풍요를 누렸습니다. 심지어 하나님의 제사장들도 황제를 섬기면서 많은 부를 축적했다고 합니다.

도미티아누스 황제 때엔 이들의 황제 숭배가 최고조에 달했습니다. 신전을 지어 바치는 것을 넘어 아예 황제를 신의 자리에 앉힌 것입니다. 그러나 그리스도인들에게 이는 가당치 않은 일이잖아요. 황제는 결코 신이 될 수 없습니다. 그러니 하나님을 유일신으로 믿는 그리스도인들에게 환난과 핍박이 오는 것은 당연했습니다. 이에 하나님이 서머나 교회를 위로하면서 편지를 시작하신 것입니다.

> 내가 네 환난과 궁핍을 알거니와 실상은 네가 부요한 자니라 자칭 유대인이라 하는 자들의 비방도 알거니와 실상은 유대인이 아니요 사탄의 회당이라 _계 2:9

주님은 고난 가운데 있는 서머나 교회를 향해 "실상은 부요한 자"라고 말씀하십니다. 그들이 당하는 환난과 궁핍과 비방과 시험을 너무나도 잘 알고 계시기 때문입니다.

환난과 궁핍은 긴밀히 연관될 수밖에 없습니다. 지금 서머나 교회가 심각한 경제적 고난을 당하는 이유가 무엇입니까? 황제 숭배를 거부했기 때문입니다. 그 도시의 정치·경제·종교·문화의 모든 구성이 황제 숭배와 밀접한데, 서머나 교인들이 이를 받아들이지 않으니 고난당할 수밖에 없는 것이죠. 그들은 직업을 가질 수도 없었습니다. 모든 것이 씨줄, 날줄로 연결되어 내가 황제를 숭배하지 않는다는 사실을 숨길 수 없었기 때문입니다. 그러니 가난은 당연히 따라오는 수순이었습니다.

사람들은 이런 그리스도인을 보며 말했을 것입니다. "당신들 너무 고지식하지 않은가?", "당신은 국가도 없는가?", "반역자가 아닌가!" 단지 "황제가 우리의 주(主)다"라는 말을 하지 않아서, "우리에게는 예수 그리스도만이 나의 주님이시다" 이 한마디를 하기 위해서 고통 받기를 감수하고 목숨의 위협을 받았던 것입니다.

여러분은 예수를 믿기 위해 직업을 포기할 수 있습니까? 예배를 드리기 위해 궁핍한 생활을 택할 수 있습니까? 다들 세상 맘몬신 앞에서 벌벌 떨며 결정하지 않습니까? 일이 바쁘고 생계가 달리면 예배 빠지는 것을 당연하게 생각하지는 않습니까? 그런데 서머나 교회는 세상과 하나님 사이에서 하나님을 택했습니다. 이것이 서머나 교회가 잘한 일이라는 것입니다.

그런데 당시 로마보다도 서머나 교회를 더 힘들게 한 사람들이 있습니다. 바로 유대인들입니다. 그들은 바벨론 포로 생활 이후에 디아스포

라로 흩어져 살다가 예루살렘이 완전히 함락된 후 서머나로 옮겨와 이곳 상권을 틀어쥐었습니다. 그리고 유대인 회당을 세워 로마제국에 협조하면서 막강한 영향력을 미쳤습니다. 그런데 갑자기 똑같이 성경을 보는 그리스도인들이 들어와서 교회를 세우고 "우리에게는 하나님만이 주이시고 황제는 주가 아니라"고 하니, 유대인들이 서머나 교인들을 핍박하기 시작한 것입니다.

그들의 핍박은 치밀했습니다. 성경을 잘 아는 만큼 그것을 교묘히 이용하여 서머나 교인들을 구조적으로, 사회 전반에 걸쳐서 핍박했습니다. 일례로 성찬식을 트집 잡았습니다. 성찬의 주인이신 예수님은 "나의 살과 피를 먹으라"고 하셨습니다(요 6:53~56). 그런데 유대인들이 이 말씀으로 "그리스도인들은 식인종"이라며 모함했습니다. 성도들 간에 교제한다고 하면 "그리스도인들이 모여 얼마나 문란한 생활을 하는지 모른다"고 모략하기도 했습니다. 모르는 사람이 보면 동족이 하는 말이니 얼마나 그럴듯했겠습니까? 로마도 유대인들의 말을 그대로 믿고 서머나 교인들을 더욱 핍박했습니다. 그러나 하나님의 백성을 비방하는 것은 곧 하나님을 비방하는 것입니다. 그래서 하나님이 그런 유대인들을 향해 "실상은 유대인이 아니요 사탄의 회당이라"고 하신 것입니다.

사람이 어쩌면 이렇게 악할 수 있습니까? 저도 인간의 추악함을 본적이 있습니다. 미국 워싱턴에는 유대인 학살 기념관이 있습니다. 그곳에서 나치가 유대인들을 어떻게 학살했는지 모형으로 전시하는데, 유대인들을 발가벗겨서 거대한 목욕탕에 들여보내고 가스로 질식사시키는 과정이 너무나 실감 나게 재현돼 있습니다. 시체들을 짐승 다루듯 끌어다가 불도저로 밀어서 구덩이에 묻는 나치의 야만적인 행위가 영상에 고스란히 담겨 있습니다. 저는 그 비참한 모습을 보면서 유대인이 '나치' 하면 왜 그리 이를 가는지 마음으로 이해하게 되었습니다.

우리도 일본의 핍박을 받았던 과거를 다음 세대가, 또 그다음 세대가 기억하지 않습니까? 사람은 당한 일을 결코 잊지 못합니다. 그런데 왜 하필 유대인들이 이런 일을 당한 것일까요? 유대인 대학살은 유대인에게 뼈 아픈 역사이지만 믿는 우리는 이 역시 생명의 문제, 구원의 문제로 보아야 합니다. 유대인이 누구입니까? 빌라도가 예수님을 재판할 때 예수님을 십자가에 못 박으라고 외쳤던 민족입니다. 빌라도가 예수의 죄를 찾지 못하고 "이 사람의 피에 대하여 나는 무죄하다" 하니, 서슴없이 "그 피를 우리와 우리 자손에게 돌릴지어다"(마 27:25)라고 했던 민족입니다. 결국 이 일은 이천 년 역사를 지나오며 예수님을 십자가에 못 박은 결과가 무엇인지를 우리에게 보여 주신 것입니다. 하나님은 반드시 계시다는 것을, 하나님 나라는 분명 존재한다는 것을, 예수 믿지 않으면 그 끝은 심판이라는 것을 보여 주시는 것입니다. 이를 위해 유대인들이 그토록 고난을 당한 것입니다.

세상에 예수님을 죽이고 예수 믿는 사람을 핍박하는 것만큼 큰 죄가 없습니다. 오죽하면 하나님이 서머나 교인들을 핍박하는 유대인들을 사탄의 회당이라고 하셨겠습니까? 극심한 핍박을 받는 서머나 교회를 보고 당시 사람들은 그들이 저주를 받았다고 생각했습니다. 에베소 교회는 그들의 행위와 수고와 인내를, 니골라 당의 행위를 미워한 것을 인정받았는데 서머나 교회는 드러나는 공로도 없습니다. 사도행전에는 서머나 교회에 대한 언급도 일절 없습니다.

그러나 요한계시록에서 하나님은 이 서머나 교회를 가장 빛나게 칭찬하셨습니다. 주님께 칭찬 받는 일등 교회가 되었습니다. 다들 죽음의 나라에서 하늘나라 왕국 같은 교회 되기에 힘쓰는데, 오직 서머나 교회만이 하늘나라 식민지로서의 참역할을 담당하여 칭찬을 받은 것입니다.

오늘날도 하늘의 식민지가 아닌 하늘의 왕국이 되고자 하는 교회가 너무 많습니다. 어떤 사람들은 크고 유명한 교회를 다닌다고 괜히 목에 힘을 줍니다. 큰 교회 집사라고 하면 믿음 좋다고 생각합니다.

모두가 잘사는 부자 교회는 서로 도와줄 일이 없습니다. 그래서 실상은 가난합니다. 그러나 서머나 교회와 같이 가난하고 핍박 받고 무시 받는 교회는 도와줄 일밖에 없습니다. 성도가 서로서로 도우며 줄 것밖에 없는 인생이 됩니다. 서로 가진 것을 통용하기도 쉽습니다. 그래서 실상은 부요합니다. 하나님이 서머나 교회를 향해 '실상은 부요한 자'라고 하신 이유가 여기에 있습니다.

그리스도인에 대한 로마와 유대인의 광적인 적개심은 서머나 교회 감독인 폴리갑이 순교한 2세기 반까지 계속되었습니다. 그러나 예수 때문에 받는 서머나 교회의 환난과 궁핍과 비방과 시험을 주님이 "알고 있다"고 하십니다. 우리의 환난과 궁핍도 주님이 아십니다. 그러니 우리도 실상 부요한 자입니다.

• 하나님 때문에 받는 환난과 궁핍과 비방과 시험이 있습니까? 그런 내게 '실상은 부요한 자'라고 말씀하시는 하나님의 음성을 듣습니까?

장차 받을 고난을 예비하는 사람이 부요한 사람입니다

너는 장차 받을 고난을 두려워하지 말지어다 마귀가 장차 너희 가운데에서 몇 사람을 옥에 던져 시험을 받게 하리니 너희가 십 일 동안 환난을 받으리라 네가 죽도록 충성하라 그리하면 내가 생명의 관을 네게 주리라 _계 2:10

세상에는 많은 교회가 있습니다. 많은 성도가 있습니다. 교회는 신실해야 하고 살아 있어야 하지만 그렇지 못한 것이 현실입니다. 초대교회 상황은 더 열악했습니다. 죽느냐 사느냐의 갈림길에 섰습니다. 그런데 하나님은 이들에게 "잘될 거야", "괜찮을 거야" 위로하시기는커녕 "너 장차 받을 고난을 두려워하지 말아라" 하십니다. "아직 더 받을 고난이 있어" 하십니다.

우리는 고통당하는 사람에게 흔히 "괜찮아, 잘될 거야" 위로합니다. 아픈 사람에게는 "곧 나을 거야" 하고, 입시로 힘들어하는 사람에겐 "붙을 거야" 합니다. 그런데 이런 말들을 책임질 수 있습니까? 무조건 위로의 말을 하는 것이 상대에게 좋은 것일까요? 지금 잘 풀리는 것이 그 영혼에게 잘된 일인지 누가 압니까? 우리 아이가 대학교에 붙어서 예수를 잘 믿을지 그 누가 압니까? 내 남편 사업이 잘되면 예수 잘 믿을지 그 누가 압니까? 사업이 잘돼서 정말 신앙이 좋아졌습니까?

우리가 해야 할 말은 "예수 잘 믿어라"입니다. "사업 잘될 거야", "병이 나을 거야"가 아닙니다. 그런데 이렇게 책임질 수 없는 말만 하는 교회가 많습니다. 교회는 이 땅에 세워진 하나님 나라의 식민지여야 하는데, 하나님 나라의 왕국이라고 착각하게 만드는 교회가 많습니다.

하나님은 안 그래도 힘든 서머나 교회에 "앞으로 죽음의 위협이 기다리고 있다"고 말씀하십니다. 만약 누가 나에게 이렇게 말한다고 생각해 보세요. "어떤 때보다 위로가 필요한 시점에 네가 어떻게 그럴 수 있어?" 하지 않겠습니까? 그런데 하나님은 서머나 교회를 너무도 사랑하셔서 그들을 향한 기준을 결코 낮추지 않으십니다. "애, 지금은 위험하니까 잠잠히 있어라. 조용히 있다가 조금 지나면 충성을 다해라" 하지 않으십니다. 주님은 고통당하는 그들에게 오히려 복음을 위한 고난을 더 요구하십니다.

주님이 살아 있는 교회의 표로 요구하시는 것이 무엇입니까? 주님은 우리가 이 땅에서 식민지 백성으로 살아가기를 원하십니다. 교회는 하나님 나라의 목격담을 말하는 증인들이 모여서 하나님 나라를 보여 주는 공동체입니다. 하나님 나라의 목격담이 무엇입니까? 바로 내가 겪은 고통이라는 배지(badge)입니다. 하나님은 우리가 그 배지를 달고 살아가기를 원하십니다. 이를 통해 사람들이 하나님 나라를 보게 됩니다. 내 삶으로 보이지 않고는 하늘나라 왕국의 실상을 보여 줄 수 없습니다. 그래서 하나님이 약하고 비천한 나를 택하신 것입니다. 앞서 말했듯 교회는 죽음의 나라에 존재하는 하늘나라의 식민지입니다. 우리는 이 땅에서 왕국을 세우고자 하지만 이 땅은 우리가 영원히 살 곳이 아닙니다.

서머나 교회를 향해 "장차 너희 가운데에서 몇 사람을 사탄이 옥에 던지리라"고 합니다. 사탄이 너희를 거꾸러뜨리려고 시험하고 환난에 빠지게 한다고 합니다. 그런데 시험을 받되 '십 일' 동안만 받는다고 합니다. '10'은 완전수입니다. 인생 전체에 비하면 십 일은 얼마나 짧은 시간입니까? 서머나 교회는 이천 년이 지난 지금까지 하나님께 칭찬 받은 교회로 영광을 누리는데, 거기에 비하면 십 일은 너무도 짧은 날수입니다. 이것은 하나님의 시간입니다. 하나님이 정하신 구원의 시간입니다.

　지금 어떤 옥에 던져져서 시험을 받고 있습니까? 사탄은 우리에게 이 옥살이가 영원하다고 이야기합니다. 내가 무기징역을 선고 받고 감옥에 갇혔다고 생각해 봅시다. 지금 삼십 대이고 구십 살까지 산다고 하면 앞으로 60년을 감옥에서 보내야 합니다. 어떤 사람은 '앞으로 이런 삶을 60년이나 더 당해야 하는구나. 지금 빨리 끝내 버리자' 합니다. 시작도 하기 전에 끝내려고 합니다. 그런 정신으로 이혼을 하고 집을 나갑니다. '이렇게 사느니 지금 죽어 버리자' 생각합니다. '앞으로 60년을 내가 어떻게 이러고 살아?' 합니다. 그런데 똑같은 고난이라 해도 '아, 이 고난도 60년 정도만 당하면 끝나겠구나' 하면 감옥도 천국이 됩니다. 내가 죽으면 영원히 천국에서 행복할 텐데, 그 시간에 비하면 이 땅에서의 60년, 80년, 100년은 너무 짧은 시간 아닙니까? 세상은 우리에게 "인내하고 견디며 사는 것은 바보 같은 짓이다. 참는다고 밥 먹여 주냐", "지금 노예면 나중에도 노예다. 지금 주인이면 나중에도 주인이다. 내가 인생의 주인이 되어야 한다"고 말합니다. 그러나 이것은 죽음의 나라의 가치관입니다.

　장차 받을 고난을 예비하는 것은 하나님이 함께하지 않으시면, 죽었다가 살아나신 이가 나에게 와서 말씀해 주지 않으시면 절대로 할 수 없는 일입니다. 거기에 하나님의 신비, 비밀이 있습니다. 내가 죽을 때까지 칼끝 같은 고난을 걸어간다고 해도 고작 80년입니다. 내 살아온 날만큼 고난당했어도 그것은 10일일 뿐입니다. 하나님이 "너는 네 옥에서 나오지 말라"고 하십니다. 계속 거기서 순종하고 있으면 생명의 관을 준다고 하십니다.

- 나에게도 하나님 나라의 목격담이 있습니까? 내가 겪은 고통의 배지가 있습니까?
- 내가 아무리 환난과 고난과 핍박 가운데 있어도 이 땅에서의 고통은 단지 10일에 불과하다는 사실을 믿습니까?

죽도록 충성하라는 명령을 주셨습니다

……네가 죽도록 충성하라 그리하면 내가 생명의 관을 네게 주리라
_계 2:10b

사실 죽도록 '신실하라'는 번역이 더 정확합니다. 환난에 대한 마음의 자세가 신실해야 한다는 것입니다.

우리는 "하나님께 충성하라"는 말씀을 간혹 오해합니다. 하나님께 충성하느라고 로마를 거역하면 국가에 대한 반역이라고 생각합니다. 그러나 이것이 가장 로마를 사랑하는 길입니다. 그들을 도와주는 방법입니다. 충성은 도덕과 관련된 것이 아닙니다. 능력과 관련된 것입니다. 로마

는 황제를 숭배하면서 자신들이 죽어간다는 사실을 아무도 모릅니다. 누군가 황제 숭배가 지옥 가는 지름길이라는 것을 가르쳐 주어야 합니다. 죽음을 불사하고서 가르쳐 주어야 합니다. 믿는 사람이 그 역할을 해야 합니다.

"돈이 다가 아니다. 명예나 권세가 다가 아니다!"라는 말을 죽음을 불사하고라도 인식시켜 주어야 합니다. 그 역할을 서머나 교회가 했습니다. 이 땅은 영원한 세계가 아니며 멸망할 수밖에 없다는 사실을, 이 세상은 공동묘지처럼 입을 쩍 벌리고 우리가 죽기를 기다리고 있을 뿐이라는 사실을 증거했습니다. 다른 교회에서는 못 했습니다. 서머나 교회에는 궁핍과 비방이 있기에, 그들이 바라볼 것은 하나님밖에 없기에 이 일을 할 수 있었습니다.

나를 비방하고 핍박하는 로마가 있습니까? 교회를 못 가게 막는 시부모, 남편, 아내가 있습니까? 그 시부모와 배우자를 사랑하는 방법은 순종이 아닙니다. "그럼에도 나는 교회에 가야 한다. 나는 하나님 때문에 가야 한다"라고 말하는 것이 그들을 사랑하는 방법입니다. 그런다고 시부모를 거역하는 것이 아닙니다. 가정을 파탄 내는 것이 아닙니다. 내 인생의 주인이, 내가 경배하는 대상이 하나님이라는 것을 보여 주기 위해 내가 손해를 볼 때, 도리어 그들을 살릴 수 있습니다. 내가 두려워하지 않고 "예수는 그리스도이시다" 외치며 충성하면, 내 집뿐만 아니라 나를 죽이려 하는 원수와 나라까지 구원될 수 있다는 것을 기억해야 합니다. 결국 로마도 예수를 인정했습니다. 그 뒤에는 죽음을 불사하고 "황제는 주가 아니다" 외쳤던 서머나 교회가 있었습니다. 로마와 같은 내 식구들도 때가 되면 예수를 인정할 것입니다.

그러니 하나님은 "두려워 말고 충성하라"고 하십니다. 이는 내 고난에서 살려고 몸부림치지 말라는 것입니다. 죽기로 작정하라는 것입니다. 사람의 방법을 쫓아다니지 말고, 지연·학연·인연 쫓아다니지 말라는 것입니다. 어떤 사람들은 학연·지연·인연을 따라 교회에 옵니다. 교회에서 직업을 얻으려 하고 장사를 하려고 합니다. 그러나 서머나 교회는 워낙 가난해서 찾아다닐 인연도 없었습니다. 여기를 봐도 저기를 봐도 별 방법이 없는, 하나님밖에 바랄 곳이 없는 교회였습니다.

저는 이 서머나 교회를 생각하면 소록도에서 만난 나환자들의 교회가 생각납니다. 그들의 찬양은 너무나도 아름다워서 하늘의 찬양이라고도 불립니다. 어떻게 그런 찬양이 나올 수 있을까요? 저는 그들의 가난에서 비롯된다고 생각합니다. 그들에게는 찾아갈 친척도, 고향도, 친구도 없습니다. 그들이 바라볼 곳은 오직 하나님뿐입니다. 그들에게는 하나님 나라의 목격담이 있습니다.

이렇듯 고통 받는 한 사람 때문에 교회가 이어져 갑니다. 오직 하나님만 바라볼 수밖에 없는 교회만이 진실합니다. 하늘나라를 제대로 목격했기 때문에 거기에 아름다움이 있습니다. 사람을 변화시키는 힘이 있습니다. 모든 것을 가지고 잘날 대로 잘난 사람이 하나님 나라 목격담을 간절하게 전하겠습니까? 그런데 길이 없는 사람이 하나님을 찬양하면 간절함이 느껴집니다. 똑같은 이야기를 해도 삶으로 살아 낸 이야기에서 사람들은 하나님을 발견합니다.

서머나 교회의 감독인 폴리갑은 순교의 길을 갔습니다. "몇 사람을 옥에 던지리라" 했는데, 이때 딱 죽는 사람이 나왔습니다. 로마에 잡혔을 때 폴리갑의 나이가 여든여섯 살이었습니다. 로마는 그에게 "황제를 주라고 하면 살려 주겠다. 예수는 주가 아니라고 한 번만 말하면 살려 주겠다"고 했습니다. 그랬더니 이 노감독이 조용히 "내가 86년이라는 긴 세월 동안 우리 주님을 섬겼는데 주님은 한 번도 나에게 잘못하신 일이 없습니다. 그런데 내가 어떻게 주님의 이름을 비방하겠습니까?"라고 말했다고 합니다. 그리고 그는 "하나님 아버지, 저 같은 것을 순교자의 반열에 서게 해 주시고, 예수님의 고난의 잔에 참여시켜 주셔서 감사하나이다. 저를 받아 주소서. 이 어려운 잔을 능히 마실 수 있는 힘을 주소서. 당신의 이름이 영광을 받으소서. 아멘" 기도하며 불타는 장작더미 위에서 순교했습니다. 그 자리에 있던 많은 사람이 하나님이 계신 것을 목격했습니다. 그 목격담이 지금까지 흘러 내려와서 서머나 교회를 영광스럽게 합니다.

폴리갑이 순교했으니 로마 사람들이 "아멘" 하고 회개하며 돌아와야 하지 않습니까? 그런데 아무도 폴리갑의 죽음에 대해서 회개하는 사람이 없었습니다. 도리어 "감히 돈과 명예를 거부하고 목숨을 끊다니. 네가 믿는 예수도 별것 없구나. 지질한 인간 같으니라고" 하면서 더욱 비방했습니다. 폴리갑의 죽음을 마땅히 여긴 것입니다.

사울(바울)도 스데반의 죽음을 마땅히 여겼습니다(행 8:1). 스데반이 누구입니까? 주님이 일어나서 영접해 주실 정도로 빛난 순교를 한 사람입니다. 사울이 성경을 몰랐습니까, 하나님을 몰랐습니까? 그는 누구보다 성경공부를 열심히 한 사람이었습니다. 가말리엘 문하생으로 최고의 지성을 가진 사람이었습니다. 교회사, 히브리어, 헬라어 등등 얼마나 잘 배웠겠습니까? 그런데 이 최고의 지성인이 무섭게 사람을 죽였습니다. 학문이 높은 것만큼 자기 확신이 하늘을 찔러서 자기 죄를 몰랐습니다. 하나님의 사람을 죽이는 일을 주동하고도 연민과 후회가 없었습니다.

나의 죽음을 마땅히 여기는 사람들이 있습니다. 내가 죽어도 눈 하나 깜짝하지 않을 배우자, 자식, 부모가 있습니다. '그놈 참 잘 죽었다' 할 사람이 있습니다. 내가 아파도 마땅히 여기고, 집 없이 길거리에 나앉아도 마땅히 여깁니다. '내가 바람피운 것도 용서하고, 돈 못 벌어 와도 섬기고, 시집살이도 이해하고, 산후조리 못 했어도 버티면서 살았는데 어떻게 내 죽음을 마땅히 여길 수가 있는가! 네가 사람이냐?' 할지 모르겠지만, 인간이길 포기한 사람이 왜 없겠습니까? 그러니까 나의 사울에게 기대하지 마십시오. 내가 무슨 수를 써도 돌이키지 않으려고 작정했는데 이들을 어떻게 논리적으로 설득하겠습니까?

그래도 하나님은 사울을 돌이키셨습니다. 스데반이 순교하고 나서야 사울이 돌아왔습니다. 아직 돌아오지 않은 유대인이 너무도 많습니다. 폴리갑이 순교했어도 로마가 돌아오기까지 150여 년이 걸렸습니다. 그러니 우리 집안 식구를 돌이키기 위해서 순교의 피를 흘려야 합니다.

'죽기까지' 충성하라 하시니 두렵지만 고작 10일이면 됩니다. 하나님은 10일이니 두려워 말라고 하십니다. 이 땅에서 당하는 환난은 두려워할 일이 아니라는 것입니다.

• 믿음을 방해하는 나의 로마가 있습니까? 그에게 "그럼에도 예수만이 주님이다"

라고 말합니까? 그것이 반역이 아니라 사랑이라는 사실을 믿습니까?

죽기까지 충성하면 생명의 관이 있습니다

10 ……네가 죽도록 충성하라 그리하면 내가 생명의 관을 네게 주리라 11 귀 있는 자는 성령이 교회들에게 하시는 말씀을 들을지어다 이기는 자는 둘째 사망의 해를 받지 아니하리라 _계 2:10b~11

하나님께서는 명령을 주실 때 늘 약속도 함께 주십니다. "죽도록 충성하라"고 명령하시며 "생명의 관을 주리라, 이기는 자는 둘째 사망의 해를 받지 않으리라" 약속하십니다.

그런데 에베소 교회에는 생명나무의 열매를 주겠다고 하셨는데 서머나 교회에는 생명의 관을 준다고 하십니다. 생명의 관이 무엇입니까? 사람들을 주께로 인도하는 면류관, 영혼 구원의 면류관입니다. 이기는 자는 둘째 사망의 해를 받지 아니하리라고 하셨으니, 영생의 선물입니다.

세상 사람들은 첫째 사망이 두려워서 둘째 사망으로 갑니다. 평생 두려워하며 살다가 지옥에 갑니다. 그러나 내게 닥친 환난이 힘들어서 죽을 것 같아도 첫째 사망과 둘째 사망은 비교가 안 됩니다. 첫째 사망을 두려워하지 않는 사람은 절대로 둘째 사망, 지옥에 가지 않습니다.

아무리 내가 지금 괴로워도 10일이라고 하십니다. 거기서 힘들다고 뛰쳐나가면 기다리는 것은 둘째 사망, 지옥밖에 없습니다. 그러나 이것은 사탄에게 속는 것입니다. 나의 환난이 힘들어도 인내하며 말씀에 순종하는 것이 생명의 길이라고 해도, 하나님이 주신 환경을 벗어나 내 뜻대로 사는 것은 영원한 사망이라는데도 우리는 끊임없이 사탄에게 속습니다. 속아서 이혼하고, 속아서 때려치웁니다. 오늘 죽을까, 내일 죽을까 합니다. 그것이 사탄에게 속는 것인지도 모르고 "내가 미쳤냐? 뭐 하려고 내가 그러고 사냐?" 합니다. 그러나 이혼하지 않고, 자살하지 않고 내가 오늘 그 환경에서 살아 내는 것만으로도 생명의 관을 받은 것입니다.

구원도, 순교도 하나님이 하시는 일입니다. 스데반이 돌에 맞아 죽어 갈 때 얼굴이 천사같이 빛난 것은 주님이 일어나서 그를 영접해 주셨기 때문입니다(행 7:55). 사드락, 메삭, 아벳느고가 풀무불에 던져졌어도 신의 아들 같은 이가 함께하심으로 그들이 머리털 하나 상하지 않았습니다(단 3:25). 도리어 곁에서 그들을 붙들던 사람들이 풀무불에 타들어 갔습니다. 누군가 고난당하는 것을 옆에서 보기만 해도 숨이 안 쉬어져서 죽는 사람이 있습니다. 그러나 막상 들어가 있는 사람은 머리털 하나 다치지 않습니다. 왜 그렇습니까? 하나님이 함께하시기 때문입니다.

내 원수의 최고 무기는 나를 죽이는 것이지만 나의 최대 무기는 내가 죽어지는 것입니다. 어디를 봐도 길이 없고 도움 받을 곳이 없다면 죽기로 작정하고 하나님이 끝내실 때까지 인내하기 바랍니다. 그러면 생명의 관을 받고 둘째 사망의 해를 받지 않습니다.

내가 죽어지는 최고의 비결은 말씀에 순종하는 것입니다. 그러므로 귀가 있는 자는 성령이 교회들에게 하시는 말씀을 들어야 합니다. 어떤 분야의 전문가들이 이야기하는 것을 가만히 듣다 보면 배경 지식 없이는 이해할 수 없는 내용이 있습니다. 그러나 우리는 신앙에 있어서만큼은 이해 못 하는 내용이 있어서는 안 됩니다. 모두 신앙의 전문가가 되어야 합니다.

어떤 집사님의 이야기입니다. 오래전 이 집사님 남편이 바람을 피웠습니다. 몇십 년 동안 감쪽같이 집사님을 속이고 살다가 결국 모든 것이 드러났습니다. 그러나 평소 말씀으로 훈련을 잘 받은 이 집사님은 남편을 용서하기로 했습니다. 그런데도 남편은 "남자가 바람 좀 피울 수 있지. 여자는 당연히 용서해야지" 하며 오히려 적반하장이었습니다.

그러다가 집사님이 유방암에 걸렸습니다. 이번에도 남편은 "네가 잘못해서 병에 걸린 거야" 하고 마땅히 여겼습니다. 하루바삐 수술해야 하는데, 남편은 돈도 많으면서 "6인 병실이 날 때까지 기다리라"고 했습니다. 그러면서 자기는 골프채를 사러 다녔습니다. 부인이 죽어 가는 것을 마땅히 여겼습니다. 이를 지켜보던 의사가 하도 기가 막혀서 "특실을 내줄 테니까 어서 수술하자"고 말했습니다. 그러나 남편은 도리어 의사의 말을 기막혀했습니다.

그런 남편에게 집사님이 이렇게 이야기했답니다. "입원비는 생길 테니 너무 염려하지 말아요." 그리고 수술하러 들어가는데 다시는 눈을 뜨고 싶지 않더랍니다. '그래도 나는 죽으면 하늘나라 가지만 남아 있는 남편은 어떡하나'라는 생각에 기도하고 큐티도 하고 수술에 들어갔습니다.

그런데 수술이 너무 오래 걸리니 이 집사님이 죽었다는 소문이 돌았습니다. 글쎄 병원에 찾아온 사람들이 하나같이 부의금을 들고 왔더랍니다. 그 부의금을 받아 정말로 입원비가 해결이 되었습니다. 집사님의 말대로 된 것입니다. 그렇게 하나님의 역사하심을 경험한 집사님은 고름 주머니를 단 채로 퇴원을 했습니다.

이후 이사를 해야 하는데 이번에도 남편은 아내 혼자 이사하는 것을 마땅히 여기고 놀러 다니기에만 바빴습니다. 전학이 쉬운 지역이 아니어서 자녀들 학교를 옮기는 일도 걱정이었습니다. 그런데 집사님이 고름 주머니를 달고 학교를 찾아가니, 담임 선생님이 그 모습을 보고는 너무 놀라서 금세 전학을 시켜 줬답니다.

수술 후 방사선치료를 받으려면 먼 거리를 오가야 하는데 남편은 차도 있으면서 "무슨 차를 타냐"며 버스를 타고 다니라고 했습니다. 그런데 이사한 동네가 막 입주를 시작한 곳이라 버스가 그야말로 자가용이었습니다. 마치 기사가 운전해 주는 자가용처럼 집사님 집 앞에서 늘 버스가 기다리고 있었답니다. 그렇게 날마다 버스를 타고 병원에 다니다 보니 기사와도 친해져서 복음을 전하고 결국 전도까지 했습니다. 병원에 가서는 다른 암 환자들에게 가슴을 풀어헤치면서 나도 암 환자였다고, 그런데 내가 이 암 때문에 살았다고 이야기를 하며 복음을 전했습니다.

여러분이라면 이런 남편과 살 수 있겠습니까? 그러나 집사님은 절대 이혼하지 않았습니다. 그 결과 지금은 남편이 회개하고 돌아와 교회에서 기쁘게 섬기고 있습니다. 집사님은 죽음에 이르는 순교를 보여 주며, '예수가 있으면 저렇게도 살 수 있구나' 하는 것을 몸소 증거했습니다. 그러니 이 가정이 이혼 안 했다는 것만으로도 큰 축복 아닙니까? 이런 환경 가운데 자녀들을 키워 냈다는 것만으로도 축복입니다.

예수 믿는 우리는 환경과 상관없이 실상은 부요한 자의 삶을 살게 될 줄 믿습니다. 이것이 비밀입니다. 누구누구 때문에 못 살겠습니까? 그 옥 속에서 잘 살면 반드시 부요한 자가 됩니다. 내가 맞아 죽을지언정, 암에 걸려 죽을지언정 자식들한테 "아빠 미워하지 마라", "엄마 미워하지 마라", "아빠에게, 엄마에게 죄를 돌리지 마라" 하고 용서하는 모습을 보이는 것이 최고로 원수 갚는 것입니다. 그것이 우리 집안을 영원히 살리는 축복입니다. 내가 어떻게 살았는지는 하나님께서 다 아십니다. 내게 허락하신 옥에서 영원히 살 것처럼 살면 스데반처럼 길이 빛나는 이름이 될 것입니다. 서머나 교회처럼 영원히 영광 받는 교회가 될 것입니다.

• 배우자의 옥, 시부모의 옥, 자식의 옥에서 '내가 뭐 하러 이러고 사나?' 하며 뛰쳐나가려 하지는 않습니까? 그곳에서 견디는 것이 생명의 면류관을 받은 사람답게 살아가는 길임을 믿습니까?

우리들 묵상과 적용

남편의 외도로 이혼을 생각하고 있을 때 지인의 권유로 김양재 목사님께서 인도하시는 큐티 모임에 참석했습니다. 참석한 첫날 "하나님의 나라를 위하여 집이나 아내나 형제나 부모나 자녀를 버린 자는 현세의 여러 배를 받고 내세에 영생을 받지 못할 자가 없느니라"(눅 18:29~30)는 말씀을 묵상했습니다. 목사님은 "다 버리라는데 남편 버리라는 말은 없네요"라고 말씀을 해석해 주셨습니다. 남편이 바람을 피우든 노름을 하든 남편의 인격에 순종하려 하지 말고 역할에 순종하라는 말씀이었습니다. 저는 말씀을 들으며 바람피우는 남편을 버리려 했던 저의 교만한 죄가 깨달아져 눈물로 회개했습니다. 부활의 주님이 주시는 구원의 약속을 믿으며 남편을 용서하고 그의 영혼 구원을 위해 기도할 수 있게 되었습니다.

그러나 그동안의 정신적 고통 때문이었는지 제게 유방암이 찾아왔습니다. 병원에서는 수술이 하루가 급하다고 입원하라는데 남편은 입원비가 아깝다며 제게 6인 병실이 나올 때까지 기다리라고 했습니다. 자기 골프채는 사러 다니면서 제 병원비는 아까워하는 남편이 기가 막혔습니다. 저는 남편에게 "병원비 걱정은 하지 말라" 하며 입원을 했습니다. 그러나 남편이 원망스러워 수술 후 눈을 뜨고 싶지 않았습니다. 그런데 수술이 오래 걸리자 제가 죽은 줄 알고 교회 지체들이 부의금을 들고 와 주는 바람에 정말로 병원비가 마련되었습니다. 방사선 치료를 받으러 다닐 때도 남편이 차를 내주지 않아 버스를 타고 다녔는데, 당시 새 아파트 단지라 입주한 사람이 없어 좌석 버스가 저의 자가용이 되었습니다. 저는 매일 버스 기사님들을 전도했습니다. 병원 셔틀버스를 타고 다니며 전도하고, 병원에 가서는 다른 암 환자들에게 나도 암 환자라고 하며 전도했습니다. 유방암이라는 환난 가운데 있었지만 모두에게 복음이 전해지는 것이 신기하고 기뻤습니다. 되는 일이 없는 것 같은데 되는 일만 있는 인생이 되었습니다. 서머나 교회처럼 핍박과 환난과 궁핍을 통해 죽음의 나라에 세워진 하늘나라를 경험하는 자가 된 것입니다(9절).

그 후 그토록 저를 핍박하던 남편이 교회에 등록하고 양육도 받고 차량 봉사로 섬기는 기적이 일어났습니다. 남편은 지체들에게 "아내에게 스트레스 주면 암에 걸려요", "부부밖에 없어요"라고 말하며 전도인의 삶을 살고 있습니다. 내 환난과 궁핍을 알아주시고 실상은 부유한 자의 삶을 살게 해 주신 주님, 감사드립니다(9절).

영혼의 기도

아버지 하나님, 세상에 어떤 영향력도 없이, 매력도 없이 세워진 교회에 하나님께서 기름을 부으셔서 전 세계에 복음이 전파되게 하심을 감사합니다. 우리에게는 능력도 권세도 없지만, 하늘나라 목격담을 제대로 전하는 한 사람을 세워 주셔서 교회가 살아 있는 공동체가 되게 하심을 감사합니다. 그래도 우리에게 희망이 있는 것은 서머나 교회가 있었다는 것입니다. 우리 모두가 이런 교회가 될 줄 믿습니다.

주님은 10일간 옥 속에서 하늘나라의 목격담을 제대로 전하라고, 죽도록 충성하라고 하셨습니다. 남편의 무관심과 멸시에도 불구하고 이혼하지 않고 가정을 지켜 온 집사님이 그랬듯, 우리가 각자의 가정에서 구원을 위하여 썩어지는 밀알이 되게 하여 주옵소서. 모든 것이 옳고 그름의 문제가 아니라 생명의 문제라는 것을 기억하게 하여 주옵소서.

우리가 이 땅에서 궁핍과 비방과 고난을 당하지만, 실상은 부요한 자임을 깨닫기 원합니다. 교회는 죽음의 나라에 존재하는 하늘나라의 왕국이 아니라 식민지라는 사실을 알게 하시고, 이 땅은 영원히 살 곳이 아니라는 것을 보여 주는 우리가 되기를 원합니다. 생명의 관을 머리에 쓰고, 많은 사람을 생명으로 이끄는 한 사람이 되게 하여 주옵소서. 하나님께서 그 영광의 이름을 찬란하게 빛내 주실 한 사람이 되기 원합니다. 오늘 내가 무명한 자 같으나, 하나님이 기억해 주시는 서머나 교회 같은 사람이 되게 해 주실 것을 믿습니다. 예수님 이름으로 기도합니다. 아멘.

Chapter 7

나를 위해 싸워 줄 분이 계십니다

요한계시록 2장 12~17절

하나님 아버지, 나를 위해 싸워 주시는 주님을 의지하여
새사람이 되기를 원합니다. 말씀으로 인도해 주시옵소서.

이 세상에 누군가 나를 위해 늘 싸워 줄 사람이 있다면 얼마나 좋겠습니까? 어려서는 부모가 나를 위해 싸워 주지만, 커서는 오히려 부모의 지나친 간섭이 해가 될 수 있습니다.

저는 늘 무엇을 해야 하는 강박 속에 평생을 살았습니다. 늘 무엇에 쫓기는 듯했고, 그럴 때마다 무조건 내 편이 있었으면 좋겠다는 생각을 했습니다. 그러나 제가 어릴 적 부모님은 내 편이 아니었습니다. 남편도 내 편이 돼 주지 않았습니다. 그런데 지금 와서 생각해 보니 평생 내 편을 들어 준 사람이 없었던 덕에 금방 철이 들고 씩씩하게 살 수 있었습니다. 목회를 하면서는 좋은 사람들을 알게 되고, 또 많은 사람과 함께 모일 수 있게 됐습니다. 그럼에도 나를 위해 함께 싸워 줄 사람이 별로 없어 보여 앞으로 헤쳐나갈 길이 막막할 때도 있었습니다. 그러나 이전과 달리 제게

자신감이 생겼습니다. 항상 내 편이 되어서 나를 위해 싸워 주시는 분이 계시기 때문입니다. 그분은 내가 잘해도 싸워 주시고, 못해도 싸워 주십니다. 그분이 누구십니까? 바로 우리 주님이십니다.

말씀으로 싸워 주십니다

버가모 교회의 사자에게 편지하라 좌우에 날 선 검을 가지신 이가 이르시되 _계 2:12

버가모는 멋진 도시였습니다. 지형이 높은 곳에 위치해, 그 아래로 펼쳐진 경치가 이루 말할 수 없을 정도로 아름다웠습니다. 또한 버가모는 책이 많은 지성의 도시였습니다. 그 작은 도시에 이십만 권 이상의 장서를 소유한 큰 도서관이 있을 정도였으니 버가모 사람들의 자부심 또한 대단했습니다. 그뿐 아니라 정치와 행정의 중심지요, 새로운 문화가 끊임없이 흘러들어오는 문화의 도시였습니다. 또 의술이 발달하여 의료의 도시라고 불리기도 했습니다. '아스클레피오스'라는 살아 있는 뱀을 치료의 신으로 숭배하면서, 의사를 길러 내는 전문학교까지 두었습니다. 뱀이 막대기를 감고 있는 오늘날 구급차의 문장도 바로 여기서 유래되었습니다.

무엇보다 버가모는 우상숭배와 황제 숭배가 성행하던 도시였습니다. 이들은 황제의 신전뿐 아니라 제우스, 디오니소스, 아테네, 아스클레피오스 신전을 곳곳에 세우고 숭상했습니다. 그러다 보니 종교 혼합주의가 판을 치기도 했습니다. 그래서 하나님도 버가모를 가리켜 "사탄의 권좌가 있는 데"(2:13)라고 말씀하십니다. 즉, 사탄의 총사령부라는 뜻입니다.

버가모 교회에 편지하며 하나님이 자신을 '좌우에 날 선 검을 가진 이'라고 소개하신 이유도 여기에 있습니다. 사탄의 총사령부인 버가모를 날카로운 검으로 수술하시겠다는 것입니다. 그런데 주님은 여러 검 중에 왜 하필 '좌우에 날 선 검'이라고 자신을 표현하셨을까요? 당시 로마 군인들이 사용하던 무기가 바로 좌우에 날 선 검입니다. 보통 검은 한쪽에만 날이 있는데, 로마 군인들은 양쪽에 날이 선 짧은 칼을 사용해 세계를 제패했습니다. 좌우에 날 선 검으로 전 세계를 그야말로 공포에 빠트렸습니다.

그런데 하나님이 이 공포의 칼을 들고 의료의 도시 버가모에 나타나셨습니다. "너희가 뱀을 신으로 숭배하며 의술을 가르친다고? 내가 진짜 수술이 뭔지 보여 주겠다", "내가 버가모의 피고름과 암 덩이를 수술하겠다!" 하시는 것입니다. 사탄의 권좌가 있는 그곳에서 신음하는 주의 백성들을 도와주시겠다는 것입니다. 어떻게 도와주십니까?

성경은 좌우에 날 선 어떤 검보다 예리한 것이 하나님의 말씀이라고 알려 줍니다. 히브리서 4장 12~13절에 "하나님의 말씀은 살아 있고 활력이 있어 좌우에 날 선 어떤 검보다도 예리하며 혼과 영혼과 및 관절과 골수를 찔러 쪼개기까지 하며 또 마음의 생각과 뜻을 판단하나니 지으신 것이 하나도 그 앞에 나타나지 않음이 없고 우리의 결산을 받으실 이의 눈앞에 만물이 벌거벗은 것같이 드러나느니라"고 합니다. 주님이 이 세상 어떤 검보다도 예리한 말씀으로 우리를 위하여 싸워 주신다고 말씀하십니다. 그러니 주님의 말씀을 읽고 듣고 지키는 자는 이미 승리가 보장된 싸움을 싸우는 것입니다.

• 좌우의 날 선 검으로 나를 위해 싸워 주시는 주님을 경험합니까? 어떤 검보다도 예리한 주의 말씀을 읽고 듣고 지킴으로 승리한 경험이 있습니까?

핍박에서 싸워 주십니다

네가 어디에 사는지를 내가 아노니 거기는 사탄의 권좌가 있는 데라 네가 내 이름을 굳게 잡아서 내 충성된 증인 안디바가 너희 가운데 곧 사탄이 사는 곳에서 죽임을 당할 때에도 나를 믿는 믿음을 저버리지 아니하였도다 _계 2:13

주님은 버가모 교회를 향해 "네가 어디에 사는지를 내가 안다"고 하십니다. 너희가 황제 숭배를 피할 수 없는 곳, 우상숭배가 만연한 곳에서 살고 있다는 것을 주님이 알고 계시다는 것입니다. 이 말씀이 너무나 위로가 됩니다.

그런데 이 버가모 교회에 죽기까지 믿음을 저버리지 않은 주님의 증인이 한 명 있었습니다. 바로 '안디바'입니다. 주님은 그를 '충성된 증인'이라고 불러 주십니다. 이 충성된 증인이라는 표현은 1장 5절에서 주님이 자신을 가리켜 쓰신 말입니다. "충성된 증인으로 죽은 자들 가운데에서 먼저 나시고" 하셨잖아요. 주님이 안디바를 자신과 같은 반열에 올려 주신 것입니다. 유례없이 주님의 인정을 받은 인물이 등장했습니다.

안디바에 대해서는 사실 알려진 게 별로 없습니다. 다만 초기 기독교 시대의 교부인 터툴리안의 이야기에 의하면, 안디바는 유명한 석공으로 평신도였다고 합니다. 제가 이탈리아를 가 보니 대부분의 성당과 신전이 돌로 지어졌고, 그 안에도 여러 돌 조각상이 있더군요. 그러니 당시 누구보다 석공의 기술이 빛을 발했을 것입니다. 버가모의 도시 관리자들도 안디바가 필요했겠죠. 그래서 그들은 누구보다 안디바가 죽는 것을 안타까워하며 "제발 황제 신상에 절 한 번만 해라. 그러면 어마어마한 일거리를 주겠다"는 제안까지 했다고 합니다. 그러나 직업을 잃다 못해 목숨까지 잃게 된 상황에서도 안디바는 결코 신상에 절하지 않았습니다. 도리어 나라의 관리들 앞에서 "예수만이 만왕의 왕이시기에 나는 예수 외에 다른 누구에게도 절하지 않겠다"고 선포했습니다. "온 세상이 너를 대항하고 있다는 것을 알지 못하느냐?"는 관리들의 위협에도, "그렇다면 나는 온 세상을 대항하여 예수를 만유의 주로 시인하노라" 외쳤다고 합니다.

결국 안디바는 사형을 당했습니다. 펄펄 끓어오르는 불가마 속에 던져지는 끔찍한 처형을 당했다고 합니다. 뜨거운 가마 안에서 서서히 죽어가며 얼마나 고통스러웠겠습니까? 그래서 주님이 그를 자신과 같이 충성된 증인이라고 불러 주신 것이 아닐까 생각합니다. 그러나 안디바가 자기 힘으로 순교했겠습니까? 예수께서 이 모든 핍박에서 싸워 주셨습니다. 예수님이 함께하지 않으시면 할 수 없습니다. 그런데 우리는 순교도 내가 하는 것이라고 착각합니다. 그래서 "나는 못 해, 나는 못 해" 합니다. 그러나 주님이 싸워 주시는 것입니다. 주님이 힘을 주십니다. 내 머리털 하나 그을리지 않도록 주님이 지키고 보호하십니다.

- 핍박 속에서 살아갑니까? '네가 어떻게 살고 있는지 내가 안다' 하시는 주님의 음성을 듣습니까? 핍박에서 싸워 주시고 보호해 주시는 주님을 믿습니까?

유혹에서 싸워 주십니다

14 그러나 네게 두어 가지 책망할 것이 있나니 거기 네게 발람의 교훈을 지키는 자들이 있도다 발람이 발락을 가르쳐 이스라엘 자손 앞에 걸림돌을 놓아 우상의 제물을 먹게 하였고 또 행음하게 하였느니라 15 이와 같이 네게도 니골라 당의 교훈을 지키는 자들이 있도다 _계 2:14~15

먼저 칭찬을 하신 후에 책망이 이어집니다. 안디바의 순교로 칭찬을 받은 버가모 교회에 두어 가지 책망할 것이 있다고 하십니다. 바로 너희 중에 '발람의 교훈을 지키는 자들이 있다'는 것입니다. 발람의 교훈이 무엇입니까? 이는 에베소 교회를 향한 편지에서도 언급하신 니골라 당의 교훈을 말합니다. 충성된 증인 안디바를 낳은 이 교회에 니골라 당이 있다는 사실을 주님은 안타깝게 지적하십니다.

그런데 니골라 당이 어떤 사람들이었죠? 이들은 영지주의 계열의 이단으로, 영혼은 선하고 육체는 악하기에 육체로는 어떤 죄를 지어도 괜찮다고 주장했습니다. 그 논리를 따라 일주일 동안 온갖 죄를 짓고서, 주일 예배 한 번 드리는 것으로 구원을 받았다고 확신했습니다. 터툴리안이나 이레니우스를 비롯한 일부 교부들은 니골라 당의 창시자인 니골라를 초대교회의 일곱 집사 중 한 명인 니골라와 동일시하기도 합니다. 그만큼 니골라 당은 당시 교인들에게 많은 영향을 미쳤습니다. 예수 좀 믿다가 지겨워진 사람들이 니골라 당을 홀랑 따랐던 것이죠.

생각해 보세요. 만일 우리들교회에서 신임 받던 집사님이 교회 밖에 나가서 "알고 보니 우리들교회 형편없더라. 죄를 고백하는 것은 구원과 아무런 상관이 없다!"고 한다면 사람들이 혹해서 듣지 않겠습니까? 이것이 바로 발람의 가르침입니다.

민수기 22장부터 25장까지 네 장에 걸쳐서 발람의 이야기가 나옵니다. 가나안을 향해 행군하는 이스라엘이 모압을 지나게 되자, 두려움에 사로잡힌 모압 왕 발락이 이방인 선지자 발람을 찾아갑니다. 그에게 복채까지 쥐어 주면서 이스라엘을 저주해 달라고, 거짓 예언을 해 달라고 부탁하죠. 하나님이 나귀를 통해 그의 길을 막으시지만, 발람은 결국 발락의 뜻을 따라 모압으로 갑니다. 그러나 이스라엘을 저주하려는 발람의 입술에 하나님이 축복의 말을 넣어 주심으로 모든 계획은 수포로 돌아갑니다. 세 번의 시도에도 실패한 발람과 발락은 결국 포기하고 자기 곳으로 돌아가죠.

그런데 발람은 그냥 떠나지 않았습니다. 이후 말씀을 보면 이스라엘이 모압 여인들과 음행하여 우상숭배로까지 이어지는 내용이 나옵니다. 그 징계로 염병이 돌아 많은 백성이 죽게 되었죠. 그때 이런 말씀이 나옵니다.

"보라 이들이 발람의 꾀를 따라 이스라엘 자손을 브올의 사건에서 여호와 앞에 범죄하게 하여 여호와의 회중 가운데에 염병이 일어나게 하였느니라"(민 31:16).

이것이 무슨 뜻입니까? 이 모든 일이 발람의 꾀였다는 것입니다. 40년 광야 생활 동안 이스라엘이 얼마나 지쳤겠습니까. 의복은 해어지고 피부는 다 부르텄을 것입니다. 그런 그들 앞에 발람이 모압 여인들을 세웠습니다. 모압 여인들의 화려한 의상과 춤사위를 보고 있자니 넋이 나가지 않았겠습니까? 모압 여인들과의 음행으로 인하여 염병, 즉 전염병이 발생해서 하루아침에 이스라엘 백성 이만사천 명이 죽었습니다. 가나안으로 가는 여정에서 가장 큰 위기가 바로 이때였습니다. 얼마나 위험했으면 몇 장에 걸쳐서 이 사건을 기록하고 있겠습니까?

사실 핍박은 쉽습니다. 가장 무서운 것은 유혹입니다. 유혹은 여러 가지 모양으로, 달콤하고도 교묘하게 오기에 이기기가 어렵습니다. 아무리 뛰어난 지성과 인격, 학벌을 가졌다 한들 유혹을 딱 잘라 낼 수 있는 사람이 몇이나 있겠습니까. 버가모 교인들이 그랬습니다. 열악한 환경이 싫어 지성의 도시요, 문화의 중심지인 버가모로 이사를 왔습니다. 생활은 궁핍하고 핍박도 많았습니다. 그래도 안디바 같은 믿음의 증인을 보며 나도 예수 이름을 굳게 붙잡고 믿음을 저버리지 않으려 애썼습니다.

문제는 유혹입니다. 세련된 문화를 누리며 높은 지식수준을 갖추고 철학과 문학을 논하는 사람들을 만날 만나다 보니 갑자기 내 믿음이 초라하고 지질해 보이기 시작합니다. '냉난방도 잘 안 되는 교회에 왜 가야 하나?', '거기 가서 이혼이 어쩌고 고난이 어쩌고 하는 지질한 이야기를 만날 왜 들어야 하나?' 생각됩니다. 그러면서 '저 푸른 초원으로 공을 치러 가자', '상쾌한 산 공기나 마시러 가자' 유혹이 찾아옵니다. 남의 이야기가 아닙니다. 교회에 열심히 다니다가도 어느 날 갑자기 이런 생각이 찾아옵니다.

그러나 이것은 니골라 당의 교훈을 좇는 것입니다. 명예가 좋고, 돈이 좋고, 여자와 술이 좋아서 세상과 친구 먹어야겠다는 생각이 듭니다. 주일날 교회 와서 예배 한 번 딱 드리고 다시 세상으로 나갑니다. 그러면서 내 믿음에 간섭하지 말라고, 내 믿음은 내가 지킨다고 당당하게 외칩니다. 목장예배도 안 나가고 수요예배도 안 가고, 그러다가 마지막은 음행으로 결론 나는 것이 우리네 인생입니다. 다윗도 사울에게 핍박 받을 때는 믿음을 잘 지키지 않았습니까? 그런데 왕이 되어 몸도 마음도 편해지니까 음행과 간음의 유혹에 넘어지고 말았습니다.

우리도 때마다 우상숭배의 유혹에 넘어갑니다. 우상이 우상인지도 모르고 빠집니다. 이스라엘이 유혹이 유혹인지도 모르고 빠져들었다가 망하게 된 것과 같습니다.

어느 TV 프로그램을 보는데, 죽을병에 걸린 한 환자가 명의의 수술을 받고 살아난 이야기였습니다. 의사가 여덟 시간 동안 환자의 배를 가르고 수술을 하는데 참 멋있어 보이더군요. 누군들 '예수님 때문에 살았다'는 생각은 하지도 않을 것 같았습니다. 환자도 "내가 이 의사 선생님 때문에 살았다"고 하며 무릎 꿇고 찬양이라도 부를 것처럼 기뻐했습니다. 혹시 나도 예수님보다 의술을 더 신뢰하지는 않습니까? 물론 아플 때는 병원에 가야 하고 당연히 치료도 받아야 하지요. 그러나 내게 실력 좋은 의사를 보내 주시는 분도 주님이시고, 의술을 발전시키는 분도 주님이시라는 것을 잊어서는 안 됩니다.

발람은 보면 볼수록 기가 막힙니다. 그는 성경도 잘 압니다. 큐티도 잘 합니다. 하나님께서 "이스라엘을 축복해라" 하시니까 자기 의지를 포기하고 말씀 적용도 잘 합니다. 상대가 어떤 말을 좋아할지도 너무 잘 압니다. 그러나 발람은 세상을 포기하지 못했습니다. 유혹 한 번에는 안 넘어갈 수 있지요. 그런데 두 번, 세 번이 되면 이야기가 달라집니다. 오죽하면 하나님의 백성인 이스라엘 백성도 망할 위기에 놓였겠습니까? 누구든 집중 공략을 당하면 권세나 학벌, 인격, 지성, 도덕이 아무짝에도 쓸모없어집니다. 인간은 죄인으로 태어났기 때문에 그렇습니다. 그래서 믿음도 내 힘으로 지킬 수 있다는 사람이 제일 어리석은 사람입니다.

'나는 어떤 유혹도 견딜 수 있다' 장담하는 사람과는 어울리지 마십시오. 정말 무서운 사람입니다. 발람이 무엇이 잘못됐는지도 모르면서, 오히려 발람의 말을 듣고 따를 만큼 분별도 못 하면서, 나의 행위가 우상숭배인지 아닌지도 모르면서 어떻게 자신할 수 있습니까? 우리는 이스라엘을 유혹한 것이 발람인지도 몰랐습니다. 이스라엘의 음행 사건이 민수기 25장에 나오는데 31장에 가서야 그것이 발람이 사주한 일임을 알았습니다. 얼마나 비상합니까. 자기를 드러내지도 않으면서 온 이스라엘을 망하게 할 뻔했잖아요.

버가모 교회도 니골라 당을 따르는 것을 죄라고 생각하지 못했을 것입니다. 우리는 근본적으로 교만하여 지성에 약합니다. 똑똑한 사람은 괜히 멋있어 보입니다. 미국에 가 보니 의사들만 모이는 교회가 있더군요. 어떤 교회는 사업가만 모입니다. 이해할 수 없지만 버가모에서는 있을 수 있는 일입니다. 그곳이 지성의 도시였잖아요.

그러나 버가모 교회가 제아무리 똑똑한 사람, 공부 많이 한 사람들이 모였어도 발람 같은 지도자 하나를 분별하지 못했습니다. 지나치게 진리에 집착하고 원칙만 붙들다가 사랑을 잃어버린 교회가 에베소 교회라면, 버가모 교회는 "우리가 원하는 건 오직 사랑이야. 훈계 좀 그만하고 관용을 베풀라고. 교회에 다니는 것만도 대단한데 날마다 웬 처방이야?" 외치다가 무너지고 말았습니다. 그들은 이것이 사랑을 지키는 일이라 생각했지만 사실 진리를 희생시킨 것입니다. 진리를 희생시킨 사랑은 사랑이 아닙니다.

유혹은 이렇게 옵니다. 너무도 훌륭한 사람이 교묘히 우리를 넘어지게 합니다. 정말 믿음 좋아 보이는 사람이 말도 안 되는 불륜을 행하게 합니다. 절대 죄짓지 않을 거라고 믿었던 나의 스승이 나를 죄짓게 합니다. 너무 훌륭해 보이니까 그들이 던지는 유혹을 죄로 여기지 못하는 것입니다. 그래서 불륜도 사랑인 줄 알고 따라갑니다.

옆 사람 욕할 것 하나 없습니다. 나라고 안 넘어갈 것 같습니까? 발람 같은 사람이 성경을 줄줄 외면서 "내가 아내와 별거 중이다. 곧 이혼할 것 같다" 유혹한다면 안 넘어갈 것 같습니까? '외로운 사람인데 나라도 힘이 되어 줘야지' 하면서 연민으로 다가갔다가 그게 불륜이 되는 것입니다. 정말 멋있는 의사가, 교수가, 성직자가 와서 유혹한다면 안 넘어갈 사람이 어디 있겠습니까.

마귀는 죽지 않았습니다. 내가 죽는 날까지, 천국에 가는 그날까지 내 삶에 똬리를 틉니다. 유혹을 하나 이기면 또 하나가 옵니다. 날 선 검보다 예리한 말씀으로 예비하지 않으면 날마다 마귀 밥이 되는 것입니다.

> 그러므로 회개하라 그리하지 아니하면 내가 네게 속히 가서 내 입의 검으로 그들과 싸우리라 _계 2:16

교회에 검은 있는데 날이 다 무뎌졌습니다. 날 선 검이 없습니다. 말씀의 날 선 검으로 유혹의 암 덩어리를 수술해야 하는데, 할 수가 없습니다. 피고름을 뽑아내지 못합니다. 그래서 유혹이 사라지지 않습니다. 니골라 당의 교훈을 따르면서, 죄를 지으면서 '그래도 나는 교회에 가니까' 합리화합니다.

발람에게 유혹당해 찾아온 이스라엘의 재앙은 어떻게 끝났습니까? 비느하스 제사장이 예리한 창을 사용해서 음행하는 남녀의 배를 꿰뚫었습니다(민 25:7~8). 잔인하게 들릴 수 있지만, 염병과 음란을 끊으려면 배를 꿰뚫는 고통이 따라야 한다는 것입니다. 그래서 지도자가 참 중요합니다. 어떤 사람의 말을 듣는가가 참 중요합니다. 이스라엘은 죄로 인해 죽을 수밖에 없는 상황에서 비느하스의 창으로 수술했습니다. 염병으로 이만사천 명이 죽는 상처를 남겼지만, 비느하스의 창이 이스라엘을 살렸습니다.

발람이 나를 유혹해 내가 넘어졌다고 이를 박박 갈고 있습니까? 이만사천 명이 죽는 상처만 남았다고 절망하고 있습니까? 지금이라도 비느하스의 말을 듣고 수술을 받는 것이 축복입니다. 발람이 아무리 나를 유혹했을지라도 원망하지 말고 말씀의 검으로 나의 더러운 부분을 수술하기 바랍니다.

어떤 사람은 내가 유혹을 당했다는 사실이 수치스러워서 오픈을 못합니다. 그러면 상처가 낫지 않습니다. 하나님은 핍박보다 유혹이 더 힘들다는 사실을 알고 계십니다. 그래서 "내 입의 검으로 그들과 싸우리라" 약속해 주십니다. 우리는 모든 것을 주님께 맡기고 말씀의 인도를 따라 적용해야 합니다.

말씀으로 싸워 주시는 게 무엇입니까? 주께서 나에게 말씀을 사모하는 마음을 주셔서 내 입에서 예리한 말씀이 나오게 하시는 것입니다. 그 말씀이 나를 살리고 상대방을 살립니다. 우리는 끊임없이 말씀을 들어야 합니다. 말씀으로 준비해야 합니다. 말씀을 들어 두는 것이 우리에게 예방주사가 되는 줄 믿습니다.

그런데 문제는 우리가 말씀을 듣지 않는다는 것입니다. 발람이 어땠습니까? 하나님이 나귀를 통해 이스라엘을 저주하러 가는 길에서 돌이키라고 권고하시는데, 나귀에게 "너 따위가!" 합니다. 나에게도 나귀의 모습으로 와서 권고하는 남편이 있고, 아내가 있고, 자녀가 있습니다. 목사가 있고, 목자가 있고, 지체가 있습니다. 그런데 발람처럼 나도 "너 따위가!" 하지는 않습니까? 아내가 술 좀 그만 마시라고 하는데 "당신이 회사일을 알아? 남자의 세계를 알아?" 합니까? 남편이 이제 그만 미움을 내려놓으라고 하는데 "당신이 내가 겪는 고통을 알아?" 합니까? 나귀를 통해 하시는 말씀을 들어야 합니다. 나보다 형편없어 보이고 못 배우고 어려도 그의 말이 하나님의 음성일 수 있습니다. '저 사람이 나에게 이렇게 말해 주는 것은 우연이 아니다' 하며 늘 깨어 있어야 합니다. 그래서 빨리 유혹에서 돌이켜야 합니다.

발람이 유혹했다고 발람만 욕할 수 있습니까? 거기에 넘어간 이스라엘 백성들도 잘못입니다. 끌려가는 사람도 똑같이 죄인입니다. 누가 누구를 욕할 수 있습니까? 그러니까 유혹한 니골라 당이 문제라고 지적하기 전에 유혹에 넘어간 내 속의 교만과 죄를 오늘 예리한 말씀의 검으로 잘라 내기를 바랍니다.

어떻게 잘라 냅니까? 절대 내가 못 잘라 냅니다. 스스로 내 배를 가르고 수술할 수 있는 사람이 있겠습니까? 그러니 하나님께서 배우자가 바람나게 하시고, 회사가 부도나게 하시고, 자식이 집 나가게 하십니다. 그럴 때 먼저 내 안의 암 덩어리와 피고름을 보고 그것들을 딱 드러내서 잘라 내야 합니다. 그걸 수치스럽다고 꽁꽁 싸매고 있다가는 정말 죽습니다. 영영 죽을 수밖에 없습니다. 생살을 베어 내는 아픔이 있다 할지라도 지금이라도 수술하기 바랍니다.

- 교회에 오는 것은 지겹지만 친구를 만나고 놀러 가고 술 마시는 자리에 가는 것은 즐겁다고 생각합니까? 내가 따르는 니골라 당은 무엇입니까?
- 나는 유혹에 빠지지 않을 자신이 있다고 장담하지는 않습니까?
- 누군가 말씀으로 처방을 내려 주는데 외모만 보고 무시하면서 '너 따위가!' 하지는 않습니까?

상급을 주십니다

귀 있는 자는 성령이 교회들에게 하시는 말씀을 들을지어다 이기는 그에게는 내가 감추었던 만나를 주고 또 흰 돌을 줄 터인데 그 돌 위에 새 이름을 기록한 것이 있나니 받는 자 밖에는 그 이름을 알 사람이 없느니라
_계 2:17

이기는 그에게는 감추었던 만나를 주신다고 합니다. 만나가 무엇입니까? 이스라엘 백성이 40년 광야 생활을 하면서 먹을 것이 없고 고통스러울 때 하나님이 하늘로부터 내려 주신 것입니다. '만나'라는 말에는 '이게 무엇이냐?'라는 뜻이 담겨 있습니다. 하나님께서 기적을 내려 주시는데, 그걸 보고 사람들이 하도 어리둥절해서 '이게 뭐지?' 했던 것입니다.

내가 유혹을 떠나서 오직 천국을 사모하면 하나님께서 감추었던 영과 육의 만나를 주실 줄 믿습니다. 이것은 니골라 당의 재물과는 비교가 안 되는 거룩한 양식입니다. 지금은 감추어졌습니다. 그러나 곧 깨닫게 하시고 드러내실 것입니다.

우리는 문자적으로도 무엇을 먹고 무엇을 먹지 말아야 할지 분별해야 합니다. 성령 받은 사람은 식습관부터 바뀌어야 합니다. 술과 담배는 삼가야 합니다. 너무 비싼 음식도 절제해야 합니다. 나의 건강을 좀먹는 음식은 먹지 말아야 합니다. 내가 이런 것들을 끊어 냈을 때 하나님께서 감추었던 만나를 주십니다. 생명의 떡이신 예수님 자체가 나에게 상급이 되게 해 주십니다. 우리가 끊어야 할 것을 다 끊어 내면 주님이 상을 주십니다.

또한 주님은 흰 돌을 주겠다고 약속하십니다. 당시 재판정에서는 무죄한 자에게 흰 돌을 주었다고 합니다. 즉, 내가 유혹 속에서 더러운 죄를 지으며 살았어도 주님이 나를 무죄하다고 여겨 주신다는 것입니다. 세상은 우리의 옛 죄를 들먹이며 "너 옛날에 이랬지, 저랬지" 합니다. 그러나 주님은 다르십니다. 내가 날 선 검으로 점차 죄를 끊어 내면 주님은 그런 나를 무죄하다고 여겨 주십니다.

또한 그 돌 위에 새 이름을 기록해 주겠다고 하십니다. 새 이름이 무엇입니까? 천주교에서는 영세를 받으면 베드로, 수산나, 에스더와 같은 새 이름을 줍니다. 그런데 하나님이 주시는 새 이름은 단지 이름만 바뀌는 것이 아닙니다. 나만 알 수 있는 새 인격, 새 변화를 주시겠다는 것입니다. 이는 하나님께서 인정하시는 새로운 인생을 말합니다.

그러니 우리가 유혹을 끊고 주께로 돌아오면 누가 알아주지 않아도 기쁨이 넘치고 활력이 생깁니다. 말씀으로 우리를 변화시키고 수술해 가시는 놀라운 주님의 사랑이 내 안에 넘치기 때문입니다. 핍박에서도 싸워 주시고, 유혹에서도 싸워 주시고, 상급까지 주시는 사랑. 우리는 그저 이 사랑에 겨워 하나님께 붙어 있기만 하면 됩니다.

그것이 우상인지도 모르고 빠져드는 우상이 있습니다. 이를 고등 우상이라고 합니다. 기독교 상담가 엘리제 피츠패트릭(Elyse Fitzpatrick)의 글에서 본 예화입니다.

젠이라는 여자는 믿음이 좋은 사람과 결혼하면 행복한 삶을 살 것이라는 환상 속에 흠뻑 젖어 있었습니다. 그녀는 소원대로 함께 교회에 다니던 청년과 결혼을 했습니다. 그런데 젠의 바람과 달리 남편은 경건한

생활을 하지도, 성경을 보지도 않았습니다. 젠은 그런 남편을 견디기가 힘들었습니다.

남편의 영적 성장을 도와줄 사람을 찾아보았지만 상황이 달라지지 않으니 젠의 실망감은 점점 더 커졌습니다. 신앙심 깊은 사람과 사는 것이 인생의 소원이었는데, 그 한 가지가 이루어지지 않으니 도리어 그 바람이 우상처럼 자리 잡게 됐습니다. 야곱의 아내 라헬이 "내게 자식을 낳게 하라 그렇지 아니하면 내가 죽겠노라"(창 30:1) 하면서 자식에게 집착했던 것처럼, 젠도 "나에게 믿음 좋은 남편을 달라, 그러지 않으면 내가 죽겠노라" 하는 생각이 그녀의 삶을 채워 버렸습니다.

지극정성을 다하면 남편이 돌아올 줄 알았는데 남편이 전혀 변할 기미가 보이지 않자 젠은 좌절하며 분노에 휩싸였습니다. 그러면서 점점 남편을 멀리하게 되었습니다. 라헬처럼 자신의 기대가 충족되지 않으니 나는 도저히 행복해질 수 없다고 생각했던 것입니다. 그녀를 행복하게 하는 기준이 오로지 남편의 믿음이 되었습니다.

결국 젠은 남편과 이혼을 했습니다. 그러고는 하나님을 원망했습니다. '내가 바라는 소원은 남편의 거룩뿐이었는데 어떻게 그 소원을 들어주지 않을 수 있으시냐'며 하나님을 등지고 말았습니다. 결국 그녀의 인생은 처참한 지경에 이르렀습니다.

내가 거룩하다고 생각하며 하나님께 바랐던 것이 사실 우상이라고 누가 생각하겠습니까? 우상숭배는 축복을 섬기는 것입니다. 우상숭배의 핵심은 내 마음의 소원을 성취하려는 것입니다. 내 소원이 이루어지기를 기대하면서 우상과 언약을 체결하는 것과 같습니다.

건강의 우상을 숭배하는 사람은 이렇게 기대합니다. '내가 매일 운동하고 골고루 먹으면 결코 아프지 않을 거야.' 직장을 우상으로 섬기는 사람은 '내가 일찍 출근하고 늦게 퇴근해서 누구보다 더 많은 일을 하면 나는 절대로 해고되지 않을 거야' 기대합니다. 물론 열심히 운동하고 일하는 것이 죄는 아닙니다. 다만 내 욕구를 충족시키기 위해서 운동하고 일하는 것이 문제라는 것이지요. 건강이나 직장이 우상이 되어서 앉으나 서나 내 건강만, 내 출세만 생각하는 것이 악하다는 말입니다.

우리가 선을 행하는 유일한 동기는 하나님 사랑과 이웃 사랑이어야 합니다. 하나님과 영적 후사 때문에 선을 행해야 하고 운동도 하고 먹기도 해야 합니다. 그 목적이 틀리면 죄에 빠지게 됩니다. 우선순위가 하나님이 아니라 욕망인 것이 문제입니다.

만약 내 소원이 이루어지지 않아서 하나님을 원망하며 등 돌리고 있다면 지금 내가 우상을 숭배한다는 증거입니다. 라헬이 "아이를 낳을 수 없다면 죽겠다"고 하지 않았습니까? 이게 무슨 뜻입니까? 하나님을 버리는 한이 있어도 내가 반드시 아이를 낳겠다는 것입니다. 하나님을 향한 믿음도 기꺼이 포기하겠다는 것입니다. 우상은 이렇게 우리 자신을 제물로 바치게 합니다. 혹시 남편이 없으면, 자식이 없으면, 자녀가 공부를 못하면, 내가 출세하지 못하면 죽을 것 같습니까? 이렇게 사느니 죽는 것이 낫다고 생각합니까? 내 욕망이 하나님보다 더 커진 것이 아닌지 생각해봐야 합니다.

우리는 내가 우상처럼 숭배하는 무언가를 잃으면 견딜 수 없는 고통과 저주가 따를 것이라고 생각합니다. 천만의 말씀입니다. 우상을 숭배하니까 저주가 따르는 것입니다. 저주는 우리가 원하는 바를 얻지 못하는 것이 아니라, 하나님이 아닌 다른 것이 내게 행복을 준다고 믿는 것입니다. 만약 '복권 1등에 당첨되면 나는 정말 행복할 거야', '강남에 아파트 한 채 있으면 나는 정말 행복할 거야', '자녀가 일류대학 들어가면 나는 정말 행복할 거야' 하는 마음이 있다면 이미 저주 가운데 있는 것입니다. 남편이, 자식이, 돈이 행복을 가져다준다고 믿는 것 자체가 이미 내가 저주 가운데 있다는 증거입니다.

내가 바라던 일이 이루어지지 않아서 하나님을 버리고, 하나님 믿어봤자 별 것 없다고 생각하지는 않습니까? 이는 내가 지금껏 우상을 섬겼다고 스스로 증언하는 것입니다. 성도가 할 일은 환경이 변하지 않아도 말씀으로 내 고난을 반짝반짝 닦아 다른 사람들을 살리는 것입니다.

- '이것만 이루어진다면 너무 행복하겠다', '이것이 이루어지지 않으니 차라리 죽는 게 낫겠다'고 생각하는 것은 무엇입니까? 하나님보다 더 위에 있는 나의 욕망은 무엇입니까?
- 내가 말씀을 적용함으로 끊어 내야 할 유혹과 우상숭배는 무엇입니까? 먹지 말아야 할 것을 먹고 가지 말아야 할 곳에 발을 들이는 곳은 없습니까?

우리들 묵상과 적용

저는 술과 음란에 빠져 오랜 시간 방탕하게 살았습니다. 가정을 이루고도 변하지 않아서 노름하고 빚지고 망하게 되어서야 누님의 전도로 교회에 다니게 되었습니다. 가족과 함께 교회를 다녔지만 여전히 집안 분위기를 끓어 오르는 가마솥같이 만들고 아내에게 분노를 터뜨렸습니다. 그런데 어느 때부터인지 신기하게 아내가 저의 분노의 말을 축복의 말로 받아 주었습니다. 저는 그런 아내 덕분에 목장예배에 참석하게 되었습니다.

그러다 아들과 딸이 방황하기 시작하더니 늦둥이를 출산한 아내도 산후 후유증에 시달렸습니다. 엎친 데 덮친 격으로 사업장에 매출이 급감하고 납품하던 거래처가 하나둘 떠나게 되었습니다. 막막한 상황이 오자 과거에 극한의 분노와 혈기로 무기력한 아내를 찍어 누르고 학대했던 제 모습이 떠올랐습니다. 술 마시고 도박하느라 아이들을 위해서 싸워 준 것이 없기에, 그동안 아이들이 얼마나 외로웠을지도 깨달아졌습니다(16절).

비로소 내 죄가 보이기 시작했습니다.

그러던 어느 날 아들이 입대를 앞두고 지방에서 오토바이 사고로 의식을 잃는 사건이 생겼습니다. 새벽에 지방 경찰서에서 연락이 와서 병원 응급실로 전화해 보니, 아들이 음주 상태로 오토바이를 몰다 사고가 나서 얼굴이 함몰되고 인대가 끊어지는 중상을 입었다고 했습니다. 떨리는 마음을 진정시키며 아들을 만나러 가는 길에 수많은 지체에게 기도를 부탁했습니다. 서울로 올라오는 앰뷸런스 안에서 아들은 의식이 돌아왔고 제 손을 꼭 잡고 죄송하다고 말했습니다. 저는 연고도 없는 낯선 응급실에 외롭게 누워 있었을 아들이 안타까워 눈물이 흘렀습니다. 그리고 '아, 하나님도 내게 이런 마음이었을까? 나는 여태 무엇에 미쳐서 무엇을 의지하면서 살아왔던가' 하는 생각이 들었습니다.

순간 떠오른 지나온 나의 삶은 아픈 아들보다 더 엉망이고 제멋대로였습니다. 주님은 아들의 사건으로 저를 찾아오시고 혈기와 중독으로 병든 내 영혼을 날 선 검으로 수술해 주셨습니다(12절). 예배와 말씀을 사모하는 마음을 주셔서 니골라 당의 교훈을 떠나 회개하게 하셨습니다(15절). 교회 공동체 안에서 세상 즐거움을 끊게 하시고, 말씀을 읽고 듣고 지키는 새로운 삶을 살게 하셨습니다. 죄 중에 있던 저를 "네가 어디 사는 것을 내가 아노니" 부르시고, 회개하여 주님께로 돌이키도록 함께 싸워 주신 하나님을 사랑합니다(13절).

영혼의 기도

하나님 아버지, 내 옆에서 항상 나를 위해 싸워 주는 사람이 없어서 인생이 너무 외로웠습니다. 그런데 주님이 기적같이 오늘 내게 와 주셨습니다. 환경은 똑같지만 나를 위해 싸워 주시는 주님을 만났습니다. 최고의 환경인 에덴에서도 죄가 범해졌는데, 우리의 가장 큰 선물은 주께서 내 옆에 계시는 것입니다.

주님, 우리는 죄에서 일어날 줄 모릅니다. 핍박과 유혹 속에서 정죄감과 자책감에 빠져 살아갑니다. 그러나 주님은 나의 등 뒤에서 나에게 일어나 걸으라고 하십니다. 핍박에서도 유혹에서도 싸워 주겠다고 하십니다. 감추인 말씀이 깨달아지게 하시고, 양식을 주시면서 내 죄를 묻지 않고 흰 돌을 주겠다고 약속하십니다. 새 이름을 주겠다고 하십니다.

주님, 내가 니골라 당과 발람의 교훈을 좋아하면서도 그것이 우상인지도, 죄인지도 모르고 살아갑니다. 그러나 나를 위해 싸워 주시는 주님, 나의 죄에 무너지지 않게 해 주옵소서. 말씀의 예리한 검으로 내 속의 나쁜 것들을, 암 덩어리와 피고름을 수술해 주옵소서. 새사람이 되게 해 주옵소서. 새 삶을 살게 하여 주옵소서.

주여, 도와주시옵고 불쌍히 여겨 주시옵소서. 이제 하나님과 영적 후사를 위해서 살아가는 우리가 되기를, 삶의 목적이 바뀌기를 원합니다. 나의 인간적인 외로움은 다 물러간 줄 믿습니다. 예수님 이름으로 기도합니다. 아멘.

Chapter 8

1등을 바라는 것은 음행입니다

요한계시록 2장 18~29절

하나님 아버지, 세상에서 1등 되고자 하는 것이
이세벨의 음행이라고 하십니다.
어떻게 이 음행을 깨뜨릴 수 있는지 알기 원합니다.

지상의 모든 교회는 약점을 가지고 있습니다. 그러나 교회가 불안정하다고 우리의 구원도 불안정한 것은 아닙니다. 에베소서 2장 8절에 "너희는 그 은혜에 의하여 믿음으로 말미암아 구원을 받았으니 이것은 너희에게서 난 것이 아니요 하나님의 선물이라"고 합니다. 다시 말해 구원은 믿음으로 얻는 것이지 행위로 얻는 것이 아니라는 말씀입니다. 비록 지상 교회가 약점이 많고 불안정하지만, 하나님의 은혜로 지금도 성화되는 과정에 있는 줄 믿습니다.

소아시아의 일곱 교회가 겪는 환난도 이 약점을 바로잡기 위한 하나님의 훈련입니다. 우리 각자는 하나님의 성전인데 그런 우리에게도 얼마나 약점이 많습니까. 그래서 하나님께서 환난을 겪게 하십니다.

하나님께서는 요한계시록을 통해 네 번째 교회, 두아디라 교회에 대해서 말씀하십니다. 두아디라는 버가모에서 동남쪽으로 약 64km 정도 떨어진 곳에 위치한 작은 상공업 도시로, B.C. 190년 로마군에 점령되었습니다. 로마의 군사적 간선도로가 이 두아디라에 있었는데, 팍스로마나 시대가 도래하면서 로마에 평화가 찾아오자 그 길이 통상로가 되어 무역이 번창했습니다. 그 결과 두아디라는 일찍부터 동업 조합(길드)이 발달하여 그들이 상권을 장악했습니다. 구리 세공업, 염색업이 두아디라의 대표 산업이었고 양모, 도자기, 피혁, 아마포 등이 대표 동업 조합이었습니다. 빌립보에서 바울에게 전도를 받아 유럽 전도의 효시가 된 자색 옷감 장사 루디아가 바로 이 두아디라 출신이었습니다(행 16:14).

두아디라의 동업 조합에는 저마다 수호신이 있었는데, 정기적으로 그 우상에 제사하며 제사 음식으로 질탕한 잔치판을 벌여 음행을 일삼기도 했습니다. 여기에 동조하지 않으면 당장 사업에 문제가 생기고 경제적인 손실이 찾아왔죠.

두아디라는 다른 도시들처럼 그리스도인들에 대한 핍박이 심하지는 않았습니다. 그러나 상업이 발달한 곳 치고 죄와 타협하고 부패하지 않은 곳이 없기에, 두아디라의 사회적 분위기 역시 그랬으리라고 짐작할 수 있습니다. 그래서 성경신학자 허머(Hermer)는 이 두아디라 교회를 향한 메시지를 두고 "일곱 편지 중 가장 길고 가장 어려운 편지가 가장 알려지지 않고 가장 중요하지 않고 가장 유명하지 않은 도시에 전해졌다"라고 말했습니다. 두아디라의 죄악이 얼마나 심하면 이렇게까지 말했을까요? 그러고 보면 죄악의 크기는 도시의 크기와는 상관이 없는 것 같습니다.

하나님께서는 이러한 두아디라 교회를 향해 "각 사람의 행위대로 갚아 주겠다"고 말씀하십니다(2:23). 주님이 어떻게 갚아 주시는지 살펴보겠습니다.

하나님의 아들이 그 행위대로 갚아 주십니다

두아디라 교회의 사자에게 편지하라 그 눈이 불꽃같고 그 발이 빛난 주석과 같은 하나님의 아들이 이르시되 _계 2:18

이번에도 하나님은 두아디라의 상황에 맞게 자신을 소개하십니다. 첫째, 그 눈이 불꽃같다고 하십니다. 당시 두아디라에는 청동 제련소가 있었기에, 두아디라 교인들에게 불꽃이나 주석은 매우 익숙한 단어였습니다. 생각해 보세요. 누군가 나를 불꽃같은 눈으로 지켜보고 있다면 어떨 것 같습니까? 오금이 저려서 살 수 없지 않겠습니까. 그런데 지금 주님께서 두아디라 교인들을 향해 "너희의 음행을 내가 불꽃같은 눈으로 지켜보고 있다!"고 하십니다.

둘째, 그 발이 빛난 주석과 같다고 하십니다. 빛난 주석은 많은 시련과 고난 가운데 연단된 모습을 의미합니다. 동시에 무거운 금속을 의미하기도 하죠. 즉, 부패하고 죄에 물든 두아디라를 주님이 빛난 주석과 같은 무거운 발로 딱 밟으시면 남아날 자가 없음을 알려 주시는 것입니다.

셋째, 하나님의 아들이라고 하십니다. 요한계시록에 등장하는 일곱 교회 중 주님이 자신을 '하나님의 아들'이라고 표현한 교회는 두아디라 교회가 유일합니다. 왜 그럴까요? 그들이 제우스의 아들 아폴로를 신으로 삼고 숭상했기 때문입니다. 그런 두아디라에게 제우스의 아들이 아닌 하나님의 아들이신 예수님이 참 신인 것을 분명히 알리신 것입니다. 오직 예수님만이 우리가 경배해야 할 대상임을 알려 주신 것이죠.

당시 아폴로는 태양을 주관하는 신이었습니다. 일요일의 '일' 자를 한자 '해 일(日)'로 쓰는 이유가 바로 여기에 있습니다. 영어로 'sunday'라고 하는 것도 그 이유에서죠. 그래서 하나님을 섬기는 그리스도인들은 주일을 일요일이라고 해서는 안 됩니다. 일요일이 아니라 하나님의 아들이신 주님의 날, '주일(主日)'이라고 말해야 합니다.

• 나를 불꽃같은 눈으로 지켜보시는 하나님의 시선을 느끼며 살아갑니까?
• 하나님의 날인 주일에 하나님보다 더 중요하게 생각하는 것은 무엇입니까?

나중 행위가 처음 것보다 많다고 칭찬하십니다

내가 네 사업과 사랑과 믿음과 섬김과 인내를 아노니 네 나중 행위가 처음 것보다 많도다 _계 2:19

하나님은 두아디라의 여러 행위 중에 먼저 칭찬 받을 만한 행위를 언급하십니다. 두아디라 교인들의 나중 행위가 처음 것보다 많음을 칭찬하십니다. 주님은 두아디라 교회의 사랑과 믿음, 섬김과 인내의 행위가 처음보다도 더욱 풍성해진 것을 기뻐하십니다. 여기서 '섬긴다'는 것은 내게 책임이 없어도 보살피고 도와준다는 뜻입니다. 자기 입맛을 따지지 않고 종의 입장, 어머니 입장에서 상대방을 생각한다는 것입니다.

교회에 다니기는 하지만 주일날 예배만 딱 드리고 교회 문을 나서는 사람이 참 많습니다. 저는 이런 분들이 가장 불쌍하다고 생각합니다. 도움을 받는 사람이 불쌍한 사람이 아니라, 도움을 줄 줄 모르는 사람이 불쌍한 사람입니다. 교회마다 섬기고 도울 일이 얼마나 많은지 모릅니다. 안내, 주차, 청소, 분리수거, 식당 봉사 등 돌아보면 곳곳에 우리의 손길을 필요로 하는 곳이 참 많습니다. 그런데 이런 힘든 일은 내 일이 아니라고 여깁니다.

어떤 일이든지 쉽지 않지만, 저는 가장 힘든 섬김은 주차 봉사라고 생각합니다. 우리들교회에서 주차 봉사를 하시는 집사님들의 이야기를 들어 보면 그 고충이 말도 못합니다. 새신자나 장애인을 위해 자리를 마련해 두면 꼭 그 자리에 주차하는 기존 성도가 있답니다. 물론 각자 사정이야 있겠지만, 그런 사람을 보면 너무 얄미워서 한 대 콱 쥐어박고 싶답니다. 그러니 주차위원을 하다가 시험에 들어서 교회를 박차고 나가는 사람이 한둘이 아닙니다. 초신자는 절대로 해서는 안 되는 봉사가 바로 주차 봉사입니다. 그러나 이렇게 힘든 자리에서도 최선을 다할 때 하나님께서 불꽃같은 눈으로 지켜보시면서 그 섬김을 기억하실 줄 믿습니다. 하나님이 내 마음의 신음과 괴로움을 다 기억하고 칭찬하십니다.

두아디라 교회의 섬김이 처음보다 나중에 더 많았다는 것은 이 교회가 성장하는 교회이며, 봉사에 열심을 내는 교회였다는 뜻입니다. 에베소 교회는 처음 사랑을 잃어버렸다고 하지 않았습니까? 그런데 처음보다 나중이 더 좋았다고 하니 얼마나 훌륭한 교회입니까? 그러나 칭찬도 잠시입니다.

• 힘든 일은 내 일이 아니라며 교회에서 섬기는 것을 기피하지는 않습니까?
• 봉사를 하면서 어떤 때에 시험에 듭니까? 그 마음까지도 하나님께서 불꽃같은 눈으로 지켜보며 위로하신다는 사실을 믿습니까?

두아디라 교회에 책망할 행위가 있다고 하십니다

첫째, 하나님은 음행을 용납한 그들의 행위를 책망하십니다.

그러나 네게 책망할 일이 있노라 자칭 선지자라 하는 여자 이세벨을 네가 용납함이니 그가 내 종들을 가르쳐 꾀어 행음하게 하고 우상의 제물을 먹게 하는도다 _계 2:20

자칭 선지자라고 하는 여자가 하나님의 종들을 꾀었다고 합니다. 음행을 용납한 두아디라 교회의 행위가 19절에서 말씀하신 여섯 가지 칭찬거리를 무색하게 하는, 매우 심각한 죄라고 말씀하십니다. 이단을 용납함으로 그동안 행한 진리의 행위들이 하루아침에 초토가 되는 것입니다.

그래서 이단이 참 무섭습니다. 특히 요즘 신천지가 얼마나 맹위를 떨치는지 모릅니다. 오죽하면 어느 교회 목사님은 "신천지를 경계하라"는 제목으로 설교를 하셨습니다. 신천지는 성경을 무턱대고 비유로 풀어 댑니다. 비유로 풀어야 할 말씀이 있고 그래서는 안 되는 말씀이 있는데, 무턱대고 비유 풀이를 해서 사람들을 현혹합니다. 그러나 이 모든 것은 거짓입니다. 속이는 것입니다. 그들은 성도들에게 접근할 때 신천지라고 신분을 밝히지도 않습니다. 그것부터가 그들이 이단이라는 증거입니다. 어떻게 거짓말을 하면서 예수님의 복음을 가르칠 수 있겠습니까?

우리가 교회를 진정 사랑하면 이런 이단의 말에 현혹되지 않습니다. 그런데 왜 거짓말에 넘어갑니까? 내게 욕심이 있어서 그렇습니다. 하나님께 택함 받은 자는 절대로 갈 수 없는 곳이 이단입니다.

두아디라 교회에도 이단이 등장했습니다. 자칭 선지자라고 하는 여자 이세벨이 하나님의 종들을 꾀고 행음하게 하여 우상의 제물을 먹게 했다고 합니다. 이세벨이 누구입니까? 그녀는 구약의 시돈 왕 엣바알의 딸이자 아합 왕의 아내로, 하나님의 백성인 남유다와 북이스라엘을 영육으로 넘어지게 한 아주 무서운 여자입니다. 철저히 세상에 속한 사람이요, 사탄의 딸이라고 할 수 있습니다. 북이스라엘 아합 가문에 시집을 와서 이스라엘 전역에 바알 숭배를 보급하고 여호와의 선지자들을 몰살시키려 했던 사탄의 우두머리입니다. 세상적으로도 얼마나 대단한지, 엘리야 선지자도 그녀가 무서워서 광야로 도망을 갔습니다(왕상 19:1~4). 물론 요한계시록에 등장한 이 여자가 구약의 이세벨과 동일인은 아니겠지요. 이세벨이라는 별칭이 붙을 만큼 성도들에게 상당한 영향력을 행사했다는 것입니다. 한번 보면 마음을 빼앗길 정도로 매력도 있었나 봅니다.

이 이세벨은 합리적이고 교묘한 논리로 말씀을 들이대면서 사람들을 꼬였습니다. 우상에게 절하고 그 제물을 먹는 것이 무엇이 문제냐고 합니다. 우상에게 절하지 않으면 생계가 막히지 않느냐고, 성공복음과 기복신앙이 왜 나쁘냐고, 잘 먹고 잘살려고 예수 믿는 것이지 내가 못살면 예수가 무슨 소용이냐고 합니다. 이런 말들이 얼마나 그럴듯합니까? 우상에게 절하는 걸 합리화하여 당장 돈을 벌게 해 주니 사람들이 안 넘어가고 배기겠습니까? 이렇게 이세벨은 죄에 노출된 악하고 음란한 성도들을 교묘히 음행으로 이끌었습니다.

그런데 이세벨이 많은 사람에게 영향을 끼칠 수 있었던 이유가 무엇일까요? 아합의 아내 이세벨의 집안은 요즘으로 말하자면 재벌 집안이었습니다. 아버지도 왕에다 시아버지도 왕, 남편도 왕, 아들도 왕인 그야말로 로열패밀리였죠. 이세벨은 왕족의 명예를 유지하고자 자신의 딸 아달랴를 유다 여호사밧 왕의 아들 여호람에게 시집보냈습니다. 그런데 그 일로 유다가 초토화됐습니다. 아달랴의 영향으로 유다 백성은 바알 숭배에 물들고, 남유다 왕족의 계보가 끊길 뻔한 큰 위기를 맞기도 했습니다. 그래서 마태복음 1장 예수님의 계보에는 이 아달랴 계열의 네 왕의 이름이 빠져 있습니다.

그런데도 우리는 이세벨을 부러워합니다. 학벌, 외모, 재력 등 모든 것을 갖춘 이세벨 같은 사람을 동경하며 좇아갑니다. 자녀를 세상 왕으로 만들고 싶어서, 세상 왕과 결혼시키고 싶어서 불철주야 수고합니다. 유명 학원, 과외 강사, 입시요강을 줄줄이 꾀면서 이세벨처럼 불타는 교육열과 출세욕을 앞세웁니다. 그러나 이런 잘못된 욕망 때문에 나와 내 가정이 예수님의 계보에서 끊어질 수 있다는 것을 기억해야 합니다.

아합이 그랬습니다. "예로부터 아합과 같이 그 자신을 팔아 여호와 앞에서 악을 행한 자가 없음은 그를 그의 아내 이세벨이 충동하였음이라"(왕상 21:25). 아합이 악을 행한 것이 이세벨에게 충동당했기 때문이라고 합니다. 이세벨에 충동당한 후 남은 것은 멸망뿐이었습니다. 그러니 이세벨을 부러워하는 마음이 곧 우상숭배입니다.

그런데 이세벨을 따르는 것이 분명 우상숭배임에도 문제는 죄의식이 없다는 겁니다. 그것이 자녀를 사랑하고 위하는 마음으로 둔갑해 우리 안에 자리매김하기 때문입니다. 자식을 공부 시키면서 죄의식을 느끼는 부모가 어디 있겠습니까? 자식을 위해 애쓰고 노력하는데 누가 뭐라하겠습니까? 게다가 이세벨이 입으로는 교묘히 예수 이야기를 하니까 안 넘어갈 자가 없습니다. 도리어 남편도 왕, 자식도 왕인 이세벨은 하나님을 너무 잘 믿어서 복을 받았다고 합니다. 저 사람이 믿은 예수를 믿어야 우리 아이도 공부를 잘할 것 같아서 죄다 충동을 당합니다.

어떠세요? 내 옆에 이세벨 같은 사람이 있다면 넘어가지 않을 자신이 있습니까? 지금까지 우리가 알던 것과는 차원이 다른 정말 무서운 우상입니다.

예일대학교 로스쿨 교수인 에이미 추아(Amy L. Chua)는 『타이거 마더』라는 그녀의 저서에서 두 딸을 하버드대학교에 보낸 비결에 대해 이야기합니다. 그녀는 어린 시절 역사 경시대회에서 2등을 하여 시상식에 가족을 초청했습니다. 그런데 딸이 1등인 줄 알고 참석한 아버지에게서 "다시는 이런 수치스러운 자리에 나를 초청하지 말라"는 말을 들었다고 합니다. 그날 이후로 그녀는 최고가 아니면 안 된다는 마음으로 살아왔고, 자신의 두 딸도 최고로 만들기 위해 노력했습니다.

그녀는 두 딸에게 금지사항을 정해 두었는데, 친구 집에서 자는 것, 아이들끼리만 노는 것, 학교 연극에 참여하는 것, 학교 연극에 참여하지 못한 것을 불평하는 것, 텔레비전 보는 것, 컴퓨터게임 하는 것, 정규 수업 외의 활동을 마음대로 정해서 하는 것, A보다 낮은 점수를 받는 것이었습니다. A⁻도 안 됩니다. 무조건 A, 또는 A⁺를 받아야 했습니다. 체육과 연극 외의 수업에서 1등을 놓쳐서는 안 됐고, 피아노나 바이올린 외 다른 악기를 연주하는 것, 피아노나 바이올린을 연주하지 않는 것도 철저히 금했습니다. 그러면서 그녀는 이렇게 말했습니다.

"뭐든 잘하기 전까지는 재미없는 것이 사실이다. 그렇기 때문에 아이들은 반항하게 마련이다. 그러나 아이가 상을 받고 나면 그때부터 자신감이 생겨 한때 재미없던 것도 재미있는 것으로 바뀐다. 그러므로 부모가 불굴의 의지를 가지고 연습, 연습, 또 연습으로 이끌어야 한다. 오직 끈질긴 연습만이 잘할 수 있는 지름길이다."

이런 정신으로 그녀는 두 딸이 단 하루도 피아노나 바이올린 연습을 거르지 않게 했습니다. 심지어 생일이나 아플 때, 치과 치료를 받고 온 날도 예외가 아니었습니다. 여행을 간다고 해서 연습을 빼먹을 이유는 더더욱 없다고 생각했습니다. 그녀는 딸들에게 이렇게 지적했습니다.

"우리가 휴가를 즐기고 있을 때 김 씨네 아이들은 무엇을 하는 줄 아니? 열심히 연습을 한단다. 김 씨네 가족은 휴가를 떠나지 않았잖아? 너는 그들이 우리보다 앞서 나갔으면 좋겠니?"

이렇게 그녀는 휴가지에서도 하루도 빠지지 않고 아이들을 연습시켰습니다. 결국 딸은 국제 피아노 대회에서 최우수상을 받고 카네기홀에서 화려한 데뷔를 했습니다.

그런데 둘째 딸이 바이올린이 싫다며 반항을 했습니다. 그래서 딸에게 "그러면 네가 하고 싶은 게 뭐니?" 물었더니, 테니스를 하고 싶다고 했답니다. 그때부터 그녀는 미국 테니스협회의 규칙과 절차, 전국 순위, 시스템을 숙지하고 전국 테니스 학원을 다 수소문해서 딸이 훈련할 곳을 찾았습니다. 테니스를 하더라도 1등을 하고 금메달을 따야 하니까 말입니다. 그녀의 사전에 2등이나 은메달은 없었습니다. 무엇을 하든 목표는 1등이고 금메달이었습니다.

둘째 딸이 엄마가 끼어드는 것이 싫다고 하여 받아들이기로 했지만, 그렇다고 그녀가 금메달을 포기한 것은 아니었습니다. 전략을 수정하기는 했지만 여전히 자신은 전쟁 중이고 싸움 중이랍니다. 시간이 지나면 엄마가 옳았다는 것을 딸이 알게 될 것이라면서 이 책을 썼습니다.

어떻습니까? 이 교수처럼 자식을 가르쳐야겠다고 생각합니까? 자식들이 하버드대에 입학하고, 국제 피아노 대회에서 최우수상을 받고 카네기홀에서 화려한 데뷔를 한 것이 부럽습니까? 이것이 바로 이세벨의 음행이 아니고 무엇이겠습니까. 성경에도 "할 수 있거든이 무슨 말이냐 믿는 자에게는 능히 하지 못할 일이 없느니라"(막 9:23) 했다면서, 최고만 된다면 무엇을 해도 된다고 교묘히 음행으로 꼬이는 것입니다.

하나님 대신 우상을 숭배해도 문제없다고, 예수를 믿어도 보이는 표적이 있어야 할 것 아니냐고, 예수를 믿었으면 금메달 따고 큰 집에서 좋은 자동차를 타는 표적을 보여야 할 것 아니냐고 충동합니다. 이것이 이세벨의 음행입니다. 굉장한 수고가 있었던 두아디라 교회에도 맨 끝에는 표적이 있었습니다.

마태복음 12장 39절에 "예수께서 대답하여 이르시되 악하고 음란한 세대가 표적을 구하나 선지자 요나의 표적밖에는 보일 표적이 없느니라"고 합니다. 예수님은 이 세대의 특징을 '악하고 음란하다'라고 정의하십니다. 음란은 혼외정사, 즉 간통을 의미합니다. 그리스도인들이 음란에 빠져 신앙을 잃어버리면 말씀에 만족하지 못하고 그때부터 표적을 구합니다. 그래서 악하고 음란한 세대가 구하는 것이 표적입니다. 악하고 음란하게 살기 위해서는 돈과 권력이 있어야 하고 미모가 있어야 하기 때문입니다. 성경은 이런 사람들을 '독사의 자식'이라고 말합니다. 혼외정사에 빠진 사람들을 보세요. 자신들의 행위를 사랑이라고 말합니다. '하나님도 우리의 사랑은 어찌하실 수 없다'고 부르짖으면서 끈질기게 음란을 행합니다.

영적으로 간음을 행하는 성도들도 있습니다. 이들은 학벌와 승진, 건강만을 열심히 구합니다. 말씀은커녕 내 입신양명에만 관심을 쏟습니다. 이것이 음란하게 살면서 표적을 구하는 것과 다를 게 무엇입니까? 열심히 예배드리고 큐티하면서도 끝에는 표적을 구합니다. 표적이 보이지 않으면 교회에 와도 되는 일이 없다면서, 말씀이 안 들린다면서 배우자를 헐뜯고 자식을 탓하고 시부모를 미워합니다. 예수님을 만나는 것이 목적이 아니라 표적신앙만 좇고 있다면, 그것이 바로 이세벨의 음행입니다.

특별히 이세벨은 주의 종들을 꾀어냈다고 합니다. 지금으로 말하면 목사, 사역자들을 꾀어내는 것입니다. 그래서 목사들이 단에 서서 기복신앙을 부르짖습니다. 성경대로 처방하고 십자가를 외치는 것이 아니라 예언 기도를 하고, 일류가 되라며 성공복음만 전하고, 뇌물과 타협하라고 가르치고, 부도가 나면 피해 가라고 꼬드깁니다. 그러나 성경적 가치관이 세워지지 않으면 결국 악하고 음란한 길로 빠진다는 것을 우리는 한시도 잊어서는 안 됩니다.

우리가 보일 표적은 예수님의 십자가뿐입니다. 예수님도 표적을 구하는 바리새인들에게 "선지자 요나의 표적밖에는 보여 줄 것이 없다"고 하셨습니다. 요나의 표적은 이 땅에 오신 예수께서 죽었다가 살아나신 부활 사건의 모형입니다. 그러니 우리도 인생에서 내가 죽었다가 살아난 것, 십자가 진 것밖에는 보여 줄 표적이 없습니다. 예수 믿어서 잘된 것이 아니라 예수님을 따라 십자가를 지는 것이 우리가 보일 표적입니다.

둘째, 회개를 거절한 것을 책망하십니다.

또 내가 그에게 회개할 기회를 주었으되 자기의 음행을 회개하고자 하지 아니하는도다 _계 2:21

하나님은 행음과 우상숭배로 유혹하는 거짓 선지자 이세벨에게 회개할 기회를 주셨습니다. 주님은 구약의 아합과 이세벨에게도 세 번 회개할 기회를 주셨습니다. 첫 번째는 삼 년 반 동안 이스라엘에 가뭄을 주신 때였습니다. 가뭄이 극심해 굶어 죽게 생겼으니 주께 엎드려 회개할 때 아닙니까? 그러나 그들은 회개하지 않았습니다. 두 번째는 엘리야가 갈멜산에서 바알 선지자와 아세라 선지자 850명과 대결하여 승리한 때였습니다. 여호와의 선지자를 죽이려 하다가 도리어 바알 선지자가 몰살당하여도 그들은 회개하지 않았습니다. 세 번째는 엘리야의 기도로 비가 내렸을 때였습니다. 주님의 은혜로 오랜 가뭄이 해결되었는데도 그들은 회개하지 않았습니다. 이렇듯 사탄에 속한 사람은 아무리 회개의 기회를 주어도 회개를 거절합니다. 결국 이들은 "개들이 네 피를 핥으리라"는 저주대로 비참한 죽음을 맞았습니다.

내가 왕으로 살면 뭐 합니까? 자녀가 왕이면 뭐 합니까? 죽음 후에 그들을 맞이한 곳은 지옥입니다. 하나님은 회개를 거절한 사람의 처참한 말로를 우리에게 보여 주십니다. 애굽의 왕 바로도 끝까지 회개를 거부하다가 애굽의 모든 장자가 죽임당하지 않았습니까(출 12:29)? 유다의 마지막 왕 시드기야도 끝내 회개를 거부하다가 두 눈이 뽑히고 개처럼 결박당하여 바벨론으로 끌려가는 수치를 당했습니다(렘 39:7). 마태복음 19장의 부자 청년도 주님이 "네 소유를 팔아 가난한 사람에게 주고 나를 따르라" 하시니 근심하면서 돌아갔습니다. 여기서 '돌아갔다'는 것은 지옥에 갔다는 뜻입니다.

하나님께서 회개할 기회를 주셔도 회개하지 않는 사람이 너무 많습니다. 주님이 회개하라고 하시면 그 즉시 "주님, 제가 잘못했습니다" 하는 사람이 최고입니다. 길을 가다가도, 버스에서도, 운전하다가도 내 잘못이 생각나면 '주님, 잘못했습니다. 용서해 주세요' 해야 합니다. '어제 김 집사님을 미워했는데 용서해 주세요', '그제는 목자를 미워했는데 용서해 주세요' 해야 합니다. 내일 내가 이 세상에 없을 수도 있지 않습니까?

주님은 회개하는 사람을 가장 기뻐하십니다. 회개를 거부해서는 안 됩니다. 우리가 진심으로 잘못을 뉘우치고 회개할 때, 내가 고백하는 모든 죄를 주께서 도말해 주십니다.

- 배우자가 돈 잘 벌어다 주고 자식이 공부 잘하는 지체를 부러워한 적이 있습니까? 누가 이렇게 하면 성공할 수 있다고, 자식을 명문 대학에 보낼 수 있다고 해서 따라간 적이 있습니까?
- 하나님이 회개할 기회를 주시는데 나는 잘못이 없다고 버티고 있지는 않습니까?

회개를 거절할 때 행위대로 갚으십니다

22 볼지어다 내가 그를 침상에 던질 터이요 또 그와 더불어 간음하는 자들도 만일 그의 행위를 회개하지 아니하면 큰 환난 가운데에 던지고 23 또 내가 사망으로 그의 자녀를 죽이리니 모든 교회가 나는 사람의 뜻과 마음을 살피는 자인 줄 알지라 내가 너희 각 사람의 행위대로 갚아 주리라
_ 계 2:22~23

음행을 저지르고도 회개하지 않으면 하나님께서 그를 침상에 던진다고 하십니다. 음행을 저질렀던 침상이 곧 병상이 되어 거기서 일어나지 못하리라고 하십니다. 즉, 회개하지 않으면 큰 환난 가운데 던져져 결국

사망으로 간다는 것입니다. 그뿐만이 아닙니다. 회개하지 않는 자뿐만 아니라 그의 자녀도 사망에 이르게 되리라고 하십니다. 내가 침상에서 엎드러져 있는데 누구를 구원시킬 수 있겠습니까? 실제로 예후에 의해 아합의 70명의 아들들이 한꺼번에 죽임을 당했습니다(왕하 10장). 우리가 회개하지 않으면 영적 후손도 기대할 수 없습니다. 회개하지 않는 자의 결국은 멸망입니다.

이세벨은 모든 것을 이루고 누린 사람입니다. 사람들을 꼬이고 음행에 빠지게 하면서도 세상의 인정을 받았습니다. 그러나 그 인생의 결론을 보세요. 남편도 자신도 처참하게 죽었습니다. 자식들도 다 사망에 던져졌습니다. 겉은 그럴듯해 보여도 열매가 하나도 없었습니다. 침상에 던져져 병으로 죽어 가는데도 그 옆을 지켜 주는 사람이 아무도 없었습니다. 그녀의 행위대로 주님이 갚으셨습니다.

내가 이 세상에서 멋지게 살았어도 예수 안 믿으면, 회개하지 않으면 구원은 없습니다. 제아무리 아버지가 왕이고 남편이 왕이고 자식이 왕이라고 한들 구원 받지 못하면 멸망입니다.

• 지금 내가 회개해야 할 것은 무엇입니까? 행위대로 갚으실 하나님을 두려워합니까?

남은 자에 대한 약속이 있습니다

두아디라에 남아 있어 이 교훈을 받지 아니하고 소위 사탄의 깊은 것을 알지 못하는 너희에게 말하노니 다른 짐으로 너희에게 지울 것은 없노라 _계 2:24

남은 자로서 이세벨의 교훈을 받지 않은 자가 있습니다. 그들에게는 하나님이 다른 짐을 지울 것이 없다고 하십니다. 그들은 이미 큰 짐을 지고 있기 때문입니다. 이세벨을 따라 음행하지 않았다는 이유로 직업을 빼앗기고 세상에서 외면당할 테니 그것만으로도 큰 짐입니다.

사탄의 깊은 것을 알게 된 자들은 그것에 유혹당해 넘어지게 됐습니다. 사탄의 깊은 것이 무엇입니까? 겉으론 안 그런 척하지만 우리가 초월적 세계에 얼마나 관심을 쏟습니까? 신비주의, 점술, 환생, 기복주의에 빠져서 뒤로는 점을 보러 다니고, 심지어 교회 안에서도 예수 점쟁이들을 찾는 사람들이 있습니다. 사탄의 깊은 것으로 꼬이는데도 그걸 보고 멋있다고 합니다.

이단도 보세요. 그들의 이야기를 표면적으로 들으면 다 맞는 말 같습니다. 그러나 더 깊이 들어가 보면 모두 거짓입니다. 그 끝이 다르기 때문에 이단입니다. 그래서 이단을 분별하기가 어렵습니다. 처음 예수를 믿는데 그게 이단인지 삼단인지 어떻게 압니까? 그러니 공교회 협회에서 신앙의 선배들이 이단이라고 정했으면 묻지도 따지지도 말고 안 가는 것이 겸손한 태도입니다. 그런데 어떤 사람들은 "내가 가서 들어 보니 틀린 말이 하나도 없다" 하면서 오히려 이단 편을 듭니다. 얼마나 교만한 태도입니까.

다만 너희에게 있는 것을 내가 올 때까지 굳게 잡으라 _계 2:25

그러니까 우리가 처한 이 환경에서 복음을 굳게 잡고 있어야 합니다. 시편 16편 6절에 "내게 줄로 재어 준 구역은 아름다운 곳에 있음이여 나의 기업이 실로 아름답도다"라고 합니다. 내 남편, 내 아내, 내 자녀, 내 구역…… 너무 힘든 내 삶의 터전에서 복음을 굳게 잡는 그것이 하나님의 일이라는 것입니다. 이세벨의 교훈을 따르지 않고, 세상과 타협하지 않으며 주일을 지키고 예배드리기에 힘쓰는 것 자체가 하나님의 일입니다. 내가 다른 데 보지 않고 주일예배, 수요예배, 목장예배 가는 것이 복음을 굳게 잡는 것입니다. 이것 자체가 우리에게 큰 짐입니다. 그러니 주님이 다른 짐을 지우실 것이 없습니다.

어떤 분들은 교회 가는 것이 고난이라고 합니다. 정말 그렇습니다. 배우자의 반대, 부모의 핍박, 가족의 비난을 뚫고 어렵게 교회에 오시는 분들이 있습니다. 이런 분들은 교회 오는 것 자체가 고난이기에 다른 고난이 대수롭지 않습니다. 예배를 지키는 것만으로도 너무도 큰 짐이라 하나님이 다른 짐을 안 주십니다. 그런데 이 고난을 안 당하려고 이세벨을 따르고 세상과 타협하면 정말 생각도 하기 싫은 짐을 지게 됩니다. 침상에 던져져 환난이 오고, 사망이 역사합니다. 그것보다는 교회 가는 일이 고난인 것이 낫지 않습니까? 복음을 굳게 잡아 나도 천국 가고, 주변 사람과 가족을 주께 인도하는 것이 낫지 않겠습니까?

26 이기는 자와 끝까지 내 일을 지키는 그에게 만국을 다스리는 권세를

202

주리니 27 그가 철장을 가지고 그들을 다스려 질그릇 깨뜨리는 것과 같이 하리라 나도 내 아버지께 받은 것이 그러하니라 28 내가 또 그에게 새벽별을 주리라 29 귀 있는 자는 성령이 교회들에게 하시는 말씀을 들을지어다

_계 2:26~29

하나님께서는 자기에게 줄로 재어 주신 구역을 잘 지키는 자에게 만국을 다스리는 권세를 주겠다고 하십니다. 또한 죄의 숨은 어둠을 드러내고 말씀으로 쳐서 깨뜨리는 철장 권세를 주겠다고 하십니다. 마치 철장으로 질그릇을 산산조각 내듯 사탄의 세력을 깨뜨릴 수 있는 권세를 주시겠다는 것입니다. 당시 두아디라에는 옹기장이가 많았기 때문에 두아디라 교인들은 이 말씀의 의미가 생생히 다가왔을 것입니다.

주님은 더 나아가 새벽별을 주겠다고 약속하십니다. 새벽별은 예수 그리스도를 의미하는 말로, 예수님 자신을 상급으로 주시겠다는 말씀입니다. 주께서 나와 영원히 함께하시겠다는 의미입니다. 또한 철장과 새벽별 말씀은 우리에게 통치의 권세를 약속해 주시는 것이기도 합니다. 복음을 굳게 붙잡는 자는 왕 같은 주의 제사장 되어 영롱한 새벽별과 같이 빛난 영광을 누리게 될 것입니다.

음행의 죄는 철장으로 깨뜨려야 합니다. 사탄의 깊은 것에 들어가면 어떻습니까? 음행은 흔적을 남기지 않기에 너나없이 음란의 죄를 짓습니다. 그래서 이성 간의 심방이나 전도도 삼가야 합니다. 오해할 여지는 만들지 말아야 합니다. 사람의 뜻과 마음을 살피시는 주님은 잘못된 교제를 반드시 밝히 드러내십니다. 우리가 어떤 마음으로 교제하는지 불꽃같은

눈으로 꿰뚫어 보십니다. 그러니 잘못된 관계에 괜히 미련을 두고 꺼진 불이 다시 살아나게 만들지 마십시오. 다시 말하지만 음행의 문제는 철장으로 무섭게 깨뜨려야 합니다. 주님도 이것이 얼마나 힘든지 아시고 순종하는 자에게 새벽별을 주겠다고 하지 않으십니까? 말씀에 순종하여 음행을 끊어 내는 자에게 다른 사람들을 영롱하게 비추는 새벽별의 권세를 주겠다고 하십니다.

세상은 니체와 같은 철학자들의 말에 감동합니다. 깊이 있는 깨달음으로 여기고 여기저기서 인용합니다. 그러나 예수가 없는 깨달음은 사탄의 깊은 것에 지나지 않습니다. 아무리 감동적이고 허를 찌르는 말이라도 예수님의 말씀보다 더 귀한 것은 없습니다.

바버라 에런라이크(Barbara Ehrenreich)의 저서 『긍정의 배신』에 나온 내용입니다. 우리가 잘 아는 로버트 슐러(Robert Schuller), 빌 하이벨스(Bill Hybels)와 같은 목사들은 잠재적 신도를 대상으로 여론조사를 실시해서 초대형 교회의 기반을 다졌습니다. 흔히 제3세계 교회들이 지역 주민을 위해 의료서비스를 제공하고 학교를 운영하고 음악·문화 등을 가르치며 전도를 하는데, 최근 초대형 교회가 그 형식을 가져다가 미취학 아동교육, 십 대 갱생활동, 취업 지원, 건강박람회, 이혼한 사람들을 위한 모임, 에어로빅 강좌 등 총체적인 종합센터로서 서비스를 제공한다고 합니다. 교회가 그 많은 일을 하는 이유가 무엇일까요?

교회의 본질은 회개와 구원을 위한 말씀 선포입니다. 사람들이 죄를 고백하고 회개하도록 구원의 말씀을 전해야 합니다. 그런데 오늘날 교회들은 성도들이 꺼려한다는 이유로 오히려 본질을 방해물로 여기며 내던

집니다. 일주일 동안 세상에서 고생하다가 주일 하루 교회에 오는데 성도들이 죄책감을 느끼게 하는 설교를 좋아하겠느냐고, "회개하지 않으면 지옥 갑니다" 하는 설교를 듣고 싶겠느냐고 반문합니다.

그래서 교회는 그 메시지를 대체하기 위해 긍정적 사고를 펼치기 시작했습니다. 주님 안에서 우리는 불가능이 없다고, 뭐든 긍정적으로 적극적으로 생각하면 이루어진다고 가르치게 된 것입니다. 전통적인 설교는 자취를 감추고 세속적인 물질세계에 몸담고 있는 사람들을 만족시키기 위해 교회가 존재하기 시작한 것입니다.

빌 하이벨스 목사의 윌로우크릭 교회에는 경영 전담팀이 있다고 합니다. MBA 학위를 가진 사람들이 교회 경영을 책임지고 전문가의 컨설팅을 통하여 하버드대학 MBA의 경영전략 사례로 뽑힌 적도 있습니다. 그러나 교회와 기업에는 엄연한 차이가 있어야 하지 않습니까? 교회는 하나님의 관점에서 우리 인간이 얼마나 죄인인지 알려 주어야 합니다. 그런데 본질은 뒤로하고 교회 경영 서비스에만 신경을 씁니다. 그러니 십일조를 안 드리고 예배에 자주 빠져도 전혀 문제 삼지 않습니다. "죄를 지으면 안 된다"고 말하는 사람도 없습니다. 심지어 이런 부분이 초대형 교회의 매력 포인트라고 합니다. 교회나 기업이나 외치는 메시지가 똑같습니다. 당신은 멋진 집과 자동차는 물론 쇼핑몰에 있는 모든 것을 가질 수 있다고, 당신에게 그런 능력이 있다는 것을 믿기만 하면 된다고, 능력 주시는 자 안에서 모든 것을 할 수 있다고 말합니다. 그런데 그 이면에는 숨죽인 목소리로 경고하는 어두운 메시지가 있습니다.

"네가 원하는 것을 갖지 못하면, 스스로 불행하다고 느낀다면, 용기를 잃거나 패배한다면 그것은 전적으로 당신 책임이다." "우리는 긍정적으로 생각하고 노력하면 무엇이든 할 수 있는데, 그러지 못하는 것은 당신의 노력이 부족해서, 당신이 긍정의 능력을 믿지 않아서이다."

이런 긍정 신학은 아름다움과 초월을 강조하면서 실상 자비가 없는 세계를 완성하고 승인합니다. 그러니 교인들이 인생에 문제가 생기면 자책감에 짓눌려 교회를 떠나 버립니다. 누군가는 극단적인 선택을 하기도 합니다. 자살이 유행인 시대가 됐습니다.

이것이 이세벨의 음행과 다를 것이 무엇입니까? '하나님을 믿으면 무엇이든지 할 수 있다. 공부도 잘할 수 있다' 사람들을 현혹하면서 죄의식도 없습니다. 교인들도 나와 자녀를 위한다는 명목 아래 분별없이 따라갑니다. 지도자까지 꾀어내서 우상의 제물을 먹게 하고 타협하게 만듭니다. '내가 모든 것을 할 수 있느니라'는 성경 말씀을 교묘히 인용해 가면서 사람들의 기호를 만족시키고 허탄한 위로를 남발합니다.

우리들교회의 한 집사님의 간증입니다.

한때 은행 지점장이었던 저는 인생에 전성기만 있을 줄 알았습니다. 흉년이 오리라는 생각은 한 번도 해 본 적이 없었습니다. 이 생활이 영원할 줄 알았습니다. 그러다 명예퇴직을 했습니다. 퇴직 후 연봉 삼천만 원의 자리를 제안 받았지만, 지금껏 일억 이상의 연봉을 받아 온 제게는 우습게만 느껴졌습니다. 대신 임원직에, 차도 주고, 집도 주는 어느 건설회사를 택했습니다. 그것이 잘못이었습니다. 그 회사는 제 신앙 양심으로서는 말도 안 되는 곳이었습니다. 삼천만 원으로 내려가는 것이 싫어서 잘못된 선택을 한 것입니다. 제 결정적인 실수는 건설회사에 간 후에도 씀씀이를 줄이지 못한 것입니다. 자식들에게 이제 아버지의 시대가 끝났다고 이야기했어야 하는데 그러지 못했습니다. 친척들 앞에서도 허풍을 떨면서 돈을 썼습니다. 아내가 외제차가 멋있다고 하니 "그까짓 것 못 사주냐" 하면서 오억 원을 대출해서 주식투자를 했습니다. 그러다 쫄딱 망하고 졸지에 숨도 쉴 수 없게 되었습니다. 게다가 은행 지점장을 할 때 돈을 마구 대출 받아 빚이 십오억인데, 앞으로 해결 못 하면 꼼짝없이 부도를 맞게 생겼습니다.

저는 은행에서 예금 압류 통지가 오면 계좌를 압류하는 일을 했습니다. 그 일을 하면서 '나도 이 길을 가게 되지는 않을까', '누가 내 통장을 압류하지는 않을까' 걱정했는데 결국 그 일이 제게도 일어났습니다. 또 부도난 사람들을 보고 "신앙생활 똑바로 못 해서 그래, 성실하지 못 해서 그래" 판단하던 제가 그 꼴이 됐습니다.

지금 저는 용역에서 보내 준 회사에 출근합니다. 월급은 적지만 5시 30분이면 칼퇴근을 합니다. 누가 물어보면 은행에 다닌다고 뻥쳤지만 사실은 용역입니다. 은행 지점장일 때는 직원들을 시키면 되었기에 컴퓨터를 쓸 일도 없었습니다. 그런 제가 지금은 저녁에 컴퓨터를 배우느라 인생이 힘듭니다.

'연봉 일억 원 받던 사람이 어떻게 삼천만 원 받고 일할 수 있어!' 이것이 이세벨의 교훈을 따르는 생각입니다. 자신의 낮아진 환경이 해석되지 않아 더러 자살하는 사람도 생겨나는 이때, 이 집사님은 모든 것을 오픈하고 드디어 교회의 목자가 되셨습니다.

내가 이세벨에게 넘어가서 빚을 졌으면 죄를 인정하고 빚을 갚아야지 왜 자살을 합니까? 우리의 교회가 이런 걸 보여 주는 곳이 되어야 합니다. 만날 잘난 것만 축복이라고 하니까 힘든 일이 생기면 감추려 애쓰다가 극단적인 선택을 합니다. 하나님이 이런 현실이 너무 안타까우셔서 우리에게 만국을 깨뜨리는 철장 권세를 주겠다고 하십니다. 그 철장 권세로 음행을 다 깨뜨리라고 하십니다. 우리가 이런 음행을 오픈할 때 모든 죄가 깨질 줄 믿습니다.

교회가 축복 이야기를 하면 성도가 바글거리고, 고난 이야기를 하면 성도가 반으로 줄어들고, 죄 이야기를 하면 아무도 안 온다고 합니다. 그러나 교회는 환난당하고 빚지고 원통한 자들이 모이는 곳이어야 합니다. 성공·출세가 아니라 오직 십자가를 외치는 곳이 되어야 합니다.

줄로 재어 주신 환경에서 복음을 굳게 잡는 사람에게 주님은 철장의 권세와 영롱한 새벽별의 영광을 허락하십니다. 내 힘으로는 아무것도 할 수 없지만 주님의 보혈을 의지하여 하나님의 보좌 앞에 나아가기를 바랍니다.

- 지금 나에게 어떤 고난이 있습니까? 그 고난 중에도 주일에 교회에 와서 예배드리면서 복음을 붙잡고 있습니까? 어렵게 예배드리는 것 자체가 너무도 큰 짐이기 때문에 하나님께서 다른 짐을 지우지 않으심을 믿습니까?
- 고난을 피하려고 이세벨의 꼬임에 넘어가면 더 큰 고난이 온다는 사실을 믿습니까?

우리도 인생에서 내가 죽었다가 살아난 것,
십자가 진 것밖에는 보여 줄 표적이 없습니다.
예수 믿어서 잘된 것이 아니라 예수님을 따라
십자가를 지는 것이 우리가 보일 표적입니다.

두 집 살림하시던 아버지 아래서 자라며 불쌍한 어머니에게 효도하는 것이 제 인생의 목표가 되었습니다. 그래서 결혼 후 어머니를 모시고 살면서 모든 것을 어머니 입장에서 행했습니다. 심지어 저는 "이럴 거면 어머니하고 살지 왜 결혼했냐"는 아내를 때려 실신시키기도 했습니다. 그로 인해 아내는 우울증이 심해졌습니다.

그러다 IMF 외환 위기 때 직장에서 짤릴 고비를 맞았습니다. 그러나 고통 가운데 울며 표적을 구했더니 기적적으로 문제가 해결되고 오히려 승진하게 되었습니다. 승진한 후에는 돈과 음란이 기다리고 있었고 저는 죄의식도 없이 음행을 즐겼습니다. 또한 이 세상 모든 것을 갖춘 이세벨을 부러워하며 내 자녀를 세상 왕으로 만들고자 노력했습니다(20절). 교육열을 불태우며 아들은 의대에, 방황하던 딸은 일류대학에 진학시켰습니다. 예수 믿고 로열패밀리가 되었다고 세상에 부르짖고 싶었습니다.

그런데 어느 날 제가 맡은 거래처가 부도가 나면서 명예퇴직을 해야 하는 사건이 왔습니다. 명예퇴직 조건으로 다른 자리를 제안 받기도 했지만 제 욕심에는 차지 않았습니다. 그래서 예배드리기 어렵다는 것을 알면서도 집과 차를 주는 다른 회사의 임원 자리를 택했습니다. 이후에도 저는 욕심에 사로잡혀 무리하게 대출을 받아 주식과 펀드에 투자했습니다. 그러나 서브프라임 사건이 터지면서 대출 받은 금액을 감당하기가 어려워졌습니다. 과거 은행에서 일했던 제가 아웃소싱 용역 업체 직원이 되었을 때는 인생의 끝으로 몰리는 것 같았습니다. 이처럼 주께서 빛난 주석 같은 발로 밟으시는 사건들을 겪으면서 저는 하나님이 불꽃같은 눈으로 저의 음행을 보고 계셨다는 것이 깨달아져 회개가 되었습니다(18절).

이후 저는 예배와 양육에 매달리며 신앙의 성숙을 위해 교회에서 분리수거와 주차 봉사를 했습니다. 그러자 끝나지 않을 것 같던 물질 고난이 해결되고 하찮게 여겼던 직장에 대한 감사함이 생겼습니다.

주님은 저를 목자로 불러 주심으로 남은 자의 약속을 주시고(24절) 내 죄의 열매인 15억의 빚을 철장 권세로 부술 힘을 주셨습니다(27절). 이세벨을 따르던 저에게 하나님의 아들로 임하셔서 회개하게 하시고 예수님 자체가 상급이라는 것을 알게 해 주신 하나님을 찬양합니다. 날마다 말씀으로 나의 우상을 내려놓으며 이기는 자에게 주시는 권세 얻기를 소망합니다(26절).

영혼의 기도

하나님 아버지, 나중 행위가 처음 행위보다 더 많았던 두아디라 교회가 어쩌다가 이세벨의 음행에 꼬였을까요? 생각해 보니 이세벨은 자녀를 위해 불철주야 수고하며 열심히 신앙생활을 하는 사람이었습니다. 누구도 이 이세벨의 유혹에서 벗어날 자가 없는 것을 오늘 알았습니다.

평생 신앙생활을 열심히 한 것 같았습니다. 자칭 선지자로 많은 사람을 주께 인도한 것 같았습니다. 그런데 어느 날 병상에 던져져서 환난 가운데 처하고 나니까, 내 주변에 아무도 없습니다. 자녀를 위해서라면 생명을 내버릴 정도로 열심히 살았는데 내 옆에 자녀도 없고 영적 후사도 없습니다. 그저 환난과 궁핍만 남았습니다.

그러나 오늘 두아디라 교회를 알게 하심을 감사합니다. 회개할 기회를 주심에 감사합니다. 마지막 남은 자로 부르시는 하나님의 사랑을 알게 해 주시니 감사합니다. 내 죄를 회개함으로 철장 권세와 새벽별 영광을 누리기를 소원합니다. 그래서 다른 사람들에게 나처럼 살지 말라고 외치는 사명자가 되기를 원합니다. 주님, 제가 이 환난 가운데서 남은 자가 되었듯, 제 식구들에게도 반드시 남은 부분이 있음을 믿습니다. 그 남은 부분, 그루터기를 보게 도와주옵소서. 그들에게도 만국을 다스리는 철장 권세를 주실 것을 믿습니다. 새벽별의 영롱함이 우리 가운데 있기를 원합니다. 주님을 사랑함으로, 교회를 사랑함으로 어떤 악의 세력도 틈타지 못하도록 철장으로 죄를 깨뜨리게 하여 주옵소서. 또한 이 시대 목회자와 사역자들을 위해서 기도하오니 이세벨의 꾐에 넘어가지 않도록 붙잡아 주옵소서. 예수님 이름으로 기도합니다. 아멘.

예수가 없는 깨달음은 사탄의 깊은 것에 지나지
않습니다. 아무리 감동적이고 허를 찌르는 말이라도
예수님의 말씀보다 더 귀한 것은 없습니다.

Part 3

깨어라

Chapter 9

살았다고는 하나 죽은 교회는 아닙니까?

요한계시록 3장 1~6절

하나님 아버지, 살았으나 죽은 자인 인생이 될까 봐 두렵습니다.
진정 살아 있는 교회가 무엇인지 말씀해 주시옵소서.

주님은 실수와 죄악뿐인 인생에서도 우리가 한 가지 주님을 기쁘시게 한 것이 있다면 반드시 칭찬하시고 구원을 상급으로 주십니다. 아브라함, 이삭, 야곱도 얼마나 형편없고 지질했습니까? 그러나 하나님은 그들의 겨자씨만 한 믿음을 보시고 그들을 믿음의 조상이라는 찬란한 자리에 올리셨습니다. 그들의 공로로 된 것이 아닙니다. 전적인 하나님의 은혜입니다. 그들은 100전 99패 했지만 하나님은 마지막 1승을 보셨습니다. 그러니 인생에 있어 마지막 1승이 중요합니다.

그런데 이토록 좋으신 하나님이, 선한 것 하나 없는 우리 인생을 긍정의 눈으로 보시는 하나님이 사데 교회를 향해서는 말 못 하게 인색하십니다. 아무리 눈을 씻고 찾아봐도 칭찬할 만한 것이 요만큼도 없다고 하십니다.

사데 교회는 살았으나 죽은 교회입니다

사데 교회의 사자에게 편지하라 하나님의 일곱 영과 일곱 별을 가지신 이가 이르시되 내가 네 행위를 아노니 네가 살았다 하는 이름은 가졌으나 죽은 자로다 _계 3:1

사데 교회는 자칭 살아 있는 교회였습니다. 살아 있는 교회는 그 도시의 양심이고 정의입니다. 그러니 하나님께서 칭찬해 주셔야지요. 그런데 하나님은 사데 교회더러 '죽은 자'라고 하십니다. 칭찬 한마디 없고 시작부터 책망입니다. 앞서 교회들에는 야단치시기 위해 칭찬을 먼저 하셨는데, 사데 교회에는 뭐 하나 취할 것이 없으니 책망만 하십니다. 겉은 아름답게 꾸몄지만 속은 썩어 있는 시체라는 것이 사데 교회에 내리신 주님의 진단입니다. 이렇게 나의 평가와 하나님의 평가가 다릅니다.

도대체 사데 교회는 어떤 교회였기에 하나님께서 이토록 무섭게 책망하신 걸까요? 사데는 서머나의 동쪽 85km, 두아디라의 남쪽 약 48km 지점에 있는 도시로, 수직 암벽 위에 위치한 그야말로 난공불락의 자연 요새였습니다. 특별히 사금이 풍부하여 금 채취로 막대한 부를 축적했고, 의복 염색 기술이 발달해 양털 염색과 직물 공업도 성행했습니다. 당시 '사데' 하면 화려한 의복을 먼저 떠올릴 정도였다고 합니다. 유례없는 상공업의 흥행으로 사데 사람들은 쉽게 부를 축적하면서 사치스러운 생활을 즐겼습니다. 위대한 어머니라 불리는 키벨레 여신을 숭상하며 방탕하고 부도덕한 제사 의식이 치러졌지만, 겉으로는 아주 세련되고 교양 있는 도시가 바로 사데였습니다.

신학자이자 종교개혁자인 루터(Martin Luther)가 어느 날 꿈을 꿨습니다. 꿈속에서 사탄들이 '어떻게 하면 기독교인들을 박멸할 수 있는가' 작전을 펼치고 있더랍니다. 사탄의 한 부하가 말하기를 "나는 사막을 가는 기독교인에게 사자를 보냈다. 그런데 이 기독교인이 사자 앞에서도 찬송을 하더라. 결국 실패했다"고 했습니다. 다른 부하도 나와서 "나는 바다를 건너는 기독교인들에게 폭풍을 보냈다. 그런데 그들은 폭풍 앞에서도 찬송하고 기도하더라. 나 역시 실패했다" 하더랍니다. 그런데 세 번째 부하가 나오더니 "나는 성공했다"고 말했습니다. 어떻게 했는지 묻자 "나는 한 교회를 택하여 10년 동안 아무 일 없이 순조롭고 평안하게 만들었다. 그랬더니 그들의 영과 육이 완전히 썩어 버리더라" 하더랍니다.

어떻습니까? 핍박의 시험에서 서머나 교회가 이겼고, 이단의 시험에서 에베소 교회가 이겼는데, 안일함의 시험에서 사데 교회는 패배했습니다.

사데 교회에는 우상숭배의 어려움도, 동족 유대인의 괴롭힘도, 이단의 훼방도 없었습니다. 환난도 시험도 핍박도 없는 그야말로 형통하고 형통한 교회였습니다. 우리도 이런 인생을 바라지 않습니까? '모든 것이 뜻대로 이루어지는 인생, 그게 바로 천국이 아니겠는가' 생각하지 않습니까? 사데 교인들은 그런 데다 예수까지 믿었습니다.

그런데 모든 것이 완벽하니 그들의 입에서 "예수만이 나의 삶의 이유"라는 찬양이 나오지 않았습니다. 그저 교양 강좌를 듣듯이 말씀을 듣고 예수를 믿었습니다. 여기서부터 교회가 신앙의 생명력을 잃게 됩니다.

주님은 이런 사데 교회에 "하나님의 일곱 영과 일곱 별을 가지신 이"로 나타나셨습니다. 1장에서 일곱 별은 '일곱 교회의 사자'를 뜻한다고 했습니다. 성령님과 일곱 교회의 사자는 누구보다 친밀한 관계여야 하지 않겠습니까? 교회의 사자는 완전하신 성령의 인도를 받아 영적으로 늘 깨어 있어야 합니다. 이것이 주님이 사데 교회에 내리신 응급 처방입니다. 이것 밖에는 사데 교회가 살아날 길이 없습니다.

　　문제없이 잘 먹고 잘살고 있습니까? 육이 편해서 영이 딱 죽어 버리지는 않았습니까? 교회는 가기 싫고 죄짓는 자리로만 가고 싶습니까? 그래서 편한 환경이 가장 무섭습니다. 등 따뜻하고 배부르면 하나님을 찾지 않습니다. 성령님이 만져 주지 않으시면 죽은 영은 결코 살아날 수 없습니다.

　　육적인 죄보다 영적 교만이 더 무섭습니다. 겉으로는 교양 있어 보이나 영적으로는 불통이기 때문입니다. 그런 사람에게는 아무리 내가 말씀으로 살아난 이야기를 해도 전혀 통하지 않습니다. 영적으로 꽉 막혔습니다. "도대체 어느 나라 이야기를 하는 건가? 왜 저렇게 광적으로 믿나?" 하면서 못 알아듣습니다.

　　그럼에도 하나님이 사데 교회를 그대로 심판하지 않고 일곱 영으로 나타나신 것은 그들을 살리고자 붙들고 계시기 때문입니다. 우리는 성령님의 도움이 아니면 결코 일어날 수 없는 죄인입니다.

● 고난 때문에 주님만 붙드는 인생입니까? 잘 먹고 잘살면서 주님을 잊어버린 인생입니까? 성령님이 만져 주지 않으시면 살아날 이유와 근거가 없는 인생임을 인정합니까?

행위는 많았지만 온전한 행위가 하나도 없습니다

너는 일깨어 그 남은 바 죽게 된 것을 굳건하게 하라 내 하나님 앞에 네 행위의 온전한 것을 찾지 못하였노니 _계 3:2

주님은 사데 교회에 일깨우고, 굳건하게 하라는 두 가지 명령을 하십니다. '일깨우라'는 것은 '긴장하고 정신 차리라'는 의미입니다. '죽게 된 것을 굳건하게 하라'는 것은 '죽어 가는 남은 것들을 강하게 하라'는 뜻입니다. '죽게 되었다'는 미완료과거형으로, 이 순간에도 죽음을 향해 가고 있다는 말입니다. 이미 죽은 것이 아니라 지금도 죽음이 진행되고 있다는 의미입니다. 그런데 아직 죽지 않고 남은 것이 있습니다. 주님이 그것을 찾아서 끝내 죽지 않도록 격려하고 촉구하라고 말씀하십니다.

죽음은 무엇일까요? 1절에서 주님은 사데 교회를 향해 "네가 살았다 하는 이름은 가졌으나 죽은 자로다" 하셨습니다. 누구보다 잘 먹고 잘사는 사데 교인들에게 "죽었다"고 하십니다. 육적으로 부유할지는 모르나 영적으로 죽었다는 것이죠. 하나님은 우리의 행위를 아시고 그대로 갚아 주시는 분인데, 도대체 사데 교회의 행위가 어떠했기에 "너희의 영이 죽었다"고 하실까요?

원어 성경에는 2절의 '네 행위'를 복수형인 '행위들'로 기록했습니다. 사데 교회는 하는 일이 많았습니다. 오늘날로 말하자면 교회로서 갖출 것은 다 갖추었습니다. 그러니 자칭 살아 있는 교회라고 했겠죠. 많은 사람이 모이고, 열심히 기도하고, 예배도 멋들어지게 드리고, 찬양 소리도 아름다웠습니다. 특별 기도회, 말씀 사경회, 신앙 세미나 등 훌륭한 프로그램도 많았습니다. 누가 보아도 부러움을 살 만한 교회, 정말 살아 있는 교회라는 평가를 받을 만한 교회였습니다.

사데 교회는 주님 보시기에 행위 없는 밋밋한 교회가 아니었습니다. 오히려 기가 막힌 행위와 섬김으로 유명한 교회였습니다. 이 시대에도 이런 유명한 교회가 많습니다. 세계적으로 명성이 자자한 교회, 목회자, 신앙 프로그램들이 얼마나 많습니까?

그런데 하나님은 거기에 온전한 행위가 '하나도' 없다고 이야기하십니다. '거의' 없는 것이 아닙니다. 온전한 행위를 단 하나도 찾지 못했다고 하십니다. 우리는 이 말씀을 가슴 치며 통곡하며 들어야 합니다.

우리는 계시록을 묵상해 오며 초대교회가 얼마나 거센 핍박을 받았는지 보았습니다. 많은 그리스도인이 로마의 탄압 아래서 사자 밥이 되고 불에 타 죽었습니다. 살아남은 그리스도인들은 지하에 숨어들어 빛도 들지 않는 곳에서 주님만 붙들며 예배했습니다. 그러다 A. D. 313년 로마의 콘스탄티누스 황제가 기독교를 공인한 후로 예수 믿는 것이 너무 편해졌습니다. 그리스도인들을 박해하는 대상도 모두 사라졌습니다.

뒤이어 A. D. 380년 기독교가 부유한 로마의 국교가 되자 자연스럽게 교회도 부유해졌습니다. 성도들도 허리를 동이며 헌금할 필요가 없어졌습니다. 마음 편히 교회에 가서 어려움 없이 찬양하고 기도했습니다. 초대교회 시절 간절한 믿음은 옛말이 되고, 교회는 중세의 암흑시대로 접어들었습니다. 중세에는 많은 교회가 건축되었습니다. 동네 주민들이 모두 올 수 있게 곳곳에 교회를 세우고, 그 외형도 갈수록 높고 웅장해졌습니다. 당시 교회보다 높은 건물을 지을 수 없도록 건축 고도도 정해져 있었다고 합니다.

제가 유럽에 가 보니 각 도시의 제일 좋은 장소, 제일 높은 건물은 어김없이 예배당이더군요. 피렌체를 가도, 밀라노를 가도, 로마를 가도 예배당을 어찌나 크고 화려하게 지어 놓았는지 그 찬란함에 매혹되었습니다. 대리석을 깎아 장식하고, 금을 칠하고, 로코코·바로크 양식 등 갖은 기법들로 조각을 했습니다. 유명한 화가들이 벽화를 그리고, 파이프 오르간 소리가 웅장하게 울렸습니다. 찬양도 얼마나 멋있는지, 단선율의 그레고리안 찬트가 경건함을 한층 더했습니다. 훌륭한 예술품과 화려한 장식, 유려한 음악들을 보고 듣다 보니 절로 압도되었습니다.

그런데 너도나도 화려한 교회 짓기에 몰두하다가 교회 재정이 부족해졌고, 그 해결책으로 교회가 면죄부를 팔기 시작했습니다. "교회에 헌금을 내면 죄가 없어진다", "헌금통에 동전이 떨어지며 짤랑 소리를 내는 순간 영혼이 천국으로 간다" 가르치며 교인들로 하여금 많은 헌금을 내도록 유도했습니다. 주님이 십자가 보혈로 이루신 구원을 멋대로 사고팔면서 돌이킬 수 없는 악을 저지른 것입니다.

"교회보다 높은 건물을 지어서는 안 된다", "예배당은 어떤 건물보다 화려해야 한다" 떠들어 대면서 겉으로는 하나님만 높이는 것처럼 행동했지만, 그들은 정작 성경은 읽지 않았습니다. 성경을 자물쇠로 채워서 사람들에게 보여 주기만 하고 읽지도, 가져가지도 못하게 했습니다. "더 많은 사람이 성경을 읽게 해야 한다"고 주장하는 사람들을 이단으로 몰아 처형하기도 했습니다.

이런 것이 바로 사데 교회 같은 모습입니다. 교회는 날로 화려해지고 신앙생활은 경건의 모양을 갖추었지만 깊이 들여다보면 선한 것이 없었습니다. 돈과 권력에 취해 타락할 대로 타락한 중세 교회는 온갖 악을 저지르기에 바빴습니다. 교회 지도자들은 부와 명예를 쌓기에만 급급했고, 성적으로도 타락하여 낙태가 빈번히 이루어졌습니다. 중세 성직자들의 사생아들을 모아 보호하던 곳이 고아원의 유래라는 사실은 이미 잘 알려져 있죠.

우리는 으리으리한 교회를 다니며 헌금도 많이 하고, 게다가 직분까지 가진 사람들을 너무 부러워합니다. 교회 안에서도 서로 외모 경쟁을 합니다. 누가 어떤 브랜드의 옷을 입고 구두를 신었는지에 신경 쓰면서, 예배의 감격을 잃어버린 지 오래입니다. 모두가 경건해 보이니 나도 억지로 기쁜 척, 은혜 받은 척해 보지만 뒤돌면 허탈합니다.

주님은 이런 사데 교회에 "온전한 것을 찾지 못하였다"고 말씀하십니다. 마치 꺼져 가는 등불처럼 너희가 죽어 간다고 말씀하십니다. 교회가 빛이 되어 이 땅을 비춰야 하는데 그 불이 점점 사그라들며 암흑시대를 걷고 있는 것입니다. 행위는 많은데 주님 뜻과 상관없는 일만 하고 있으니 그렇습니다.

지금 우리는 어떻습니까? 내 예배는 어떻습니까? 어쩔 수 없이 교회에 끌려갑니까? 내가 왜 여기 앉아 거룩한 척, 신실한 척하고 있는가 허탈합니까? 이런 질문조차 짜증이 나서 '아니 이런 걸 왜 물어?' 하십니까? 그런 나를 볼 때 나 자신도 참 길이 없어 보이는데, 그럼에도 하나님은 살 길을 주십니다.

• 교회에 열심히 나와 예배드리고 봉사하는 이유가 무엇입니까? 혹시 사람에게 칭찬 받고 높은 평가를 받기 위한 마음은 아닙니까?

회개만이 살길입니다.

그러므로 네가 어떻게 받았으며 어떻게 들었는지 생각하고 지켜 회개하라 만일 일깨지 아니하면 내가 도둑같이 이르리니 어느 때에 네게 이를는지 네가 알지 못하리라 _계 3:3

주님은 "생각하라"고 하십니다. 이것은 "기억하라"는 뜻입니다. "너희가 어떻게 받았으며 어떻게 들었는지 기억하라"는 것은 "네가 처음에 어떻게 구원의 복음을 받았는지" 그것을 기억하라는 말씀입니다. 즉, 처음 신앙으로 돌아가라는 것입니다. 교회로 치면 어떻게 교회가 개척되었는지 기억하라는 것입니다.

또한 주님은 "생각하고 지켜 회개하라"고 하십니다. '지키다'라는 말에는 '순종한다'는 의미가 있습니다. 우리가 회개하려면 들은 복음을 기억하고 돌이켜야 하는데 이때 순종하는 태도가 필요합니다. 그러지 않으면 하나님이 "도둑같이 이른다"고 하십니다. 무슨 일이 언제 어떻게 일어날지 모른다는 것입니다. 당장 오늘 밤, 심판의 주님이 오실 수도 있습니다. 준비된 사람에게는 어떤 일이 와도 구원입니다. 그러나 도둑같이 이른다는 것은 구원보다 심판을 더욱 강조하신 말씀입니다.

사데가 난공불락의 천연 요새라고 했지만 사실 두 번이나 함락된 적이 있었습니다. B.C. 6세기경 페르시아의 고레스에게 점령을 당했습니다. 당시 페르시아는 로마의 전신으로 세계를 주름잡던 나라였기에, 고레스는 '이 조그만 사데쯤이야!' 하는 마음으로 쳐들어 왔습니다. 그런데 막상 사데의 깎아지른 암벽을 보고 기가 막혔습니다. 그래도 고레스는 물러서지 않고 그곳에 진을 치고 2주를 머물렀습니다. 그러던 중 사데의 한 병사가 꼭대기에서 졸다가 투구를 떨어뜨렸습니다. 이 병사가 투구를 주우려고 내려와서는 비밀통로로 올라가는 것을 고레스의 병사가 딱 발견했습니다. 그길로 사령관에게 알려서 마침내 페르시아가 사데를 점령했습니다. 그로부터 200년 뒤인 안티오쿠스 대제 시대에도 비슷한 양상으로 사데가 함락을 당했습니다. 아무리 난공불락의 성이라도 파수꾼이 졸면 끝입니다. 이렇게 '평안하다, 안전하다' 방심하다가 스스로는 살았다 하나 실상은 죽은 것 같은 상태에 이르게 되는 것입니다.

그 후로도 사데는 지진이 일어나 폐허가 되었다가 로마의 티베리우스 황제의 도움으로 다시 세워졌습니다. 요한계시록이 쓰인 당시는 사데가 그야말로 죽었다가 다시 살아나 크게 번영하던 때였습니다. 그러나 그들은 지난날 어렵던 때를 금세 잊어버렸습니다. 천연 요새요 무풍지대 안에서 배부르고 등 따뜻하게 살다 보니 또다시 나태해졌습니다. 그러다 결국 하나님께 책망만 듣는 죽은 교회가 되고 말았습니다. 우리도 초대교회의 시절을 기억하지 못하고 회개하지 않으면, 주님이 어느 날 도둑같이 이르셔서 심판을 당하고 말 것입니다.

천국은 기다림과 깊이 연관됩니다. 천국은 마치 등을 들고 신랑을 맞으러 나간 열 처녀와 같습니다(마 25:1). 열 처녀 중 슬기로운 다섯 처녀는 기름을 준비했지만 미련한 다섯 처녀는 기름을 준비하지 않았습니다. 저는 이 기름이 '죄의 문제'라고 생각합니다. 기름을 준비한다는 것은 내가 죄인임을 깨달아 회개하는 것을 의미합니다. 아무리 열심히 큐티하고 예배드려도 내 죄의 문제를 언급하지 않는다면, 그것은 기름을 준비하지 못한 어리석은 처녀와 같게 되는 것입니다. 똑같은 고난이 와도 어떤 사람은 말씀으로 척척 해석하는 반면에 어떤 사람은 원망과 미움에 사로잡힙니다. 무슨 차이입니까? '나의 죄를 깨닫는가, 깨닫지 못하는가'로 판가름 나는 것입니다.

자신의 죄를 깨닫지 못하는 사람은 기름을 준비해야겠다는 필요성을 느끼지 못합니다. 그런 사람은 아무리 돈이 많고 지위가 높아도 자기 문제를 해결하지 못합니다. 잘생기고 돈 많은 육신의 남편을 의지하다가 그 남편이 바람피우고 부도가 나면 원망과 낙심으로 등불이 꺼지고 맙니다. 유명한 교회를 다니지만 진짜 기름을 준비하지 못했기에, 내 죄를 보지 못했기에 사건 앞에서 말씀이 안 깨달아진다고 떼를 씁니다. 그러나 슬기로운 처녀들은 말씀의 기름, 회개의 기름을 늘 준비했기에 어떤 사건이 와도 해결 받습니다.

결국 미련한 처녀들은 어찌 됩니까? "신랑이로다!" 할 때 부랴부랴 슬기로운 처녀들에게 기름 나누어 주기를 구하지만 딱 거절당합니다. 슬기로운 처녀들도 이때는 절대 기름을 나누어 주어서는 안 됩니다. 그 요청을 딱 끊어야 합니다.

그런데 우리는 왜 끊지 못합니까? 욕심 때문에 그렇습니다. 미련한 자들의 돈과 지위가 탐나서 끊어야 하는 줄 알면서도 불신 결혼을 하고 뇌물을 받습니다. 그러나 그런 것들을 딱 끊어 보십시오. 돈 많고 집안 좋고 모든 것이 완벽한 배우자감이 있어도 "나는 당신의 재력이나 집안에는 관심이 없습니다. 다만 예수를 믿어야 합니다" 하면서 끊어 보십시오. 그러면 그 사람이 '내가 잘못 살아왔나? 내 돈과 집안을 싫어하는 사람이 있다니!' 하고 충격을 받지 않겠습니까? 그 사람 인생이 심각해지지 않겠습니까?

슬기로운 처녀의 역할이 중요합니다. 예수님 때문에 세상의 좋은 것들을 거절하는 모습을 보여 주어야 합니다. 이런 어마어마한 사명이 미리 기름을 준비한 슬기로운 다섯 처녀에게 있습니다. 그런데 우리가 욕심을 버리지 못하니까 자꾸 세상을 기웃거립니다. 그래서 잠들어 있는 나를 깨우려고 "보라 신랑이로다 맞으러 나오라"(마 25:6) 하는 사건이 찾아옵니다. 내 인간적인 시각을 끊으시려고, 예수를 만나게 하시려고 내 인생에 주님이 도둑같이 이르시는 고난이 찾아옵니다.

믿는 내가 먼저 세상을 끊는 모습을 보여 주어야 합니다. 그래야 이 땅에 미련한 처녀들이 정신을 차립니다. 구원은 철저히 개인 구원입니다. 천국은 누구 치맛자락 붙잡고 갈 수 없습니다. 내가 마지막에 기름을 나누어 준다고 함께 천국에 입성하는 것이 아닙니다.

미련한 다섯 처녀는 신랑이 오자 기름 좀 나누어 달라고 떼쓰더니, 혼인 잔치 문이 닫히고 나니까 항변합니다. "나는 할 만큼 했다. 기다리다가 잠들 수도 있지 너무한 것 아니냐?" 합니다. "내가 전도를 위해서 불신 결혼을 했다. 내가 아니면 그 사람을 누가 구원 받게 하겠냐?", "내가 너 때문에 바람을 피운다. 너만 나한테 그렇게 하지 않았으면 내가 바람을 피웠겠냐?", "내가 이놈의 회사 때문에 술을 마신다. 죽지 못해 사는 인생에 술도 못 먹냐?" 합니다. 이런 것이 다 미련한 처녀들의 항변입니다.

이런 사람들은 끝까지 회개하지 못합니다. 어떤 경우에도 "주님, 제가 잘못했습니다. 제가 어리석었습니다. 제가 깨어 있지 못하고 기름을 준비하지 못했습니다. 저를 용서해 주세요" 하는 법이 없습니다. "내게도 좀 나눠 줘요. 나도 좀 도와줘요" 하다가 "아니 왜 천국 문을 닫아요? 열어 주세요!" 합니다. 환경을 열어 달라고 부르짖는 것입니다. 그러다가 닫힌 문이 꼼짝도 하지 않으면 "하나님이 계시다면 어떻게 이러실 수 있느냐"고 원망합니다. 그러나 닫힌 환경이 도둑같이 이르는 주님의 심판임을 알아야 합니다. 사데 교회 같은 신앙에 안주하다가는 다 그렇게 되고 맙니다.

심판이 무엇입니까? 다른 것이 아닙니다. 기름을 전혀 준비하지 못했는데 갑자기 주님이 이르신 것입니다. 교회는 다니는데 내 죄도 모르고 회개도 모릅니다. 주님께 만날 달라고만 합니다. 입에서 나오는 말이라고는 '나는 말씀이 안 들려', '하나님이 계시다면서 어떻게 나한테 이럴 수 있어?', '내가 뭘 잘못했다고 이래?' 같은 불평뿐입니다. 원망과 불평은 저주 가운데 있는 사람들의 언어입니다.

그러나 미리 기름을 준비한 사람은 설령 생각지 않은 일이 닥쳐도 의연합니다. 주님이 더디 오시든 당장 오시든 당황하지 않습니다. 그저 신랑을 기다리는 것 외에는 무엇에도 관심을 두지 않습니다.

우리들교회 청년부 자매의 이야기입니다. 청년부 목자로 섬기고 있는 이 자매는 얼마 전 황반변성 진단을 받았습니다. 황반변성은 점점 시력이 떨어지다가 실명으로까지 이어질 수 있는 병입니다. 그러나 자매는 아버지의 구원을 위해 이 사실을 가족에게 전하지 못했습니다. 혹시나 눈이 아픈 것을 말했다가 아직 믿음이 없는 아버지가 "예수 믿어서 되는 일이 없다!" 하실까 봐 말을 못 했다는 겁니다.

이 자매의 직업은 방송작가인데 '어떻게 하면 그동안 들은 설교 말씀을 방송 대본에 드러나지 않게 쓸 수 있을까'라는 사명으로 일해 왔습니다. 그러다가 실명 위기를 맞았으니, '왜 하나님께서 지금 내 눈을 멀게 하시는가' 생각해 봤다고 합니다. 자매는 아주 명쾌한 답을 내렸습니다. '하나님께서 영적으로 죽었던 나를 다시 살리시려고 증거를 보이셨구나!' 늘 고난이 축복이라는 말씀을 들어 왔기에 자매는 이런 상황에 처한 것이 슬프거나 원망스럽지 않았습니다.

이 모든 것을 깨닫고 자매는 아버지께 담대히 자신의 병을 이야기했습니다. 그랬더니 생각지 못한 일이 벌어졌습니다. 아버지가 자매를 따라 예배에 나오신 것입니다. 그뿐만 아니라 아버지로부터 "목사님 말씀이 꼭 자신에게 주시는 말씀 같다"는 놀라운 고백을 들었습니다. 아버지가 교회에 오신 것이 너무 기뻐서 어느덧 병에 대한 걱정도 사라졌습니다. 자매에게 이 사건은 심판이 아니라 구원이 되었습니다. 미련한 처녀 같으면 '예수 잘 믿던 나한테 왜 이런 일이 와?' 하며 원망했을 것입니다. '내 눈을 보게 하소서. 환경을 열어 주소서' 했을 것입니다. 그러나 '하나님 뜻이면 내가 살기도 하고 죽기도 할 것'이라는 마음을 가질 때, 모든 사건을 회개의 역사로 주시는 선물로 받게 될 줄 믿습니다.

어떤 사람들은 주님의 재림을 기다린다고, 기름을 준비하겠다고 재산을 처분하고 집안일을 제쳐 두고 전도하러 나갑니다. 그러나 신앙은 상식을 벗어나면 안 됩니다. 내 죄를 보면서 가정에서 주어진 역할에 충실하고 사랑을 이루는 것이 주님을 기다리는 올바른 준비입니다. 우리가 아직도 올바르게 준비되지 못했기 때문에 주님이 더디 오시는 것입니다. 나보고 올바르게 준비하라고 하시는 것입니다.

바람을 피운 한 남자가 자기 죄를 오픈하고 용서를 구하기는커녕, 회칠한 무덤처럼 사람들 앞에서만 아내와 친한 척을 했습니다. 그러다가 아내가 엄청난 재산을 상속 받았습니다. 그제야 남편이 부리나케 바람을 정리하고 와서는 "여보, 사랑해" 하며 넙죽 엎드렸습니다. 그러나 이런 남편을 아내가 반갑다며 아는 체하겠습니까?

사데 교회가 당장 죽게 된 사건이 생겨 그제야 "주님, 저 좀 봐 주세요" 한들 주님이 그들을 당장 봐 주시겠습니까? "네가 언제 나를 아는 척 했다고 그러냐? 평소에는 너 잘났다고, 나 없이 얼마든지 잘 살 수 있다고 하더니?" 하시면 어쩝니까? 그러니 우리는 신랑 오실 때를 대비해서 미리 준비해야 합니다. 그러지 않았다가는 도둑같이 이르신 주님이 "내가 너를 도무지 모르노라" 하십니다.

● 어려운 일이 찾아왔을 때 '왜 하필 나에게 이런 일이 온 걸까' 하고 원망하면서 환경의 문을 열어 달라고 하나님께 부르짖지는 않습니까? 그럴 때 문제를 해결하는 방법은 내 죄를 정확히 보고 회개하는 것임을 압니까?

합당한 자들도 있다고 하십니다

그러나 사데에 그 옷을 더럽히지 아니한 자 몇 명이 네게 있어 흰옷을 입고 나와 함께 다니리니 그들은 합당한 자인 연고라 _계 3:4

여러 우상을 섬기던 소아시아 지방에서는 다양한 제사가 행해졌는데, 제사 의복인 흰옷에 얼룩이 지면 제사를 드릴 수 없었습니다. 그런데 흰옷을 얼룩 하나 없이 입는 게 어찌 쉽습니까? 옷에 묻은 때보다 더 더러운 것은 영적 오염입니다.

두아디라, 버가모, 에베소 교회는 몇 사람이 전체를 더럽혔는데, 사데 교회는 옷을 더럽히지 않은 자가 몇 명밖에 없다고 합니다. 그러니 온 교인이 잘사는 것이 꼭 축복은 아닙니다. 죽은 교회로 가는 지름길이 될 수 있습니다. 예를 들어 너나없이 교육열을 불태우는데 그 가운데서 나 혼자 "그건 아니지" 했다가는 몰매 맞기 딱 십상이지요. 그러니 흰옷을 더럽히지 않은 자 몇 명이 신앙을 지키기가 얼마나 힘들었겠습니까?

물론 그들에게 죄가 없다는 뜻은 아닙니다. 그러나 그들의 삶은 지속적으로 새롭게 됩니다. 그들은 "오직 은혜로만 주님과 동행할 수 있다. 나는 주님의 용서와 인도하심이 날마다 필요하다"라고 고백합니다. 한마디로 "나는 죄인이다" 외치는 사람이 흰옷 입은 자입니다. 그런 사람이야말로 주님 보시기에 합당한 성도입니다.

예수님을 세 번 부인한 베드로, 스데반을 돌로 쳐 죽인 바울도 그 죄로 인해 더 풍성한 삶을 살았습니다. 죄가 그들을 풍성하게 했다는 뜻이 아닙니다. 베드로는 핍박을 당해 힘들 때면 '나는 주님을 세 번 부인했지' 하며 마음을 붙잡았을 것입니다. 바울도 '나는 스데반을 죽인 사람'이라는 자기성찰로 교만에서 멀어졌을 것입니다. 바울은 거듭난 후 자신을 "사도 중에 가장 작은 자"(고전 15:9)라고 했다가, 조금 지나 "모든 성도 중에 지극히 작은 자보다 더 작은 나"(엡 3:8)라고 했습니다. 죽음이 다가왔을 때는 "죄인 중에 내가 괴수"(딤전 1:15)라고 했습니다.

죄는 있다가 없어지는 것이 아닙니다. 날이 갈수록, 주님을 알면 알수록 더욱 생각나는 것이 죄의 특징입니다. "계명이 이르매 죄는 살아나고 나는 죽었도다"(롬 7:9)라는 바울의 말처럼, 자기 죄에 대한 정확한 인식이 주 앞에 합당케 되는 비결입니다.

유혹 많은 세상에서 남은 자가 되기 위해서는 가지치기가 필요합니다. 큐티는 하나님의 말씀으로 내 욕심과 죄를 가지치기하는 것입니다. 하나님은 땅 위에서 말씀을 이룬다고 하셨습니다. 소돔과 고모라 같은 황폐함 가운데 있을지라도 주님은 반드시 그루터기를 남기십니다(사 6:13). 어떤 때에도 내가 말씀을 묵상하고 적용하면 하나님이 남기신 거룩한 씨가 되어 구원을 이루어 갈 수 있습니다.

● 주님을 알면 알수록 내가 말 못 할 죄인인 것이 깨달아져 회개의 자리로 나아갑니까? 나는 주님의 용서와 은혜 없이는 살아갈 수 없는 존재라는 사실을 인정합니까?

이기는 자는 상급이 있다고 하십니다

5 이기는 자는 이와 같이 흰옷을 입을 것이요 내가 그 이름을 생명책에서 결코 지우지 아니하고 그 이름을 내 아버지 앞과 그의 천사들 앞에서 시인하리라 6 귀 있는 자는 성령이 교회들에게 하시는 말씀을 들을지어다
_계 3:5~6

이기는 자들에게 세 가지 보상이 있다고 하십니다. 첫째로 흰옷을 입혀 주십니다. 흰옷은 '순결과 승리'를 의미합니다. 즉, 하나님 나라로 초청해 주시겠다는 뜻입니다. 둘째로 그 이름이 생명책에 기록됩니다. 하나님이 기억해 주시는 인생이 되는 것입니다. 셋째로, 그리스도께서 이기는 자의 이름을 하나님과 그의 천사들 앞에서 시인하십니다. 사데 교회가 어떤 교회입니까? 교양이 넘치나 "아멘" 소리가 없는 곳입니다. 교회는 다니지만 사람들 앞에서 예수 이야기를 하지 않는 교회입니다. 그런 곳에서 예수 이름을 시인하면, 주께서도 천국에서 그의 이름을 시인하겠다고 하십니다. 끝까지 기억하시겠다는 것입니다. 엄청난 보상입니다.

주위를 둘러보십시오. 흰옷을 입고 생명책에 이름을 지우지 아니하실 사람이 과연 몇이나 되겠습니까? 구약을 보면, 노아 시대에는 노아의 가족 여덟 명, 소돔성에는 롯과 그의 두 딸 세 명이었습니다. 엘리야 시대에는 바알에게 무릎 꿇지 않은 칠천 명이 있었다고 합니다. 이런 역사를 봤을 때 하나님은 흰옷 입은 사람 한 명만 있어도 그 사람을 쓰셔서 인류를 구원하십니다. 우리가 가정에서, 직장에서, 머무는 어디서든 흰옷 입은 한 사람이 되기를 바랍니다. 나 한 사람으로 인해서 그루터기가 마련되고, 사데 교회 같은 곳에서도 구원 받는 식구들이 더할 줄 믿습니다.

그렇다면 죽어 있는 사데 교회가 어떻게 살아날 수 있을까요? 어떻게 하면 이기는 자가 될 수 있겠습니까?

붕어빵 장사로 성공을 이룬 한 분의 이야기입니다. 그는 어느 대학교 근처에서 붕어빵 리어카 하나로 굉장한 수입을 거뒀다고 합니다. 그에게 성공 비결을 묻자 그는 "나는 한 번도 어제와 똑같은 붕어빵을 굽지 않았습니다"라고 답했습니다. 보통 사람들은 '붕어빵이 다 같은 붕어빵이지, 그걸 가지고 재주를 피워 봐야 얼마나 피우겠나?' 할 텐데, 그는 그렇게 생각하지 않았습니다. 그는 자신을 찾아오는 사람들을 생각하면서 어떻게 하면 더 맛있는 붕어빵을 구울까 연구하고 또 연구했습니다. 손님들의 입맛에 맞는 붕어빵을 굽기 위해서 다양한 도전을 했습니다. 그 노력이 대학생들의 입맛을 사로잡았고 소문이 꼬리를 물면서 단골을 확보하게 되었습니다.

우리는 어떻습니까? 날마다 똑같은 하루, 똑같은 주일을 맞이합니다. 신앙도 매너리즘에 빠져서 감격 없이 예배를 드리고, 어제 한 기도를 오늘 또 하고, 일주일 전, 한 달 전에 한 기도를 오늘 또 합니다. 그러니 죽은 교회, 사데 교회가 되는 것입니다.

우리는 생각을 바꿔야 합니다. 늘 새로운 마음을 갖도록 노력해야 합니다. 목장을 가도 어제와 같은 마음이 아니라 새로운 마음으로 임해 보십시오. 오늘은 이 지체를 위해서 기도했다면 내일은 저 지체를 위해서 기도해 보십시오. 배우자도 늘 새로운 마음으로 바라보십시오. 어제는 죽도록 미웠어도 오늘은 마음을 바꿔서 예쁜 구석을 찾아보는 겁니다. 봉사도 새로운 봉사를 해 보십시오. 누가 시키는 것도 아닌데 왜 늘 한자리에서 똑같은 일만 합니까? 우리가 늘 새로운 마음으로 교회 곳곳을 살피다 보면 저절로 살아 있는 교회가 되지 않겠습니까?

저도 날마다 똑같은 설교를 하는 것 같지만 그렇지 않습니다. 똑같은 마음으로 들으니 똑같이 들릴지 몰라도, 저는 매주 다른 성도들을 맞이할 준비를 합니다. 설교 주제도 다르고 예화도 다릅니다. 목소리 톤도 어느 날은 좀 차분하게 했다가 또 어느 날은 고음도 내 봅니다. 자고 일어나면 새로운 사건이 터지고, 세대가 빠르게 변화하는데 어떻게 똑같은 설교를 할 수 있겠습니까?

그러니 중요한 것은 예배에 임하는 우리의 자세입니다. 사데 교회는 예배가 죽었습니다. 경건의 모습은 있는데 능력이 없습니다. 이런 사데 교회가 회복되려면 예배가 살아야 합니다. 성도 각자에게 예배를 사모하는 마음이 있어야 합니다.

하나님을 믿은 지 오래되지 않은 한 성도분이 교회 게시판에 글을 올려 주셨습니다. 이분은 주말부부로 생활하고 있는데, 주중에는 지방에서 일하다가 주말에 서울에 올라와 아내와 함께 우리들교회 예배를 드리신다고 합니다.

주일 예배당에 들어오면 자유로우면서 질서 있고 은혜가 넘칩니다. 먼저 찬양팀의 찬송이 나를 맞이하며 예배드릴 마음의 준비를 하게 합니다. 이어서 예배가 시작됩니다. 유아 세례가 너무 아름답습니다. 어디서도 보지 못한 세례식입니다. 왜 목사님이 많은 시간을 할애하며 이 시간을 중요하게 여기시는지 알 것 같습니다. 목장 식구들의 자그마한 선물과 함께 아이를 축하하는 자리는 부모의 마음을 뭉클하게 할 것 같습니다. 왜냐하면 제 마음이 그렇거든요. 이어서 아기 아빠가 간증을 합니다. 아빠는 이 간증을 통해 세상에 나가서 일하지만 신앙인으로서 자녀와 하나님 앞에 책임감을 갖게 될 것 같습니다.

집사님들의 간증 시간도 대단합니다. 어디에서 저런 용기를 얻었을까요. 간증 내용을 듣다 보면 제 모습과 다르지 않습니다. '나는 언제 간증할 자격을 얻을 수 있을까' 부러우면서도 마음 한구석에서는 두려움도 있습니다.

목사님이 <왕이신 나의 하나님> 찬양을 부르기 시작하십니다. 순간 내 마음이 요동합니다. 통제가 되지 않습니다. 눈물이 나옵니다. 참으려 하지만 어느덧 눈시울이 촉촉해집니다. 하지만 아내 몰래 정리합니다.

말씀을 받아들일 준비가 되었습니다. 목사님 말씀이 이어집니다. 말씀이 이해되는 날은 정말 새롭게 살자는 다짐이 온 마음을 전율하게 합니다. 그러나 조는 날에는 아내의 뾰족구두 공격을 받아 발에 멍이 듭니다. 그래도 요즘은 점점 멍든 날이 줄어들고 있습니다. 붙어만 있으니 변해 가고 있네요.

말씀이 끝나면 새신자 환영회가 시작됩니다. 야구에서 신인왕은 한 번밖에 기회가 없다는데 저도 새신자 환영회에 참석한 기억이 납니다. 새가족부 집사님들이 나와 각자 지은 죄를 오픈하고 눈물의 간증을 전해 주셨는데, 지금은 주 안에서 새로운 삶을 사신다는 것을 표정만 봐도 느낄 수 있었습니다.

우리들교회에 와서 배운 것이 많습니다. '있으면 먹고 없으면 금식하고 죽으면 천국 가자, 공동체에 붙어만 있자, 어떤 일이 있어도 배우자 아닌 이성을 차에 태우지 말자, 내 죄를 보자, 가정 회복이 우선이다, 자원함보다 부르심이 먼저이다, 모든 양육훈련을 이수해야 한다' 등 기억나는 것만 적어 봤습니다. 저도 예수님을 닮아 갈 수 있겠다는 확신이 듭니다.

주보에 실린 헌금 통계에는 늘 십일조가 전체 헌금의 60에서 80퍼센트를 차지합니다. 대단합니다. 목사님은 헌금 설교도 안 하시는데 이유가 뭘까 생각해 봤습니다. 예배를 드리다 보니 이유를 자연히 알게 되었습니다.

목장예배도 빼놓을 수 없습니다. 세상에는 각양각색의 사람이 있고 훌륭한 분들도 많습니다. 우리 교회도 마찬가지입니다. 그러나 우리 교회만의 특징이 있다면 모두가 자기 죄를 고백한다는 것입니다. 목욕탕 교회라는 별명이 무색하지 않습니다. 모두가 독특하고 구구절절한 삶을 살아온 것 같아도 하나님이 보시기에는 그만그만한 것 같습니다.

저는 우리들교회에 와서 가치관이 180도 바뀌었습니다. 올바른 신앙생활이 삶의 우선이 되어야 한다는 것을 깨달았습니다. 그래서 8년간 해 온 주말부부 생활을 정리하고 오늘 집으로 올라갑니다. 서울로 올라가면 바뀌어야 할 생활 습관이 너무 많습니다. 차차 변할 것입니다. 그러나 먼저 해야 할 두 가지가 생각납니다. 첫째, 아내와 손잡고 수요예배 가기. 둘째, 몸짱 남편이 되어 아내와 데이트하기입니다. 이런 가치관의 변화와 용기, 그리고 가정 회복의 길을 허락해 주신 목사님, 모든 지체들, 우리들교회에 감사드립니다.

어떻습니까? 사데 교회와 참 대조적인 성도의 모습입니다. 사데 교회가 변화되려면 먼저 말씀과 예배가 회복되어야 합니다. 그러면 나의 모든 것이 새로워집니다. 오늘도 새롭게, 내일도 새롭게, 결혼생활도 새롭게, 자녀교육도 새롭게, 목장도 새롭게, 모든 것이 새롭게 될 때 진정 살아 있는 교회가 될 줄 믿습니다.

주님께서 안타까운 마음으로 사데 교회를 향해 '깨어라' 하십니다. 충격 요법을 쓰시면서 너는 살았으나 죽은 자라고 책망하십니다. 온전한 것이 하나도 없다고 하십니다. 이제 일깨어 너의 남은 것을 굳건하게 하고, 처음에 받고 들은 것을 생각하고 지키어 회개하라고 하십니다.

그러나 합당한 자도 있다고 하십니다. 깨어 이기는 자를 생명책에서 이름을 지우지 않으시고, 주님이 하나님 앞과 천사들 앞에서 그 이름을 시인하시는 축복을 주겠다고 하십니다. 주실 상급을 바라보면서 이 말씀들을 믿기를 바랍니다. 소망이 없는 어두운 세상에 빛을 들고 나가서 우리 곁의 사데 교회를 다 살리기 바랍니다.

• 혹시 한 달 전, 일주일 전, 하루 전과 같은 기도, 같은 예배를 드리고 있습니까?
• 늘 새로운 마음으로 가족을 바라보고 예배를 드리고 봉사하고 있습니까?

큐티는 하나님의 말씀으로 내 욕심과 죄를
가지치기하는 것입니다.

저는 내 성실과 열심으로 무너질 모래성을 쌓으며 살았습니다. 운영하던 커피숍이 잘되자 임대료가 아까워서 무리하게 상가를 분양 받았습니다. 그로 인해 빚이 생기니 마음이 조급해져 많은 권리금을 받고 장사가 잘되던 커피숍을 팔았습니다. 그리고 더 많은 돈을 벌기 위해 교회에 다니던 친정 오빠에게 절반을 투자 받아 유동 인구가 많은 쇼핑몰에 커피숍을 열었습니다.

시장 조사를 할 때는 쇼핑몰에 있는 영화관 덕분에 장사가 잘될 것이라고 예상했습니다. 그러나 커피숍을 오픈한 그해 여름, 하나님은 욕심 많은 제게 아주 인색한 모습으로 찾아오셨습니다. 상영하는 영화마다 흥행이 되지 않아 커피숍 운영이 어려워진 것입니다.

저는 커피숍을 오픈한 지 4개월 만에 오빠에게 미안한 마음으로 처음 교회에 나갔습니다. 첫 예배를 드리는 날 "환경 때문에 울지 말고 내 죄 때문에 울어야 한다", "고난은 하나님의 공의로운 심판의 표이다. 하나님 나라에 합당한 자로 여김을 받기 위해 고난을 주시는 것이다"라는 말씀을 들었습니다. 사데 교회처럼 겉은 아름답지만 속은 썩었다고 하시는 책망의 말씀을 들으며, 저의 모든 사건이 내 욕심 때문에 온 결론임이 깨달아져 눈물이 흘렀습니다. 오빠와 올케는 저로 인해 손해를 보았음에도, 모든 일은 구원의 사건이라며 제가 교회에 나온 것만으로 기뻐해 주었습니다.

행위의 온전한 것이라고는 찾아볼 수 없는 저인데(2절) 하나님이 제 욕심을 일깨워 주시고 회개하게 해 주셨습니다. 또한 커피숍을 매각하여 투자금의 반을 남겨 주시는 큰 위로도 주셨습니다. 그러나 무리하게 상가를 분양 받은 탓에 10억 가까운 빚이 남아 있었고 남편마저 갑자기 실직하여 힘든 상황은 여전했습니다.

하지만 '흰옷 입은' 목장 지체들의 간증을 들으며 세상적인 제 열심을 내려놓으려 노력했습니다(4절). 또한 목자님의 권면으로 내 죄를 깨닫고, 지체들이 나누어 주는 더한 축복을 받으면서 제 신앙도 조금씩 성장했습니다. 제가 한 일이라고는 예배를 드리며 말씀을 들은 것밖에 없는데, 하나님은 이후 상가가 팔리도록 도와주시고 모든 빚을 갚게 해 주셨습니다. 남편 또한 양육을 받으며 목장에 묻고 가니 취업이 되는 응답을 받았습니다. 매일 큐티하며 기도해 온 모든 제목에 응답해 주신 주님의 사랑에 눈물이 났습니다.

죽어가는 내 영을 살리시기 위해 망하는 사건으로 찾아오셔서 저를 훈련시키신 하나님, 사랑합니다. 저도 이제는 오직 주님을 시인하는 삶을 살기로 결단합니다(5절).

영혼의 기도

하나님 아버지, 우리들교회는 이미 유명해졌습니다. 사데 교회처럼 우리에게 많은 행위가 있습니다. 그러나 하나님께서 '너는 살았다고 하나 사실 죽은 자'라고 하실까 봐, '온전한 행위가 하나도 없다'고 하실까 봐 두렵습니다.

우리 가운데에는 아직도 미련한 다섯 처녀처럼 회개가 안 되고 원망하는 자가 있습니다. 말씀이 안 깨달아져서 날마다 슬피 울며 환경만 열어 달라고 하는 성도가 너무나 많습니다. 주님은 도둑같이 온다고 하시는데 인생이 슬퍼서 해석이 안 되는 성도들이 있습니다.

오늘에라도 이 말씀을 듣게 하신 것은, 주님께서 우리를 너무도 사랑하시기 때문임을 알게 하여 주옵소서. 우리의 신랑 되신 예수님을 제대로 알게 하시려는 그 뜻을 깨닫게 하여 주옵소서. 주님이 도둑같이 이르신 사건은 내 인생의 결론입니다. 내가 회개의 기름을 준비하지 못했기 때문에 이렇게 원망이 차는 것입니다. 이제 내가 회개하기를 원합니다.

주님은 이기는 자에게 흰옷을 주시고 생명책에 이름을 지우지 아니하시고 하나님 앞에서 그의 이름을 시인하겠다고 하셨습니다. 우리가 이 상급을 받고 일어나기를 원합니다. 빛을 들고 나아가기를 원합니다. 절망에 빠진 사람들을 살리는 사람이 되기를 원합니다. 이 사명을 감당하기를 원합니다. 깨어나기를 원합니다. 인생의 목적이 행복이 아니고 거룩이라는 것을 알게 하여 주옵소서. 예수님 이름으로 기도합니다. 아멘.

Chapter 10

사랑하시는 교회에는 징표가 있습니다

요한계시록 3장 7~13절

하나님 아버지, 무엇이 주님이 사랑하시는 징표인지
알기 원합니다. 말씀해 주시옵소서.

사람은 사랑을 할 수도, 만들 수도, 지을 수도 없는 존재입니다. 그럼에도 빌라델비아 교회를 대표하는 말이 있다면 바로 '사랑'입니다. 하나님도 그들을 '사랑하시는 교회'(3:9)라고 불러 주셨습니다. 빌라델비아 교회는 문자적으로도 사랑에서 시작한 곳입니다. '빌라델비아'는 그리스어로 사랑을 뜻하는 '필리아'와 형제를 뜻하는 '아델포스'의 합성어로, '형제 사랑'이라는 의미를 지니고 있습니다. 여기에는 사연이 있습니다. 빌라델비아는 앗탈로스 2세에 의해 건설된 도시로, 그는 버가모 왕국 앗탈로스 왕조의 4대 왕인 유메네스 2세의 동생이었습니다. 유메네스 2세는 전쟁에 나갈 때마다 정치와 군사 지식이 뛰어난 동생 앗탈로스 2세에게 국정을 맡기곤 했습니다. 그런데 어느 날 형 유메네스 2세가 전쟁 중에 죽었다는 소문이 돌았고, 이에 그 동생 앗탈로스 2세가 형을 대신해 왕위에 오르게 되었습니다. 그러나 얼마 후 죽었다고 생각했던 형이 멀쩡히 살아 돌아왔습니다. 사람들은 형을 죽이고 왕의 자리를 지키라고 충동했지만, 앗탈로스 2세는 "이 자리는 형의 자리요" 하면서 순순히 물러났습니다. 형도 그의 충성심을 알고 죽을 때 자식이 아닌 동생 앗탈로스 2세에게 왕위를 물려주었다고 합니다. 이 형제 사랑에서 비롯된 도시가 바로 '빌라델비아'입니다. 권력 앞에서도 이처럼 사랑을 택한 지도자가 있었습니다.

그런데 이런 빌라델비아에도 고충이 있었습니다. 바로 지진이 끊이지 않았다는 것입니다. 반복되는 지진으로 삶의 터전은 폐허가 되고 사람들은 집을 잃었습니다. 정말 내일을 바라볼 수 없는, 일곱 교회 중에서도 가장 열악한 곳이 빌라델비아 교회였습니다. 또한 포도가 많이 생산되는 지역이다 보니, 이곳 사람들은 술의 신 바쿠스를 열심으로 섬겼습니다. 그 외에도 여러 신을 두어 '작은 아테네'로 불릴 만큼 우상숭배가 대단한 도시이기도 했습니다. 이런 환경에서도 빌라델비아 교회는 하나님께 칭찬만 받았습니다. 앞서 말했듯 '하나님이 사랑하시는 교회'라는 극찬을 받았습니다. 소아시아의 어떤 교회보다도 믿음의 보루로서 모범이 되는 교회였습니다. 빌라델비아 교회가 어떠했기에 이런 하나님의 사랑과 극찬을 받았을까요?

다윗의 열쇠로 열린 문의 축복을 받은 교회입니다

빌라델비아 교회의 사자에게 편지하라 거룩하고 진실하사 다윗의 열쇠를

가지신 이 곧 열면 닫을 사람이 없고 닫으면 열 사람이 없는 그가 이르시되 _계 3:7

주님은 항상 그 교회의 처지에 맞게 자신을 소개하십니다. 제가 늘 "인생의 목적은 거룩"이라고 외치는데, 주님도 빌라델비아 교회를 향해 '거룩하고 진실하신' 하나님으로 자신을 소개하십니다. 이것은 무엇과 비교할 수 없는 대단한 칭호입니다.

또한 주님은 '다윗의 열쇠를 가지신 이'로 자신을 나타내십니다. 이는 "내가 또 다윗의 집의 열쇠를 그의 어깨에 두리니 그가 열면 닫을 자가 없겠고 닫으면 열 자가 없으리라"(사 22:22)는 말씀에서 유래된 것입니다. 히스기야 왕 시절, 셉나라는 한 이방인 관리가 국고의 열쇠를 맡았습니다. 그런데 그가 국고를 제멋대로 쓰며 나라 재정을 말아먹자, 하나님은 그를 호되게 책망하고 쫓아내셨습니다. 그리고 그의 모든 권한을 엘리아김에게 넘겨주었죠. 이 일로 엘리아김은 셉나가 받을 축복까지 모두 받았습니다(사 22:15~25).

이처럼 한 나라의 열쇠는 그 나라를 흥하게도, 망하게도 할 수 있는 중요한 권위입니다. 그러니 하물며 다윗의 열쇠, 하나님 나라의 열쇠는 어떻겠습니까? 그 위세가 얼마나 대단한지 '열면 닫을 자가 없고 닫으면 열 자가 없다'고 합니다. 이처럼 하나님은 가장 빈약하고 힘없는 빌라델비아 교회에 큰 능력과 권세를 가지신 분으로 나타나십니다.

특별히 '다윗의 열쇠'는 창세기의 유다와 다윗, 그리고 예수 그리스도까지 이어지는 구속사를 상징하는 중요한 이름입니다.

유다가 어떤 사람입니까? 그는 야곱의 열두 아들 중 넷째로, 동생 요셉을 팔아먹고 믿음의 공동체를 떠나 멋대로 불신 결혼을 했다가 두 아들이 죽는 아픔을 겪었습니다. 그런데도 정신을 못 차리고 며느리 다말을 창녀로 오해하여 동침하는 패륜까지 저질렀습니다. 뭐 하나 내놓을 것 없는, 죄의 기록부에나 올라갈 법한 이름 아닙니까? 그런데 이 유다가 예수님의 계보에 올랐습니다. 누가 보아도 가장 훌륭한 아들은 요셉인데, 주님은 유다를 예수님의 조상으로 세우셨습니다. 그 이유가 무엇일까요? 그가 자기 죄를 깨닫고 회개했기 때문입니다. 비록 갖은 죄 가운데서 며느리와 동침하는 패륜까지 저질렀지만, 유다는 다말이 언약의 후사를 위해 희생했음을 깨닫고는 자신의 죄를 인식하고 주 앞에 철저히 회개했습니다 (창 38장).

다윗은 또 어떻습니까? 그는 하나님이 사울에 이어서 이스라엘을 다스릴 왕으로 기름 부으신 자였습니다. 다윗이 처음 왕위에 올랐을 때엔 말씀을 잘 따라가는 듯했습니다. 그러나 그도 인간인지라 실수를 합니다. 우리아의 아내 밧세바와 간음하고 거짓말에 살인까지 저지른 것입니다. 그 결과 그의 아들들도 살인하고 간음을 저질렀습니다. 또한 그는 가장 믿었던 아들 압살롬과 아도니야의 반역을 지켜보아야 했습니다. 참 기가 막히고도 슬픈 인생을 살았습니다. 그러나 다윗은 이러한 고통이 자기 삶의 결론임을 분명히 알았습니다.

결국 다윗의 열쇠가 의미하는 것은 무엇입니까? '나의 죄를 보는 것'입니다. 내가 하나님이 없이는 살 수 없는 처절한 죄인임을 깨닫고 고백하는 것입니다. 이것이 곧 거룩입니다. 그저 입으로 "거룩, 거룩" 외친다고 거룩해지는 것이 아닙니다. 거룩은 내가 주 앞에 벌레만도 못한 죄인임을 깨닫는 것입니다. 이런 사람에게 하나님이 다윗의 열쇠를 가지고 나타나십니다.

힘도, 능력도, 무엇도 바라볼 것 없는 이 황폐한 빌라델비아 교회에 예수님은 다윗의 열쇠를 가지고 나타나셨습니다. 그들은 절망 가운데서 주님만 바라봤습니다. 우슬초로 나를 정결하게 해 달라며 눈물로 침상을 적신 다윗처럼(시 51편) 내 죄만 바라보면서, 내가 티끌만도 못한 존재라는 것을 깨달으면서 주님만 바랐습니다. 그런 그들에게 하나님은 '아주 잘했다. 네가 나만 바라본 것을 알고 있다. 너를 위해 모든 지원을 아끼지 않겠다' 약속하십니다.

> 볼지어다 내가 네 앞에 열린 문을 두었으되 능히 닫을 사람이 없으리라······
> _계 3:8a

다윗의 열쇠를 가지신 주님이 그들 앞에 놓인 모든 문을 열어 두었다고 하십니다. 그러니 못할 일이 없습니다. 내 죄를 바라보면서 눈물로 침상을 적시는 자는 예수님이 그 앞에 열린 문을 놓아두겠다고 하시는 것입니다.

'열린 문'이란 복음 전파의 문이 열리는 것을 말합니다. 다윗처럼 험난한 인생을 통해 하나님을 만난 사람은 인생의 목적이 주의 복음을 전하는 것 외에 다른 것은 없습니다. "내가 달려갈 길과 주 예수께 받은 사명 곧 하나님의 은혜의 복음을 증언하는 일을 마치려 함에는 나의 생명조차 조금도 귀한 것으로 여기지 아니하노라"(행 20:24) 하는 사도 바울의 고백이 저절로 나오게 됩니다. 그러니 이런 인생에게 전도의 문이 항시 열려 있다는 것, 안 열릴 문이 없다는 것은 얼마나 큰 위로요 축복인지 모릅니다.

우리는 열린 문에 앞서서 먼저 닫힌 문을 생각해 봐야 합니다. 맨 처음에는 하나님과 우리 사이에 문이 활짝 열려 있었습니다. 그런데 죄가 들어와서 모든 문이 닫혔습니다. 인생길 굽이굽이마다 온갖 종류의 닫힌 문 때문에 얼마나 힘든지 모릅니다.

그런데 그 닫힌 문을 열어 주시는 분이 계십니다. 이것을 다윗의 열쇠로 열어 주시는 분이 계십니다. 주께서 "내가 오늘 열린 문을 네 앞에 두었다"고 하십니다. 주님은 우리의 닫힌 문을 열어 주시기 위해서 이 땅에 오셨습니다. 어떻게 오셨습니까? 십자가에서 죽으심으로 우리의 온갖 닫힌 문을 열어 주셨습니다.

그러므로 다윗의 열쇠는 곧 주님의 십자가입니다. 우리는 그 다윗의 열쇠를 받았습니다. 내가 십자가 지기로 결심할 때 모든 닫힌 문을 열 수 있습니다. 내가 지금 지옥 같은 인생을 살고 있다 해도 그 환경에서 십자가를 지며 나아갈 때 그 지옥을 부술 수 있는 것입니다. 내가 근심하는 것, 밤새도록 고민하는 그 닫힌 문도 열 수 있습니다. 취업의 문도 열리고 학업의 문도 열리고 결혼의 문도 열리고 사업의 문도 열리고 질병의 문도 열릴 줄 믿습니다.

빌라델비아는 황폐한 도시인데도 불구하고 로마와 아시아가 연결되는 중요한 통로이기에 복음을 전하기에 최적의 입지 조건을 갖추고 있었습니다. 그러니 '네 앞에 열린 문을 두었다'는 주님의 말씀에 빌라델비아 교회가 얼마나 기뻤겠습니까? 비록 환경은 어렵지만 '내가 여기에서 복음을 전할 수 있겠구나. 그래서 하나님이 나를 여기에 두셨구나'라고 생각했을 것입니다. 복음의 문을 쫙 열겠다고 다짐했을 것입니다.

"내가 그리스도의 복음을 위하여 드로아에 이르매 주 안에서 문이 내게 열렸으되"(고후 2:12)라는 바울의 말처럼, 우리도 무슨 일을 하든지 복음의 문이 열리게 해 달라고 항상 기도해야 합니다. '돈 주시면 제가 복음 전할게요. 건강 주시면 복음 전할게요' 해서는 안 됩니다. 이건 앞뒤가 바뀐 것입니다. 먼저 '복음의 문을 열어 주옵소서' 기도해 보십시오. 하나님이 그 길을 가로막고 있는 모든 문을 여실 줄 믿습니다.

● 도저히 열 수 없는 닫힌 문을 가지고 예배의 자리로 나아갑니까? 내가 '복음의 문을 열어 주옵소서' 하고 먼저 기도할 때 하나님께서 내 인생의 모든 문을 여실 것이라는 사실을 믿습니까?

사랑하시는 교회에 징표를 보여 주십니다

보라 사탄의 회당 곧 자칭 유대인이라 하나 그렇지 아니하고 거짓말하는 자들 중에서 몇을 네게 주어 그들로 와서 네 발 앞에 절하게 하고 내가 너를 사랑하는 줄을 알게 하리라 _계 3:9

우리는 요한계시록에 등장하는 교회들을 묵상하면서 유대인들이 얼마나 교회를 괴롭혔는지를 보았습니다. 초대교회 교인들이 복음을 전하는 데 가장 골치 아픈 훼방꾼 노릇을 한 자들이 바로 유대인들입니다.

그런데 주님이 빌라델비아 교회에 어떤 축복을 주셨는가 보니, 그렇게 교회를 괴롭히던 유대인 몇이 와서 이 교회에 등록하고 주님을 영접했다고 합니다. 당시 유대인의 간계가 얼마나 심했는지 바울도 생명을 내놓고 기도할 정도였는데, 그렇게 기세등등하던 자들이 주님께로 돌아오다니요. 그야말로 놀라운 기적이 이 빌라델비아 교회에 일어난 것입니다.

유대인은 바울의 동족입니다. 바울의 모든 가족과 친족이 유대인이라는 말입니다. 그런데 바울을 가장 괴롭힌 사람들도 바로 유대인이었습니다. 그들은 믿는다고 하면서 실상은 믿지 않는 자들이었습니다. 지금도 그렇지 않습니까? 신앙생활 하다 보면 예수를 믿는다고 하는 가족이나 동역자가 가장 나를 힘들게 합니다.

제가 처음에 큐티를 한다고 하니까 안 믿는 사람들은 "큐티가 뭐예요?" 하며 호기심을 보였습니다. 그런데 도리어 믿는 사람들이 큐티하는 것을 걸고넘어지며 비판했습니다. 왜 남들 안 하는 것을 혼자 하려고 하느냐고, 큐티 잘못하다가는 성경을 자의적으로 해석하게 돼서 이상한 길로 빠지기 십상이라고 말입니다. 그렇다고 큐티를 안 할 수 있습니까? 성경 보는 것이 위험해서 보지 말라고 할 수 있습니까? 설령 내가 오늘 말씀을 자의적으로 해석했을지라도 다음 날 성령께서 "네가 지난번에 이 구절을 잘못 해석했다" 하고 가르쳐 주십니다. 내가 하나님과 늘 소통하고 기도하면 문제가 안 되는 일입니다.

그뿐이 아닙니다. 제가 장로님 가정으로 시집와서 힘들었다는 이야기를 하면, "부모님은 존경 받아 마땅한데 어찌 며느리가 시부모님 때문에 힘들었다는 말을 할 수 있는가!"라면서 유교적 관점을 들먹여 비난하는 분들도 있었습니다.

우리가 복음의 문을 열다 보면 이처럼 믿는 부모, 믿는 배우자, 믿는 구역 식구가 나를 얼마든지 힘들게 할 수 있습니다. 먼 데 사는 아무개 집사, 이웃집 아줌마가 나를 힘들게 할 일이 뭐가 있겠습니까? 설령 이웃집 아줌마가 나를 힘들게 한다고 뭐가 그렇게 힘들겠습니까? 그런 일들은 그냥 무시하면 그만입니다. 그런데 내 옆에서 내 일거수일투족을 지켜보는 부모님, 배우자, 자식들이 눈만 뜨면 나를 힘들게 합니다. 그냥 안 봤으면 좋겠는데 그럴 수도 없습니다. 그런 데다 그 가족이 예수까지 믿습니다. 교회에서 굉장한 직분을 가졌습니다. 그러면 고난은 몇 배가 됩니다.

소아시아 일곱 교회는 실질적으로 이방인 교회입니다. 이들은 모태 신앙인은 아니지만 누군가에게 복음을 전해 듣고 예수를 믿기 시작한 사람들입니다. 반면에 이스라엘 공동체는 다윗과 솔로몬에서부터 내려오는 선민의식이 굉장히 강한 사람들입니다. 그러니 서기관이나 바리새인들이 볼 때 이 교회들이 얼마나 무시됐겠습니까? "저것들이 예수를 믿는다고? 지금 누구 앞에서 문자를 써?" 하지 않았겠습니까? 이런 간계 가운데서 우리가 할 수 있는 일은 시험을 참고 주 예수를 섬기는 것뿐입니다.

사도행전 20장 18절에서 21절까지를 보면 "그들에게 말하되 아시아에 들어온 첫날부터 지금까지 내가 항상 여러분 가운데서 어떻게 행하였는지를 여러분도 아는 바니 곧 모든 겸손과 눈물이며 유대인의 간계로 말미암아 당한 시험을 참고 주를 섬긴 것과 유익한 것은 무엇이든지 공중 앞에서나 각 집에서나 거리낌이 없이 여러분에게 전하여 가르치고 유대인과 헬라인들에게 하나님께 대한 회개와 우리 주 예수 그리스도께 대한 믿음을 증언한 것이라"고 합니다.

유대인의 간계로 말미암아 바울이 눈물을 흘렸습니다. 바울은 겸손과 눈물로 유대인의 간계를 참고 주를 섬겼다고 합니다. 어떤 사람들은 '어떻게 자기 입으로 겸손하다고 할 수 있지? 도리어 교만한 것 아닌가?' 할지 모릅니다. 그래서 이것을 원어로 보면 더 이해가 쉽습니다. 바울이 말한 '겸손과 눈물'은 '주를 위한 섬김', '주를 위한 눈물'입니다. 바울이 주님 앞에서 겸손과 눈물로 섬겼더니, 그렇게 교회를 핍박하던 유대인들이 복음을 영접했습니다. 이것이야말로 기적입니다. 우리 인생의 목적인 복음 증거의 열매를 나를 괴롭히던 유대인에게서 얻게 하신 것입니다. 이것이 바로 주님께서 우리를 사랑하시는 최고의 징표인 것입니다.

'사랑의 징표'라고 하면, 기쁨으로 예배드리며 헌금하고 찬양하고, 옆 지체와 이웃을 사랑하고 섬기는 것만 떠오릅니까? 물론 이것도 사랑이지요. 그러나 나를 향한 주님의 최고의 사랑의 징표는 내 원수가 예수를 믿는 것입니다. 연고 없이 길에서 붙잡고 이야기한 사람이나 사랑하는 이웃을 전도할 수도 있지만, 그중에서도 하나님이 보여 주시는 최고의 사랑의 징표는 원수가 전도되는 것입니다. 나를 괴롭게 하던 그 사람이, 내 가족이 평생 예수를 거부할 수도 있잖아요. 평생 안 돌아올 수도 있지 않겠습니까? 그런데 그랬던 원수가 돌아오면 이것이 얼마나 큰 상급이겠습니까? 그러니 우리는 원수가 나를 비웃고 때려도 낙심하지 말고 온몸과 마음으로 그를 위해 기도하고 복음을 증거해야 합니다. 주님은 "나의 생명조차 조금도 귀한 것으로 여기지 아니하노라"(행 20:24) 하는 삶과 고백을 가장 기뻐하십니다.

- 믿는 가족이나 친척이 내 신앙생활을 평가하면서 비난하지는 않습니까? 그럴 때 어떻게 대처하고 있습니까?
- '너만 예수 믿냐', '믿어도 너무 광신이 되면 안 된다' 하며 조롱하고 비웃는 가족들에게 진정한 복음을 전하기 위해 오늘 무엇을 인내하고 섬겨야 합니까?

원수가 예수를 믿으려면 사랑의 행위가 있어야 합니다

……내가 네 행위를 아노니 네가 작은 능력을 가지고서도 내 말을 지키며 내 이름을 배반하지 아니하였도다 _계 3:8b

빌라델비아 교인들은 신분, 재산 어느 것 하나 내세울 것 없는 비천한 사람들이었습니다. 그러나 그들은 주님의 말씀을 지키면서 주의 이름을 배반하지 않았습니다. 작은 능력을 가졌지만 누구보다 진심으로 주님을 섬겼습니다. 그러므로 믿는 우리가 세상에 보일 힘은 빅 파워(big power), 그랜드 파워(grand power)가 아닙니다. 아주 작은, '마이크로 파워'(micro power)입니다. 우리의 작은 능력을 주께 내어드릴 때 하나님이 사랑하시는 교회가 될 줄 믿습니다.

내가 부족한 것이 많습니까? 사람들 앞에 내놓을 능력이 없습니까? 그렇다고 해서 낙심하고 좌절할 필요는 없습니다. 하나님이 연약한 나를 통해서, 아무것도 없는 나를 통해서 큰일을 이루십니다.

빌리 그레이엄(Billy Graham)의 딸이자 오늘날 미국에서 영향력 있는 설교자인 앤 그레이엄 로츠(Anne Graham Lotz)는 이렇게 이야기했습니다. "주님은 한 번도 나에게 이렇게 말씀하지 않으셨다. '넌 이걸 할 수 있어', '좀 더 열심히 노력해야 해', '넌 네 자신이 생각하는 것보다 더 많은 능력을 가지고 있어', '네 배경은 네가 알고 있는 것보다 더 잘 구비되어 있어.'"

하나님은 내게 좀 더 나은 사람이 되라고, 좀 더 노력하라고 독촉하지 않으십니다. 그저 내 모습 그대로 쓰시는 분입니다. 내가 작고 연약할수록 하나님이 일하십니다. 그러니 우리는 내 있는 모습 그대로 하나님만 받아들이면 됩니다. 그러면 하나님이 엄청난 구원의 역사를 이루십니다.

네가 나의 인내의 말씀을 지켰은즉…… _계 3:10a

주님은 빌라델비아의 행위를 안다고 말씀하시며 특별히 그들의 인내를 언급하십니다. 사랑에는 인내가 따릅니다. 무조건 참는 게 아니라 말씀을 따라 인내해야 하죠. 그런데 본문을 자세히 보면, 빌라델비아 교인들이 그냥 인내한 것이 아니라 '인내의 말씀'을 지켰다고 합니다. 이것은 그들로 하여금 인내하도록 하나님이 인도하셨다는 의미입니다.

특별히 그들에게 어떤 인내를 하게 하셨을까요? 앞서 주님은 누구보다 복음을 핍박했던 유대인 몇을 빌라델비아 교회에 주어 그들로 네 발 앞에 절하게 하는 사랑의 징표를 주었다고 하셨죠. 그런데 이 유대인들이 정말 복음을 영접하기까지 얼마나 많은 고통과 수고가 있었겠습니까. 이 유대인들의 간계 가운데서도 인내함으로 주님을 섬길 기회를 빌라델비아 교인들에게 주신 것입니다.

그들이 '작은 능력으로 섬겼다'는 것은 자신을 둘로스(doulos), 즉 새 한 마리 값도 안 되는 종으로 여겼다는 의미입니다. 어떤 일이 오든지, 누구를 만나든지, 어떤 직장을 가졌든지, 어떤 지위를 가졌든지 인내함으로 주님을 섬겼다는 것입니다. 그러나 이것이 굽실거렸다는 의미는 아닙니다. 유대인의 간계로 자존심이 무너지는 일이 올 때마다 하나님 앞에서 자신이 얼마나 무가치하고 보잘것없는가를 깨닫고 저절로 고개를 숙였다는 것입니다. 이것이 작은 능력입니다.

당시 유대인들의 간계가 어찌나 악랄했는지 바울이 눈물로 참았다고 하지 않습니까? 정말 살 소망이 끊어지는 절망이었습니다. 우리도 그렇지 않습니까? 배우자 때문에 살 소망이 끊어집니다. 자식 때문에 살 소망이 끊어집니다. 시부모님, 시댁 식구들 때문에 살 소망이 끊어집니다. 그러나 내가 스스로를 둘로스로 여기면서, 작은 능력으로 인내하고, 눈물을 흘려 기도하는 것이 하나님을 기쁘시게 하는 사랑의 행위인 줄 믿습니다. 내가 그 사람을 어떻게 변화시킵니까? 나는 아무것도 할 수 없습니다. 그저 "주님, 저는 아무것도 할 수 없습니다. 그를 불쌍히 여겨 주시옵소서"라고 기도하는 것이 최고의 기도요, 사랑의 행위입니다.

바울은 "보라 이제 나는 성령에 매여 예루살렘으로 가는데 거기서 무슨 일을 당할는지 알지 못하노라 오직 성령이 각 성에서 내게 증언하여 결박과 환난이 나를 기다린다 하시나 내가 달려갈 길과 주 예수께 받은 사명 곧 하나님의 은혜의 복음을 증언하는 일을 마치려 함에는 나의 생명조차 조금도 귀한 것으로 여기지 아니하노라"(행 20:22~24)고 했습니다. 바울은 어떠한 결박과 환난에도 복음 전하기를 간절히 원했습니다.

이렇게 복음을 전하고자 하는 마음이 충만하면 사랑의 행위가 저절로 나옵니다. 아내를 봐도, 남편을 봐도, 시부모님을 봐도, 장인 장모님을 봐도 복음을 전할 생각에 미움은 눈 녹듯 사라집니다.

저야말로 지금까지 작은 능력으로 왔습니다. 제가 1990년 코스타에 처음 강사로 섰을 때 직분이 서리집사였습니다. 30대 후반의 과부로 의지할 남편도 없었습니다. 의지할 친정도 없었습니다. 뒤를 봐 주는 사람도 당연히 없었습니다. 당시는 신학을 제대로 공부해서 석박사 학위가 있는 것도 아니었습니다. 그런데 첫날 강의 시간에 복음의 문이 열렸습니다. 지금도 기억이 납니다. 첫날 첫 시간에 그곳 청년들이 모두 일어나서 예수를 영접했습니다. 처음 강단에 서 본 제가 얼마나 놀랐겠습니까? 비록 작은 능력을 가졌지만 인내의 말씀을 지키고 주님의 이름을 배반하지 않겠다고 고백한 제게 주님이 보이신 사랑의 징표라고 생각합니다.

사실 아무리 시집살이가 고되고 남편의 핍박을 받았어도, 하루아침에 과부가 된다는 것은 세상적으로 보면 수치스러운 사건입니다. 그런데도 저는 그때 이런 기도를 참 많이 했습니다. "주님은 어찌하여 저를 이렇게 편애하십니까?" 주님이 저를 사랑하시다 못해 편애하시는 것이 감사하다고 기도했습니다.

세상에 나만큼 불쌍한 사람이 없는 것 같습니까? 자식이 속을 썩이고 남편이 바람을 피우고 질병에 죽게 생겼습니까? "주님 나를 어쩌면 이렇게 편애하십니까?"라고 기도해 보기 바랍니다. 편애가 무엇입니까? 사랑을 하는데 편집증적으로 한다는 말입니다. 주님께서 나를 향해 달려오신다는 말입니다. "나에게 왜 이런 사건이 왔는가, 왜 하필 나인가"라고 불평하는 것은 주님의 이름을 배반하는 것입니다. 그런 순간에도 오직 말씀을 읽고 듣고 지키고 주님을 배반하지 않겠다고 고백하는 것이 작은 능력입니다. 주님은 그런 우리의 행위를 다 보고 계십니다.

● 인생의 기막힌 사건들 속에서 주님의 이름을 배반하고 있습니까, 작은 능력으로 사랑의 행위를 보여 줍니까?

주님이 사랑하시는 교회는 면류관을 빼앗기지 않습니다

내가 속히 오리니 네가 가진 것을 굳게 잡아 아무도 네 면류관을 빼앗지 못하게 하라 _계 3:11

생각해 보세요. 그동안 교회를 핍박하던 사람이 예수를 영접하고 교회에 등록했습니다. 내가 빌라델비아 교회 감독이라면 기가 막히지 않겠습니까? 너무나 감격한 나머지 이것이 자랑의 면류관, 세상의 면류관이 될 수도 있지 않겠습니까? 그러나 "내가 내 몸을 쳐 복종하게 함은 내가 남에게 전파한 후에 자신이 도리어 버림을 당할까 두려워함이로다"(고전 9:27)라고 합니다. 하나님이 사랑하시는 교회와 사람은 구원과 복음 때문에 언제나 한결같습니다. 하나님은 사랑하시는 자녀에게 "언제 어떤 사람을 전도했다고 해도 너는 그 면류관을 뺏기면 안 된다. 사탄에게 면류관을 빼앗기지 않도록 조심해라" 경고하십니다.

제가 처음 코스타 강의를 마치고 한국으로 돌아왔는데, 어떤 전도사님이 저를 위해 기도해 주겠다고 하셨습니다. 당시 제가 집사 시절이었잖아요. 기도를 받는데 그 전도사님이 그러셨습니다.

"이 김양재 집사가 교만하지 않게 해 주시옵소서."

전도사가 되어서도 강단에 못 서는데 서리집사가 그 큰 자리에 섰으니 기분이 나쁘셨던 것이죠. 본인이 생각해도 '저 젊은 여자가 교만해지면 나중에 정말 큰일 나겠다'고 생각한 겁니다. 그런데 그 생각이 아주 틀리지는 않습니다. 하나님께서 저를 너무도 사랑하셔서 "선 줄로 생각하는 자는 넘어질까 조심하라"(고전 10:12)는 말씀을 그 전도사님을 통하여 주신 것이라고 생각합니다.

빌라델비아 교회에 사랑의 징표를 주셔서 유대인들 중에 몇이 돌아왔습니다. 다 돌아오지는 않았습니다. 사도 바울이 유대인의 구원을 위해서 그렇게 눈물로 기도했어도 여전히 그들은 돌아오지 않습니다. 그러니 상대가 돌아오고 안 돌아오고는 우리의 권한이 아닙니다. 때와 기한은 아버지께서 자기 권한에 두신 줄 믿습니다.

저는 수준이 사도 바울만큼 되지 않으니까 남편도 돌아오고 주변 많은 사람들이 돌아왔습니다. 수준이 낮은 사람은 하나님께서 금방 징표를 보여 주십니다. 그러나 사도 바울처럼 평생을 기도해도 안 돌아올 수 있습니다. 그러니 내가 기도하는 누군가가 돌아오든 안 돌아오든 우리가 절망할 필요도, 교만해질 필요도 없습니다. 하나님의 사랑을 상급으로 놓고 걸어가는 사람은 당장 눈에 보이는 성취가 없어도 무너지지 않습니다. 열등감을 느낄 필요도 없습니다. 그저 하나님께 사랑 받는다는 그 자존감으로 살아가기를 바랍니다. 주님이 주실 축복만 바라보며 걸어가면 됩니다. 하나님이 빌라델비아 교회에 어떤 축복을 주셨습니까?

첫째, 시험의 때를 면하게 하십니다.

……내가 또한 너를 지켜 시험의 때를 면하게 하리니 이는 장차 온 세상에 임하여 땅에 거하는 자들을 시험할 때라 _계 3:10b

시험의 때를 면하게 하신다는 것은 시험이 없을 것이라는 말이 아닙니다. 우리는 학창 시절 수도 없이 시험을 치렀습니다. 시험이 꼭 힘든 것만은 아닙니다. 비록 시험 기간에는 애간장이 타들어 가고 잠도 제대로 못 자지만, 우리는 그 과정을 거치면서 점점 성숙한 분량으로 자라 갑니다. 시험은 고통스러운 만큼 우리를 연단합니다. 참된 축복은 시험이 오지 않는 것이 아니라 시험이 와도 인내의 말씀을 지킴으로 그 무게가 느껴지지 않는 것입니다. 저 역시 남편이 죽는 시험, 자녀 시험을 다 거쳤지만 눈물로 기도하며 지금까지 왔습니다. 때마다 시험의 무게가 느껴지지 않았기 때문에 점점 더 복음의 큰 문이 열려 지금까지 온 줄 믿습니다. 우리가 숱한 시험에서 패스할 때 천국 문도 패스하게 될 줄 믿습니다.

둘째, 하나님의 성전에 기둥 같은 일꾼이 되게 해 주십니다.

이기는 자는 내 하나님 성전에 기둥이 되게 하리니 그가 결코 다시 나가지 아니하리라…… _계 3:12a

빌라델비아는 지진이 잦은 불안정한 곳이었습니다. 그러니 자주 건물이 흔들리고 무너졌겠지요. 집에 있어도 늘 언제 도망 나가야 하나 불안했을 것입니다. 그런데 이기는 자는 성전 기둥이 되어서 결코 다시 나가지 아니하리라고 축복하십니다.

우리도 인생이 늘 불안합니다. 남편이, 아내가 바람이 나서 언제 집을 나갈지 알 수 없습니다. 자녀들도 매일같이 속을 썩입니다. 그런데 주님은 이 황폐한 곳에서 우리가 요동하지 않도록 지키십니다. 순종하는 우리를 하나님 성전에 기둥 되게 하겠다고 약속하십니다.

우리의 모든 식구들은 기둥입니다. 남편도 기둥이고 아내도 기둥이고 자녀도 기둥입니다. 저는 남편 없이 교회 일을 하려니까 정말 힘들었습니다. 어디에도 나설 수가 없었습니다. 성경에서도 과부에게 맡겨지는 일은 성도들의 발을 씻겨 주는 일뿐이었습니다(딤전 5:10). 저도 과부인 제 처지 때문에 할 수 있는 일이 없었습니다. 교회에서 공식적인 일을 맡을 수도 없었습니다. 그저 앉으나 서나 집에서 힘든 사람 살리고, 이혼당한 사람 살리고, 자살하겠다는 사람 살렸습니다. 그런데 이게 진짜 하나님의 일 아닙니까? 자꾸 어디에 가서 무슨 자리에라도 끼려고 하니까 인생이 슬프고 외롭고 헛헛합니다. 만날 여기저기 기웃기웃 거리니까 점점 더 추해지고 매력도 없어집니다.

그러나 하나님은 나를 드러내지 않고, 작은 능력으로 주어진 자리에서 말씀을 지키려고 노력한 저를 쓰셨습니다. 그러니 바람을 피우든 병으로 누워 있든 내 배우자를 기둥으로 여기십시오. 일단 살아만 있으면 기둥 같은 남편, 기둥 같은 아내로 여기시기 바랍니다. 하나님은 그런 사람을 쓰십니다. 어떤 사람은 이혼하고서 주의 일을 한다고 하는데, 그저 이혼하지 않고 같이 사는 것만으로도 주의 일을 할 자격이 있습니다. 저처럼 남편 없는 사람이면 어떻게 해야겠습니까? 그저 자기 주제를 알고, 드러내지 말고, 작은 능력으로 사람을 살리고, 말씀을 배반하지 않고 지키면 됩니다. 그러면 내가 나서지 않아도 사람이 찾아옵니다. 이렇게 내가 성경적인 가치관을 가져야 교회에도 인생에도 분란이 없습니다. 그럴 때 모두 자원하는 마음으로 기둥 같은 일꾼이 되는 축복을 우리 교회에 허락하십니다.

셋째, 공동체의 축복을 주십니다.

12 ……내가 하나님의 이름과 하나님의 성 곧 하늘에서 내 하나님께로부터 내려오는 새 예루살렘의 이름과 나의 새 이름을 그이 위에 기록하리라 13 귀 있는 자는 성령이 교회들에게 하시는 말씀을 들을지어다
_계 3:12b~13

저는 본문의 '새 예루살렘'이 새로운 믿음의 공동체라고 생각합니다. 당시 유대인들의 공동체, 예루살렘 성전에서는 갖은 죄가 범해졌습니다. 그들에게는 사랑이 없었습니다. 그런데 새 예루살렘, 천국 공동체가 우리에게 내려왔습니다. 이 천국 공동체의 축복 속에서 날마다 새로운 예수님의 이름을 우리 위에 써 주시겠다고 하십니다.

오늘은 낙망에서 희망의 예수님의 이름을 쓰고, 내일은 슬픔에서 위로의 주님을 기록하게 하십니다. 고통에서 희락의 주님으로, 추함에서 아름다움의 주님으로, 주님이 사랑하시는 공동체에서 날마다 주님의 새로운 이름을 써 가게 하시는 축복을 우리에게 주셨다 이 말입니다. 오늘은 주님의 아름다움을 알게 되고, 내일은 희망의 주님을 알게 되고, 모레는 위로의 주님을 알게 됩니다. 그래서 날마다 새롭게 될 수 있습니다.

우리는 각자 영적으로나 육적으로 인생의 닫힌 문이 있습니다. 교회를 다닌다고 황폐하지 않은 것이 아닙니다. 어디든 나를 괴롭히는 사람이 있어서 황폐하고, 돈이 없어서 황폐합니다. 마음이 황량한 대로 내버려두면 누구나 길을 잃게 마련입니다.

쉴라 월쉬(Sheila Walsh)는 미국 텔레비전 토크쇼 진행자이자 가수 겸 작곡가로, 저술가로, 미국 크리스천 여성 연합회에 인기 강사로 활동하고 있습니다. 외형적으로 보면 모두의 부러움을 살 만한 사람입니다. 그녀는 주말마다 이곳저곳에 강의를 다니고 책도 썼습니다. 사람들에게 얼마나 신뢰를 받았는지, CBN(The Christian Broadcasting Network)의 많은 스태프들이 그녀의 사무실로 찾아와 고민을 이야기하고 기도를 부탁할 정도였습니다. 그녀는 주어진 일들을 열심히 감당하고 다른 사람도 잘 돌보았기에 자신이 모두에게 가치 있는 존재라고 믿었습니다.

그런데 다른 사람들을 위로하며 문제도 척척 해결해 주는 그녀이지만 정작 자신은 누구에게도 위로를 받지 못했습니다. 사람들은 그녀의 좋은 면만 보면서 대단하다고 칭찬했지만 사실 그녀는 무척 외롭고 두려웠습니다. 그녀는 자신이 미쳐 가고 있다고 판단했습니다. 아버지가 정신병으로 돌아가셨기에 행여 자신도 같은 길을 걷지는 않을까 두려웠습니다. 그녀는 성장기 동안 아버지처럼 정신병원에서 생을 마감할지 모른다는 생각에 늘 불안했다고 합니다. 결국 그녀는 회사에 휴가를 요청하고 홀로 정신병원에 찾아가 입원을 했습니다. 그때 가장 외롭고 황폐한 심정을 느꼈다고 합니다.

그런데 그녀는 병원에서 생활하면서 그곳 환자들이 자신과 참 비슷하다는 생각을 했습니다. 그들도 자신만큼 하나님을 사랑했습니다. 단지 불완전한 인간이기에 겪는 어쩔 수 없는 한계에 직면해 몸부림칠 뿐이었습니다. 목회자인 한 환자는 자신이 교인들에게 더 이상 줄 것이 없다는 사실에 괴로워서 입원했습니다. 어느 선생님은 학생들에게 무엇을 더 베풀어야 할지 몰라서 희망을 상실했다고 했습니다. 그녀는 생각했습니다. '나는 어떠한가?' 쉴라 월쉬는 버지니아에 있는 자신의 사무실에 편지가 무릎까지 쌓일 정도로 많은 사람의 사랑을 받던 사람이었습니다. 그런데도 자신은 사랑 받을 만한 존재가 아니며, 사랑 받지도 못한다고 뼈에 사무치도록 느꼈습니다. 사랑 안에 두려움이 없고 온전한 사랑이 두려움을 내쫓는데(요일 4:18), 이렇게 우리의 두려움이 하나님의 온전한 사랑을 내쫓을 수 있습니다.

차라리 끔찍한 죄를 지은 사람이라면 더 나았을지 모릅니다. '나는 하나님의 사랑을 온전히 받기에 부족한 사람이야', '나는 기준에 미달하는 사람이야', '나는 가장 선한 순간에도 부족했고 아무리 선해진다고 해도 부족할 거야'라는 생각이 가장 나를 황폐하게 만듭니다. 하나님은 나를 온전히 사랑하시고 내 그림자까지도 사랑하시는 분인데 말입니다.

어느 날 쉴라 월시는 병원 사람들과 예배를 드리던 중 영혼 깊은 곳에서 "너는 사랑 받고 있다" 말씀하시는 주님의 음성을 들었습니다. 자신의 문제가 해결되는 극적인 사건은 없었지만 그날 그녀는 처음으로 평안했습니다. 과거 그녀는 자신을 택하신 하나님께 보답하는 마음으로 그저 그분을 기쁘게 해 드리고자 인생의 대부분을 보냈습니다. 세상에서 가치있는 존재가 되기 위해 온 힘을 쏟아부어 일에 몰두했습니다. 그러나 정작 남은 것은 없고 그녀는 정신병원에 입원하여 갓난아기처럼 살아가는 방법을 다시 배우는 처지가 되었습니다. 자신이 이토록 무가치한 존재라는 것이 너무도 절망스러웠는데, 그 순간 그녀는 자신이 얼마나 하나님의 큰 사랑을 받고 있는지 처음으로 깨달았습니다. 하나님이 나의 모든 권리를 몰수하셨다고 느끼는 순간, 그분이 나를 환영하고 받아들이셨음을 느꼈습니다.

한 상담자가 그녀에게 말했습니다. "그리스도는 문제에서 당신을 구해 주려고 오신 것이 아닙니다. 문제가 해결될 때까지 당신 안에 거하려고 오셨습니다." 그녀는 하나님이 자신의 두려움을 쉬이 거두지 않으신 것은 그분이 자신을 사랑하시기 때문이라고 고백했습니다. "나는 해결을 갈망했지만 하나님은 그분과 나 사이의 관계를 주셨습니다. 나는 구조를

264

갈망했지만 그분은 황폐함 속에서 함께하는 교제를 허락하셨습니다."

만약 하나님이 단순히 두려움만 제거해 주셨다면 자신은 남은 인생을 '그 두려움이 언제 올까' 하며 또 두려워했을 것이라고 했습니다.

하나님은 빌라델비아 교회에 쌀과 밥 같은 육적인 축복을 주지 않으셨습니다. 그러나 황폐함 속에서 작은 능력을 가지고 하나님과 교제하는 것만으로도 충분히 만족하는 상급을 주셨습니다. 우리가 어떠한 경우라도 주님의 손을 놓지 않을 때 이 땅에서 하나님께 가장 사랑 받는 교회, 사랑 받는 성도가 될 줄 믿습니다.

하나님은 사랑하시는 교회에 다윗의 열쇠와 열린 문의 축복을 허락하십니다. 사랑의 징표를 허락하시고, 사랑의 행위를 허락하시고, 면류관을 뺏기지 않게 하십니다. 하나님의 성전에 기둥 같은 일꾼이 되게 하십니다. 새 예루살렘의 교제를 허락하시고 날마다 주님의 새 이름을 기록하게 하십니다. 열린 천국 문으로 들어가서 주와 함께 사는 우리가 되기를 바랍니다.

- 내가 이루지 못한 것 때문에, 환경이 열리지 않는 것 때문에 주님을 원망하고 있지는 않습니까? 오랫동안 기도했지만 아직 돌아오지 못한 가족 때문에 하나님이 원망스럽지는 않습니까?
- 내가 기도하는 그 한 사람이 돌아오든 돌아오지 않든, 그것은 주님의 일이라는 사실을 인정합니까? 하나님이 원하시는 것은 문제 해결이 아니라 그 황폐함 속에서 그분과 함께 교제하는 것이라는 사실을 믿습니까?

우리들 묵상과 적용

저는 엄한 아버지 밑에서 자라서인지 감정 표현에 서툴고 열등감이 깊었습니다. 입시에 실패하고 난 후부터는 좌절감과 두려움이 심해져 불안과 강박이 생기기도 했습니다. 학벌에 대한 열등감을 해결하고자 취업 후 남보다 몇 배로 일했지만 승진에서 누락되기 일쑤였습니다. 그렇게 이기고 이기려는 삶을 살던 어느 날, 둘째 아이가 자폐 성향을 보이며 학습 장애를 겪는 사건이 찾아왔습니다. 아들은 말도 잘 못하고 다른 사람과 눈도 잘 마주치지 못했습니다. 날이 갈수록 아들의 불안이 심해지자 우리 부부는 아이를 큰아들이 있는 캐나다로 유학을 보내기로 결정했습니다.

그러나 이런 황폐한 환경 가운데서도 저는 '성공해야 내 존재가 인정받는다'는 욕심에만 사로잡혀 제 삶을 제대로 돌아보지 못했습니다. 그렇게 아들 고난에서는 꿈쩍도 않다가 이직한 회사에서 무시를 당하는 매를 맞고 나서야 비로소 마음이 곤고해졌습니다. 그제야 저는 예배와 말씀에 매달렸고, 성공에 목말라 하나님을 배반한 저의 악함을 회개하게 되었습니다. 지옥 같은 회사생활을 견딜 수 있었던 것은 "수치와 조롱을 잘 당하며 쫓겨날 때까지 있으라"는 공동체의 처방이 나팔 소리같이 들리고 난 후부터였습니다. 그때부터 저는 제 욕심이 아닌 말씀을 의지하여 회사 생활을 해 나가기로 마음먹었습니다. 사명감을 가지고 성실히 일하면서 목장예배를 인도하듯 직원들을 품고 체휼하며 이끌어 갔습니다. 그 결과, 회사는 7년 만에 50배의 매출을 냈습니다.

제가 한 일이라고는 작은 능력으로 인내하며 주님만 바라본 것밖에 없는데(8절), 그런 저에게 주님은 가장 실력 있는 분으로 나타나 주셨습니다. 내가 얼마나 악한 죄인인지 깨닫게 하심으로 다윗의 열쇠를 주시고 (7절), 때마다 시련을 가볍게 느끼게 하시며 시험에서 면하게 하셨습니다 (10절). 또한 부족한 저를 목자로 세워 주시고, 회사에서는 아시아 지부 부사장직에 오르는 영광도 허락해 주셨습니다. 이제는 복음을 전하는 삶을 살라고 제게 이런 큰 은혜를 주신 것 같습니다. 이런 주님의 은혜에 화답하여 나의 사건에서 새로운 주님의 이름을 써 가며 하나님 나라의 기둥으로 세워지기를 소원합니다(12절). 유학 생활 중인 자녀들을 생각하면 여전히 근심이 많지만, 말씀을 의지하며 나아갈 때 주님이 자녀들도 구원으로 인도해 주실 것을 믿습니다. 황폐할 대로 황폐했던 나의 마음을 십자가 사랑으로 열어 주신 주님, 사랑합니다.

영혼의 기도

하나님 아버지, 주님은 가장 연약하고 황폐한 빌라델비아 교회에 다윗의 이름으로 찾아오셨습니다. 참된 거룩과 진실은 내 죄를 보는 것입니다. 죄 덩어리인 내 인생을 보면서 아파하고 눈물 흘리는 것이 가장 진실하고 거룩한 것이라는 사실을 믿습니다. 주님, 다윗의 열쇠를 가지고 열린 문을 내 앞에 두었다고 하셨으니, 나에게 베풀어 주신 이 다윗의 열쇠를 간증하는 우리가 되기를 간절히 원합니다.

우리는 너무나 작은 능력을 가졌습니다. 누구 앞에 내놓을 것이 아무것도 없습니다. 그러나 내가 낙망할 수밖에 없는 환경에서 말씀을 지키고 주님의 이름을 배반하지 아니하였더니 축복이 왔습니다. 다른 축복이 아닙니다. 우리를 그토록 넘어뜨리고자 했던 유대인, 가장 힘든 내 식구들이 주님 앞으로 돌아왔습니다. 아직 돌아오지 않았더라도 곧 기적을 허락하실 주님을 믿습니다. 주님, 우리가 생명의 면류관을 뺏기지 않게 도와주옵소서.

어떤 시험이 와도, 시험이 시험 되지 않는 축복을 주실 줄 믿습니다. 내가 성전의 기둥 같은 일꾼이 되어서 날마다 새로운 주님의 이름을 써 나가기 원합니다. 오늘은 아름다운 주님, 내일은 사랑의 주님, 모레는 은혜의 주님을 날마다 써 나가게 하여 주옵소서. 예수님 이름으로 기도합니다. 아멘.

Chapter 11

이 땅에서 부자라도
죽으면 소용없습니다

요한계시록 3장 14~22절

하나님 아버지, 주님이 원하시는 진정한 부자가
되기를 원합니다. 말씀해 주시옵소서.

요즘 TV에서 각종 서바이벌 오디션 프로그램이 많이 방영됩니다. 어떤
분이 그런 방송을 보고 "경쟁 코드, 독설 코드, 사연 코드가 어우러져 참
가자들이 나날이 성장한다"라고 하더군요. 맞는 말이라고 생각합니다.
경쟁 구도 속에서 독설을 참아 내고, 자신의 사연, 즉 '성공 스토리'를 자
랑해야 이 사회에서 살아남아 성공할 수 있지 않습니까?

　　주님도 일곱 교회를 두루 살피시면서 천국계 오디션을 보고 계십니
다. 마치 영적 서바이벌 오디션처럼 경쟁 코드, 독설 코드, 사연 코드로
우리의 믿음이 얼마나 성장했는지 평가하십니다. 이를테면 십자가 이야
기, 곧 말씀은 주님의 독설이라고 할 수 있겠죠.

　　천국 문은 누구에게나 열려 있지만 아무나 들어갈 수는 없습니다.
우리는 평생 죄를 이기고 고난을 통과하며 믿음의 경주를 해야 합니다.

이 천국 오디션에 마지막으로 참가한 라오디게아 교회는 어떤 평가를 받았을까요? 과연 주님의 오디션에서 살아남았을까요?

"너는 부자다"라고 평가해 주셨습니다

라오디게아는 그야말로 '부자 도시'였습니다. 이곳은 버가모와 에베소로 통하는 길과 에게해와 유브라데강을 잇는 통상로에 자리하고 있어 일찍이 교통·무역·경제의 중심지로 부상했습니다. 특별히 금융업이 발전하여 소위 백만장자들이 많이 살았다고 합니다. 의류 제조업과 직물 공업도 크게 발달해 패션의 중심 도시로도 불렸습니다. 특히 검은 양을 목축하여 얻은 부드러운 양털 상품이 유명해 검은 카펫이 이곳의 주요 생산품이었습니다. 또한 근처 히에라볼리의 온천물이 이곳까지 흘러들어와 질병 치료에 도움을 주었을 뿐만 아니라, 안약 제조 기술이 유명하여 '부르기아의 분말'로 불리던 안염제를 전 세계로 수출했다고 합니다. 덕분에 의료 도시로서도 명성을 얻어 도처에서 치료를 받으러 모여드는 사람들로 붐비고 약학대학과 의과대학이 급성장했습니다. 제오시스와 알렉산더, 빌라, 레데스 같은 의원들도 유명했습니다.

당시 라오디게아가 얼마나 부자였는가 하면, A. D. 60년 소아시아를 강타한 지진으로 도시가 황폐화되었는데도 로마의 도움을 거절하고 자력갱생하여 도시를 재건했을 정도였습니다. 타키스투스를 비롯한 고대 역사가들은 라오디게아를 가리켜 '지상에서 가장 부유한 도시'라고 했습니다. 또한 성경학자 바클레이(John Barclay)에 의하면 이곳에만 7,500명에 가까운 유대인들이 거주했다고 합니다.

이 도시에 바울의 제자이자 동역자인 에바브라가 교회를 세웠습니다. 초창기 라오디게아 교회와 골로새 교회, 히에라볼리 교회는 바울의 가르침을 받으며 함께 건강하게 성장했습니다. 소아시아에 지진이 발생하며 한때 골로새 교회는 삼류 교회로 전락했지만, 고난 가운데 하나님을 의지하여 성경에 이름을 올리는 교회가 되었습니다.

그런데 지진에도 살아남은 라오디게아 교회는 워낙 부유하다 보니 교회 속으로 세상이 들어오기 시작했습니다. 하나님의 교회가 물질 중심으로 흘러가며 세속적인 곳으로 변질된 것입니다. 그러니 주님이 어쩌십니까? "그래, 너 부자다. 정말 잘났다!" 평가하십니다. 주님이 이 라오디게아 교회에 어떤 모습으로 나타나십니까?

라오디게아 교회의 사자에게 편지하라 아멘이시요 충성되고 참된 증인이시요 하나님의 창조의 근본이신 이가 이르시되 _계 3:14

"아멘"은 히브리어로 '진실로'라는 의미입니다. 주님은 거짓이 없는 분이니 존재 자체가 진실인데, 왜 이런 표현을 쓰셨을까요? 이것은 라오디게아 교회에 진실함이 없었기 때문입니다. 라오디게아 교회는 모든 것을 갖춘 것 같아도 그 안에는 진실함도, 참된 증인도, 충성된 자도 없는 거짓된 교회였습니다. 당연히 그들은 주님이 창조의 근본이신 것도 깨닫지 못했습니다. 그러니 주님이 "내가 정말 창조의 근본이다" 하시며 자신을 소개하십니다.

요한복음 1장 3절에 "만물이 그로 말미암아 지은 바 되었으니 지은 것이 하나도 그가 없이는 된 것이 없느니라"고 합니다. 그러므로 '하나님의 창조의 근본이신 이'라는 주님의 소개에는 "라오디게아 교회야, 너희가 잘사는 것은 창조의 근본인 내 덕분이다"라는 의미가 담겨 있습니다. 그런데 라오디게아 교회는 이 말씀을 무시했습니다. 자신들의 힘으로 부자가 된 것이 아닌데 그 진리를 몰랐습니다.

• 교회에서 주님께 집중하는 것보다 더 신경 쓰는 것은 없습니까? '교회 인테리어가 왜 이래', '왜 찬양을 저것밖에 못하나', '성도를 위한 시설에 돈 좀 더 쓰지' 하면서 세상 기준으로 교회를 평가하지는 않습니까?

"나는 부자다"라고 외치는 어리석은 모습이 있다고 하십니다

하나님은 어리석은 부자의 정의를 두 가지로 내리십니다.
첫째는 미지근한 자입니다.

15 내가 네 행위를 아노니 네가 차지도 아니하고 뜨겁지도 아니하도다 네가 차든지 뜨겁든지 하기를 원하노라 16 네가 이같이 미지근하여 뜨겁지도 아니하고 차지도 아니하니 내 입에서 너를 토하여 버리리라 _계 3:15~16

모든 것을 갖춘 라오디게아에 단 한 가지 부족한 것이 '물'이었습니다. 반면 라오디게아에서 16km 떨어진 골로새는 굉장히 차갑고 깨끗한 물이, 9km 떨어진 히에라볼리는 뜨겁고 펄펄 끓는 온천수가 흘렀습니다. 그래서 라오디게아는 수로를 놓고 이 두 지역에서 물을 끌어다가 사용했습니다. 문제는 이 차갑고 뜨거운 물이 수로를 통해 오면서 미지근해진다는 것이었습니다. 라오디게아에는 멋있는 온천이 여기저기 많았지만, 그 물은 정작 먹으면 토악질이 나올 정도로 역겨웠습니다.

　　그런데 주님은 왜 갑자기 물 이야기를 하실까요? 이는 우리의 행위도 역겨워서 도저히 먹지 못할 라오디게아의 물과 같지는 않은지 돌아보라는 의미입니다. 뜨거운 물처럼 사람의 피로를 회복시키든지, 차가운 물처럼 목마른 자를 시원케 하라는 뜻입니다. 중간은 없다는 것입니다.

　　교회에는 굉장히 열정적인 사람도 있고, 굉장히 똑똑한 사람도 있습니다. 또 어떤 사람은 지혜가 뛰어나서 성도들에게 깊은 깨달음을 주기도 합니다. 어떤 사람은 마음이 따뜻해서 이웃을 잘 섬기고 품습니다. 그런데 이도 저도 아닌 사람이 있습니다. 뭘 하자고 해도 시큰둥하고, 예배를 드리자고 해도 감흥이 없습니다. 이런 사람이 미지근한 물입니다. 하나님은 "미지근한 물은 아무짝에도 쓸모없다"고 하십니다.

　　라오디게아 교회는 왜 미지근한 교회가 됐을까요? 그들은 가진 게 너무나 많았습니다. 넘치게 부유해서 은혜도 모르고 절박하게 은혜를 구하지도 않았습니다. 교회에 분열이 일어나 덕을 세우지 못한 것도 아니었습니다. 도덕적으로 타락했거나 이단에 빠진 것도 아니었습니다. 그러면 한 번쯤 주님의 칭찬을 받을 만도 하지 않습니까? 그런데 주님이 살펴보실 때 라오디게아 교회에는 칭찬할 것이 하나도 없었습니다. 난공불락의 성 사데 교회도 흰옷 입은 사람이 몇 명은 있다고 하셨는데, 라오디게아 교회는 그저 책망만 받은 교회가 되고 말았습니다.

그들은 부요함을 누리면서 무엇에도 관심이 없었습니다. 본래 무관심이 가장 무섭습니다. 사랑하지도 미워하지도 않는 회색의 상태가 무관심입니다. 라오디게아 교회가 딱 그랬습니다. 매사 관심이 없었습니다. 어디에서 무슨 일이 생겨도 간섭하지 않았습니다. 그야말로 미지근했습니다. 그러니 주님이 "역겨워서 토해 버리고 싶다"고 하십니다. 이것은 책망을 넘어서는 저주입니다.

둘째로, 나는 부족한 것이 없다고 외치는 어리석은 자입니다.

네가 말하기를 나는 부자라 부요하여 부족한 것이 없다 하나 네 곤고한 것과 가련한 것과 가난한 것과 눈먼 것과 벌거벗은 것을 알지 못하는도다
_계 3:17

라오디게아 사람들이 어찌나 잘난 척을 하는지, 그들은 가는 곳마다 "나는 부자라. 부요하여 부족한 것이 없다. 그러니 나한테 상관 마라. 내 일에 간섭 마라!!" 했습니다. A. D. 60년, 소아시아에 대지진이 발생했습니다. 주변 도시들은 모두 로마에 도와 달라고 손을 벌리는데, 이 라오디게아는 "나는 도움 필요 없어. 나는 부자야. 무너진 건 내가 다 복구할 수 있어" 했습니다. 위기가 오면 아무리 강퍅한 사람도 움찔하여 하나님을

바라보게 마련인데, 이들은 마치 하나님께 잊힌 사람들 같았습니다. 그러니 하나님도 그들을 자기 마음의 정욕대로 살게 내버려 두신 것입니다 (롬 1:24).

그런데 하나님은 "나는 부자야. 부족한 것이 없어. 나한테 간섭 마" 하는 사람이 사실은 "나는 가련하다, 나는 어리석다, 나는 곤고하다"는 불편한 심경을 만방에 알리는 사람이라고 말씀하십니다. '곤고하다'라는 말은 헬라어로 '비뚤어졌다'라는 뜻을 가집니다. 이런 자들은 핑계를 일삼으면서 그리스도의 명령에서 늘 삐뚤어져 나갑니다. 그들은 잘못된 방향으로 가면서도 스스로 옳다고 생각하는 어리석은 사람들입니다.

주님은 "심령이 가난한 자에게 복이 있다"(마 5:3)라고 하셨습니다. 라오디게아 교인들이 심령이 가난한 것이 무엇인지 과연 깨달을 수 있겠습니까? 전혀 모릅니다. 라오디게아 교회는 영적으로 눈먼 상태입니다. 그들에게는 앞날이 안 보입니다. 또한 '벌거벗었다'라는 말은 하나님 앞에서 아주 수치스럽고 부끄러운 상태라는 의미입니다. 인생의 마지막엔 이 세상 것 다 두고 떠나야 하는데 가진 것이 많으니 이 땅에서의 생만 전부라고 생각합니다. 하나님이 없으면 영벌에 처하는 것을 모르는 인생이 어찌 가련하지 않을 수 있습니까? 그러니 눈멀고 벌거벗은 자가 아니고 뭐겠습니까? 천국에 갈 준비가 아무것도 안 된 인생입니다. 그런데도 이들은 "나는 부자다, 나에게 상관 말라"고 합니다. 하나님께 도움 한번 구하지 않고 스스로 이 경쟁 속에서, 이 독설 가운데서, 이 가난함 가운데서 살아남았다고 생각합니다. 재물을 의지하며 '내 돈은 누구도 어떻게 할 수 없다'고 철석같이 믿습니다.

스위스의 정신과 의사 카를 구스타프 융(Carl Gustav Jung)은 "완전한 실현을 달성하려면 자기를 인식하는 것이 가장 중요하다"라고 말했습니다. 자기 인식은 곧 자기실현의 길이기 때문입니다. 비슷한 말로 소크라테스도 "너 자신을 알라"고 했습니다. 영국의 신학자이자 철학자인 제럴드 반(Gerald Vann)은 지옥은 우리 스스로 만들어 내는 존재 상태로, 하나님이 우리를 거절한 것이 아니라 우리가 하나님을 거절하는 상태가 계속되는 것, 그것이 요지부동인 것이라고 했습니다. 교만이 굳어져서 지옥이 되고, 마음이 굳어져서 지옥이 되며, 어떤 형태의 악이든 굳어져서 지옥이 된다는 것입니다.

지옥에 속한 사람은 하나님과 관련된 것에는 도통 흥미가 없고 무기력합니다. 회개와는 담을 쌓습니다. 하나님을 거절하는 사람은 자기 영혼이 지옥으로 떨어지고 있다는 것을 인식하더라도 '음, 나는 어쩔 수 없어' 합니다. 무슨 수를 써도 거절하는 데 길들여 있습니다.

이것이 하나님의 고통입니다. 아무리 천국에 초청해도 그들은 거절하는 데 인생을 헌신해 왔기에 결국 스스로 지옥 속에 거합니다. 존 스토트(John Stott)는 "라오디게아 교회는 모든 기독교적 신앙고백을 버리고 오히려 자기만족에 빠졌다. 그들은 피상적인 교회가 되어 눈멀고 벌거벗은 거지들로 구성되어 있다"라고 했습니다. 라오디게아 교회와 같은 교회가 이 시대에도 있지 않습니까? 이들은 부족한 것이 없기에 어디를 가든지 "나는 부자야" 합니다. 예배를 드릴 때도 온갖 사치품들로 장식하고 옵니다. 그러나 주님은 그곳에 벌거벗고 눈멀고 가련하고 곤고한 인생들로 가득하다고 하십니다.

성경에도 부자들이 많이 나옵니다. 물론 건실한 삶을 통해 부자가 된 사람도 많습니다. 그러나 성경의 부자들 대부분은 어리석은 자의 전형을 보여 줍니다. 한 부자는 곳간을 크게 지어 재물을 쌓지만 그날 밤 죽게 되고, 다른 부자는 아버지 돈이 내 것이라면서 받아다가 탕진하고, 또 다른 한 부자는 내일이 없는 것처럼 호화롭게 살고, 한 청년 부자는 성경 말씀 잘 지키다가 주님이 재산을 팔고 나를 따르라고 하시니까 슬퍼하면서 돌아갔습니다. 성경에 이들의 이름은 언급조차 안 됩니다.

그런데 부자의 대문에서 구걸한 거지는 '나사로'라고 그 이름이 나옵니다. 거지 나사로가 죽고 그가 구걸하던 집의 부자도 죽었습니다. 그런데 죽자마자 인생이 바뀌었습니다. 누가복음 16장 23~24절에 보면 "부자가 음부에서 고통 중에 눈을 들어 멀리 아브라함과 그의 품에 있는 나사로를 보고 불러 이르되 아버지 아브라함이여 나를 긍휼히 여기사 나사로를 보내어 그 손가락 끝에 물을 찍어 내 혀를 서늘하게 하소서 내가 이 불꽃 가운데서 괴로워하나이다"라고 합니다. 부자가 나사로의 믿음을 죽어서야 보았습니다. 자신은 지옥에 갔는데 나사로는 아브라함의 품에 안겨 있습니다. 이것을 살아서 보았으면 얼마나 좋았겠습니까?

그래도 부자가 성경은 알아서 '아버지 아브라함이여' 하고 부릅니다. 이 부자가 한 가지 요청을 합니다. 대단한 것도 아닙니다. 딱 물 한 방울입니다. 그런데 그 물 한 방울 안 주는 곳이 지옥입니다. 이 땅에서는 아무리 어렵고 힘들어도 물 한 방울은 있잖아요. 그런데 그 물 한 방울을 달라 해도 얻을 수 없을 때가 온다는 것입니다.

계속해서 이렇게 기록되어 있습니다. "아브라함이 이르되 얘 너는 살았을 때에 좋은 것을 받았고 나사로는 고난을 받았으니 이것을 기억하라 이제 그는 여기서 위로를 받고 너는 괴로움을 받느니라 그뿐 아니라 너희와 우리 사이에 큰 구렁텅이가 놓여 있어 여기서 너희에게 건너가고자 하되 갈 수 없고 거기서 우리에게 건너올 수도 없게 하였느니라 이르되 그러면 아버지여 구하노니 나사로를 내 아버지의 집에 보내소서 내 형제 다섯이 있으니 그들에게 증언하게 하여 그들로 이 고통 받는 곳에 오지 않게 하소서"(눅 16:25~28).

한번 죽으면 천국이 지옥으로, 지옥이 천국으로 바뀌는 일은 절대 없습니다. 그런데 이 부자는 죽어서도 가족밖에 몰랐습니다. 식구들끼리만 똘똘 뭉친 부잣집의 전형적인 모습입니다. 형제 사이도 좋고 교회도 열심히 다녔는데 온 가족이 구원과는 상관이 없습니다. 너무나 무섭지 않습니까? 부잣집에서 호화로이 살아도 가족신화와 가족우상으로 똘똘 뭉쳐 가족 중 누구도 구원을 못 받는 것입니다.

부자는 죽어서야 지옥이 있다는 것을 알았습니다. 그는 아직 살아 있는 내 가족 누구에게든 이 사실을 알려 주고 싶었습니다. 그래서 "내가 살아서 가족 누군가에게 이것을 가르쳐 주면 그들이 믿지 않겠느냐"라고 간청했습니다. 그랬더니 29절에 아브라함이 "모세와 선지자들이 있으니 그들에게 들을지니라"라고 합니다. "성경에 나와 있고 목사들도 많으니 아무에게나 가서 들으면 된다"는 것입니다. 그러자 이 부자가 뭐라고 합니까? "이르되 그렇지 아니하니이다 아버지 아브라함이여 만일 죽은 자에게서 그들에게 가는 자가 있으면 회개하리이다"(눅 16:30) 합니다. 극구 자기가 가족들에게 이야기해 주어야 한다는 것입니다. 죽은 자가 직접 본 것을 이야기해야 그들이 들으리라고 합니다.

그러나 내가 보고 온 천국 이야기로 상대가 예수 믿는 것이 아닙니다. 예수님의 재림 때까지 어쩌면 많은 사람이 자신이 죽었다가 살아난 이야기를 할 것입니다. "나는 천국과 지옥을 갔다 왔다"고 말하고, 실제 그런 내용의 책이 잘 팔리기도 합니다. 그러나 내가 성경을 읽고 깨닫지 않으면 어떤 집회에서 그것을 듣고 은혜를 받았다고 할지라도 그때뿐입니다. 헛것입니다.

이 부자도 지옥에 가니까 잠시 은혜를 받았습니다. 그래서 이 목격담만 이야기하면 세상에서 전도가 다 될 것 같았습니다. 하지만 가치관과 영혼의 변화는 성경을 읽을 때 일어납니다. 그래서 성경을 제대로 읽는 공동체에 데려가는 것이 진정한 전도입니다. 내가 죽었다가 살아났다고 아무리 전해 주어도 성령이 오셔서 마음을 두드리지 않으시면 그 누구도 전도할 수 없습니다.

부자는 살아서 불의의 재물과 좋은 것을 다 받았습니다. 거지 나사로는 하나도 받지 못했습니다. 그런데 거지 나사로의 이름은 '하나님을 의지하는 자', '하나님이 도우셨다'라는 뜻입니다. 부잣집에서 상에서 떨어지는 것으로 배불리는 사람이, 개들이 와서 몸의 헌데를 핥을 정도로 비천한 나사로가 '하나님이 나를 평생 도우셨다'고 어찌 고백할 수 있었을까요? 우리 중 누가 나사로 앞에서 주름잡을 수 있습니까? 나사로는 성경책에 이름이 올랐고, 주님이 의인이라고 칭해 주셨습니다. 성경의 많은 부자 중 누구도 이런 영광을 누리지 못했습니다.

우리 모두는 언젠가 죽습니다. 돈이 많은 부자는 좋은 의료서비스를 받아 조금 더 오래 살지도 모르겠습니다. 그런데 이 땅에서 몇 년 더 사는 것이 무슨 소용입니까? 나사로처럼 고난 가운데서 하나님의 옳으심을 믿으며 누구도 미워하지 않고, 자기 환경을 족한 줄로 여기고 낙심하지 않으면 그는 이미 천국을 누리는 것입니다.

그러니 진짜 은혜는 말씀이 깨달아지는 것입니다. 비록 내가 지금 처절한 고난 가운데 있더라도 하나님이 도우셨다고 생각하는 것이 세상이 감당하지 못하는 믿음입니다. 이것이 나사로의 이름이 성경에 올라간 비결입니다.

- 예배를 드려도 감흥이 없고 어떤 교회 프로그램도 시큰둥하고 목장예배에도 반응하지 않는 미지근한 성도가 되어 가지는 않습니까? 여기저기서 뜨거운 물, 차가운 물을 공급 받아서만 살 수 있는 라오디게아 교회의 모습이 내게 있지 않습니까?
- 내가 지금 고난 중에 있더라도 '주님이 나를 도우셨습니다'라고 고백하면서 낙심하지 않으면 이미 천국을 누리는 것임을 믿습니까?

"그는 부자다"가 되어야 합니다

칭찬 중에 가장 믿을 만한 칭찬은 무엇입니까? '나'를 칭찬한 것도, '너'를 칭찬한 것도 아닙니다. '그'를 칭찬한 것이 가장 공신력이 있습니다. "그 사람은 정말 믿음이 좋아", "그 사람은 정말 부자더라" 해야 누군가에게 인정을 받았다고 말할 수 있는 것입니다.

그렇기에 라오디게아 교회가 받아야 할 칭찬은 '나는 부자다'도 아니고, '너는 부자다'도 아니고 '그는 부자다'가 되어야 합니다. 하나님이 인정하는 부자가 되어야 합니다. 그렇다면 하나님께 인정받는 부자가 되려면 어떻게 해야 할까요?

> 내가 너를 권하노니 내게서 불로 연단한 금을 사서 부요하게 하고 흰옷을 사서 입어 벌거벗은 수치를 보이지 않게 하고 안약을 사서 눈에 발라 보게 하라 _계 3:18

첫째, "불로 연단한 금을 사라"고 하십니다. 라오디게아 교회가 얼마나 '나는 부자야' 하면서 자랑을 했습니까? 그들에게는 금도 많았습니다. 그런데 하나님은 "네가 가진 금 자랑은 그만하고 진정한 금, 연단한 금을 사라"고 말씀하십니다. 불로 연단한 금이 무엇입니까? 바로 시련을 통해 굳건해진 믿음입니다. 이런 견고한 믿음을 간직하라는 말씀입니다.

그런데 여기서 우리는 불로 연단한 금을 "받으라" 하시지 않고 "사라"고 하신 말씀에 주목해야 합니다. 고난 가운데서 주님의 연단을 받은 사람은 다른 사람에게도 십자가의 길을 제시합니다. 고난으로 연단된 이런 사람에게 가서 말씀과 간증을 듣고, 구원의 값을 치르는 적용을 하라는 것입니다. 물질로 선교를 돕고 헌금할 수도 있지만, 내가 몸소 찾아가 구원의 값을 치르며 믿음을 배우고 익히라고 하십니다.

물론 불로 연단한 금은 오직 주님에게서만 살 수 있습니다. 그러나 너희가 워낙 부자여서 말씀이 뚫고 들어가지 않으니, 먼저 불같은 고난 가운데 말씀을 듣고 깨달은 자들을 찾아가라고 하십니다. 우리가 교회 공동체에 속하고 목장예배에 나가는 것이 다 이런 적용 아니겠습니까?

둘째, "흰옷을 사라"고 하십니다. 앞서 말했듯 라오디게아는 의류 산업으로 명성이 자자한 곳이었습니다. 그러나 주님은 라오디게아 교회를 향해 세상의 옷을 벗고 거룩으로 가는 흰옷을 입으라고 하십니다. 그들의 인생 목적은 오직 육신의 수치를 가리는 것이었습니다. 그러나 주님은 그 육신의 수치를 드러내라고 말씀하십니다. 육적 수치를 드러내는 것이야말로 영적 수치를 가리는 비결이 된다고 하십니다.

어느 집이든 정화조가 있습니다. 보이지 않는 곳에 눈에 띄지 않게 감추어져서 그렇지, 모든 집에는 정화조가 있습니다. 그런데 정화조를 덮어만 두면 계속 오물이 쌓여 갈수록 더러워집니다. 이것을 청소하려면 드러내야 합니다. 내 육신의 수치도 마찬가지입니다. 드러내 놓아야 합니다. 나의 수치를 드러내고 내가 선한 것이 없음을 고백하면 주님이 그 모든 수치를 가려 주십니다. 아무리 화려한 옷으로 치장해도 영혼의 수치는 감출 수 없습니다.

우리는 치장하는 데 일가견이 있습니다. 우스개로 20대에는 화장을 하고, 30대에는 치장을 하고, 40대는 분장을 하고, 50대는 변장을 한다더군요. 60대에는 아무리 가려도 안 되니 환장을 한다고 합니다. 우리도 이제는 치장을 그만두고, 거룩한 흰옷을 입고 구원의 값을 치르며 불로 연단한 금을 사야 합니다.

셋째, "안약을 사서 눈에 바르라"고 하십니다. 당시 라오디게아는 안약 제조 기술이 유명하여 이곳 안약을 얻고자 전 세계에서 모여들 정도였습니다. 그러나 라오디게아의 안약이 눈병에 특효약인지는 몰라도 그들의 병든 영안은 고치지 못했습니다.

영적으로 눈이 멀면 어디를 가야 할지, 누구를 만나야 할지 모릅니다. 정욕과 명예, 이기심에 눈이 어두워져 있기 때문입니다. 어두워진 눈에는 썩어질 것밖에 보이지 않습니다. 눈이 어두우니 사업이 망하고 인생이 망합니다. 내가 가야 할 천국도 보지 못합니다. 그러니 영적 안약을 사야 합니다. 내가 영적으로 눈이 밝아지면 세상의 모든 것이 무가치하게 보입니다. 반면에 지금까지 무가치해 보이던 것이 얼마나 귀히 보이는지 모릅니다. 사람을 외모로 평가하며 차별하던 마음도 사라집니다.

넷째, 지금까지 이 모든 일을 하려면 마음 문을 열어야 합니다.

무릇 내가 사랑하는 자를 책망하여 징계하노니 그러므로 네가 열심을 내라 회개하라 _계 3:19

하나님은 라오디게아 교회를 사랑한다고 하십니다. 사랑하므로 책망하고 징계한다고 하십니다. 열심을 내라고, 회개하라고 하십니다.

우리는 하나님께 영생을 값없이 받지만, 구원 받을 만한 믿음은 거저 생기지 않습니다. 간절히 사모하고 애쓰고 수고하는 희생을 치러야 합니다. 불로 연단한 금을 사고, 흰옷을 사고, 안약을 사야 합니다. 구원을 이루기 위해 열심을 내고 예배를 사모해야 합니다.

주일예배, 수요예배, 목장예배는 그래서 정말 보배입니다. 거기에 가면 흰옷 입은 사람을 만날 수 있습니다. 안약을 살 수 있습니다. 불로 연단한 금이 여기저기 깔려 있습니다. 비록 나는 라오디게아 교회이지만, 흰옷을 입고 불로 연단한 금을 가진 지체들이 육적인 수치를 드러내 영적인 수치가 감추어지는 것이 무엇인지를 보여 줍니다. 그러니 하나님이 예배를 회복하기에 열심을 내라고 하십니다. 180도 유턴해서 회개하라고 하십니다. 또한 주님은 라오디게아 교회를 향해 가장 중요한 말씀을 하십니다. 바로 "네 마음을 열라"는 것입니다.

> 볼지어다 내가 문밖에 서서 두드리노니 누구든지 내 음성을 듣고 문을 열면 내가 그에게로 들어가 그와 더불어 먹고 그는 나와 더불어 먹으리라
> _계 3:20

이 말씀을 원어로 보면, '문밖에 서서'는 현재완료형이고 '두드리노니'는 현재형입니다. 다시 말해 예수님이 문밖에 서신 것은 오래전에 일어난 일이고, 문을 두드리시는 것은 지금도 계속 벌어지고 있는 일이라는 의미입니다.

우리가 마음의 문을 열면 주님과의 깊은 영적 교제가 기다리고 있습니다. 주님이 나에게로 들어와 나로 더불어 먹으시고 나도 주님과 더불어 먹게 됩니다. 여기서 '먹다'는 헬라어 '데이프네소'로, 아침 식사처럼 급하게 먹거나 점심 식사처럼 간단히 때우는 것이 아닙니다. 유대인들의 저

녁 식사는 구성원들끼리 서로 오래 대화하면서 거창히 이루어지는데, 바로 이런 식탁 교제를 가리킵니다. 이와 같이 마음 문을 활짝 열어 주님을 초청하고 교제하라는 뜻입니다.

그리스도인이라면 예수님이 문밖에 서서 문을 두드리시는 성화를 한 번쯤은 본 적이 있을 것입니다. 그런데 이 그림을 자세히 보면 예수님이 서 계신 쪽, 바깥쪽 문에는 문고리가 없습니다. 이 문은 오직 안에서만 열 수 있습니다. 이것이 무엇을 의미합니까? 주님은 우리의 문을 두드리기는 하셔도 결코 억지로 열지는 않으신다는 것입니다. 내가 먼저 마음의 문을 열어야 합니다. 내가 문을 열지 않으면 주님도 그만큼 기다리실 수밖에 없습니다.

라오디게아 교회는 너무 부요하다 보니 주님을 문밖으로 내쫓고 말았습니다. 그래서 주님이 오랫동안 들어가지 못하고 지금 밖에 서서 문을 두드리고 계십니다. 교회의 주인이신 예수님이 문밖 손님이 되고, 영적으로 눈멀고 벌거벗은 신자들이 교회의 주인 자리를 차지한 것입니다. 그러면서 문 열 생각도 않고 주님을 문밖에 계속 세워 두고 있습니다.

1907년, 평양의 장대현교회에서 길선주 목사님이 설교를 하셨습니다. 설교 제목은 '이상한 귀빈과 괴이한 주인'이었습니다. 주인이 잠깐 나갔다가 집에 들어가려는데 귀빈들이 그 집을 차지하고는 문을 안 열어 줍니다. 아무리 문을 두드려도 열어 주지 않습니다. 주인은 귀빈 신세가 되고 귀빈들이 주인이 됐습니다. 주인도 아닌 사람들이 집주인 노릇을 하니 얼마나 괴이한 주인입니까? 또 주인이면서도 자기 집에 들어가지 못하고 귀빈 신세가 되었으니 얼마나 이상한 귀빈입니까?

길선주 목사님은 이야기했습니다.

"주님이 들어오려고 하시는데 장대현교회 신자들이 문을 잠그고 있습니다. 성령이 오셨는데 다들 내쫓고 주님을 문밖에 세워 두고 있습니다. 이게 웬일입니까! 여러분, 마음 문을 열어야 합니다."

그러고는 자신의 수치를 드러내셨습니다. 친구가 죽으면서 재산 관리를 부탁했는데 자신이 그중에 백 달러를 훔쳤다는 겁니다. 그 당시 백 달러면 얼마나 큰돈입니까? 목사님의 눈에서는 회개의 눈물이 흘렀습니다.

그러자 여기저기에서 통곡의 외침이 터져 나왔습니다. 교회당이 눈물바다를 이루었습니다. 마침내 성령께서 임재하셔서 장대현교회로 들어오셨습니다. "내가 바람을 피웠다", "내가 낙태를 했다" 지금 들어도 끔찍한 수치의 고백들이 꼬리를 물고 이어졌습니다. 신자들의 마음속에 주님이 들어오셨습니다. 한국교회 안에 주님이 들어오셨습니다. 오늘날까지 이 사건은 한국교회의 오순절이라고 평가됩니다.

그런데 100년이 지난 지금, 한국교회는 주님을 다시 밖으로 내쫓고 있습니다. 주님의 은혜로 우리가 이렇게 잘살게 되었는데, 세계적인 빈국이던 나라가 경제 대국이 되었는데 누구 하나 감사하는 사람이 없습니다. 기독교를 개독교라고 부르며 주님을 내쫓습니다. '예수는 인간일 뿐이다', '창조의 근본은 하나님이 아니다' 하며 복음을 거절합니다.

라오디게아 교회에 주시는 말씀은 불신자보다 과거에 예수님을 마음에 모셨다가 지금은 문밖으로 내쫓은 사람들을 향한 메시지입니다. 오늘날 그런 성도들이 너무 많습니다. 회개하고 주님을 마음 안에 모시기를 바랍니다. 주님이 우리를 사랑하시기에 책망하며 호소하십니다. "누구든지 내 음성을 듣고 문을 열면 내가 그에게로 들어가 그로 더불어 먹고 그는 나로 더불어 먹으리라" 하십니다. 할렐루야!

> 이기는 그에게는 내가 내 보좌에 함께 앉게 하여 주기를 내가 이기고 아버지 보좌에 함께 앉은 것과 같이 하리라 _계 3:21

내가 부족함이 없을 때 이기기란 정말 힘듭니다. 내가 마음대로 먹고 입고 어디든지 갈 수 있는데 주님을 위해서 이 모든 것을 절제하려니 얼마나 어렵습니까? 난이도가 최상급입니다. 고난도의 미션인만큼 주님도 그 수준을 고려하셔서 라오디게아 교회를 대하십니다. 그들을 불쌍히 여기시며 "너희가 이기면 내 보좌 옆에 앉을 수 있도록 해 주겠다" 약속해 주십니다. 이 얼마나 호혜요 특혜요 은혜입니까! '나는 부자다, 나는 부족함이 없다' 잘난 척만 하던 교회에, 주님을 문밖에 세워 두던 교회에, 토악질이 날 정도의 미지근하던 교회에 주님 보좌 옆에 앉는 말할 수 없는 축복을 주겠다고 하십니다.

내가 어떻게 뜨거워질 수 있습니까? 예수님을 마음속에 모셔야 합니다. 언제까지 예수님을 문밖에 세워 두겠습니까? 지금 주님이 내 마음을 두드리시는 소리가 들리지 않습니까?

> 귀 있는 자는 성령이 교회들에게 하시는 말씀을 들을지어다 _계 3:22

우리는 100% 죄인입니다. 양심이 화인 맞아서, 강퍅해서, 바위 같아서 '나는 부요해, 나는 부족함이 없어' 합니다. 그래서 공동체가 필요합니다. 믿음의 공동체에 속해 불로 연단한 금을 사고, 흰옷을 입고, 안약을 바르는 지체들의 간증을 들어야 합니다. 그럴 때 닫혔던 마음 문이 열립니다.

우리들교회 청년부 주보에 이런 간증이 실렸습니다.

올해 6월 말 교제 중인 여자 친구가 갑자기 암 판정을 받았습니다. 지난 2년 동안 설교와 공동체 간증을 들으면서 복음은 장차 받을 환난이라는 말씀을 마음에 새겼지만 막상 사건이 닥치자 두렵고 무서웠습니다.

9년 전, 외도와 빚으로 평생 어머니를 힘들게 하던 아버지가 간암 투병 끝에 돌아가셨습니다. 당시 말씀이 없던 저에게는 이 사건이 저주같이 느껴졌습니다. 가족 모두가 큰 슬픔에 빠져 하나님을 찾을 생각은 하지 못했습니다. 심지어 저는 아버지가 잘못 살았기 때문이라며 아버지의 죽음을 당연히 여겼습니다. 바울은 매 맞고 찢길 위협까지 당하면서도 담대히 하나님을 증거했는데, 저는 고난 가운데 찾아오신 주님을 거절하고 그저 아버지를 원망했습니다.

그러나 우리들교회에 오면서 많이 달라졌습니다. 지체들의 간증을 듣고 저의 죄가 깨달아져 회개하게 된 것입니다. 남은 가족들에게도 예수님을 전해야겠다는 마음으로 일 년 전 어머니와 작은 누나를 전도했습니다. 제가 삶으로 보여 준 것이 없어서, 어머니와 누나는 아직 온전히 예수님을 만나지는 못했습니다. 그래도 목사님 말씀처럼 교회에 붙어만 있었더니, 어머니는 세례도 받고 목장예배에도 꾸준히 참석하십니다. 작은 누나도 얼마 전 양육 훈련을 수료하고 목장에 잘 나갑니다.

제가 여자 친구의 암 판정 소식을 전하자 모든 식구들이 함께 울며 위로해 주었습니다. 수술 후 4개월이 지난 지금, 여자 친구는 총 8차의 항암 치료 가운데 4차 치료를 받고 있습니다. 외출도 못 하고 사람도 만날 수 없는 감옥 같은 환경에서 홀로 병과 싸우고 있는 여자 친구를 생각하면 간절히 기도가 나옵니다.

커플이 한 말씀을 보고 걸어가니 여자 친구에게 이 형제가 얼마나 큰 위로가 되었겠습니까. 또 형제는 여자 친구의 아픔을 계기로 자신의 지난 수치를 오픈하게 되었으니 얼마나 큰 복입니까?

이처럼 말씀이 살아 있는 공동체에 거하다 보면 저절로 불로 연단한 금을 사고 거룩한 흰옷을 입게 됩니다. 육적 수치를 드러냄으로 영적 수치가 가려지는 경험을 합니다. 앞날에 천국을 예비해 주시는 주님을 만나게 됩니다. 말씀으로 삶을 해석해 주시는 은혜가 임합니다. 가난한 자는 바랄 것이 하나님밖에 없습니다. 그래서 가난한 자에게 복이 있습니다.

우리들교회 중등부 주보에 실린 한 간증도 소개합니다. 중학교 1학년 학생이 자신의 육적 수치를 다 드러냈습니다.

부모님은 불신 결혼을 했습니다. 부모님은 저와 동생을 낳고 키우면서 계속

싸웠습니다. 사실 엄마가 일방적으로 당했습니다. 아빠는 눈 하나 깜짝하지 않고 엄마를 죽일 듯이 때렸고 경찰이 온 후에야 아빠의 폭력은 멈추어졌습니다. 아빠는 밤마다 술을 먹고 엄마를 때렸지만, 엄마는 우리를 위해 이혼하지 않고 참았습니다.

그러던 어느 날, 아빠가 멀쩡한 과일들을 바닥에 던지며 유통기한이 지났다고 마구 밟아 댔습니다. 엄마가 말렸지만 아빠는 냉장고의 모든 음식을 끄집어내면서 밟았습니다. 참다못한 엄마는 폭발했고 아빠도 화가 나서 안경을 집어 던졌습니다. 끝내 정신 줄을 놓은 엄마가 칼로 자신의 허벅지를 찔렀습니다. 엄마가 구급차에 실려 가면서 그날의 싸움이 끝났습니다.

당시 저는 아빠를 말려야 한다는 생각밖에 들지 않았습니다. 그런 제 행동이 괘씸하게 느껴졌는지 이후로 아빠는 저를 시도 때도 없이 때렸습니다. 방 정리를 안 했다며 갑자기 따귀 세례를 날리고, 장난감을 사 달라고 졸랐다고 발길질을 하고, 동생 방 정리를 안 했다고 회초리를 들고, 강아지 관리를 안 했다고 물건을 집어 던져서 창문이 깨지고 제 코에는 쌍코피가 났습니다. 시험 문제를 틀린 만큼 회초리로 엉덩이를 때려서 제 엉덩이는 마치 멍든 복숭아 같았습니다. 그 뒤로 며칠을 앉지도 못했습니다.

4년 동안 아빠의 무차별 폭력은 계속되었습니다. 저도 아빠에게 반항하고 심한 욕까지 했습니다. 학교에 제출하는 일기장에는 '아빠가 빨리 죽어 버리고 엄마랑 동생이랑 행복하게 살았으면 좋겠다'라고 썼습니다. 아빠를 칼로 찔러 죽이고 싶다는 심한 말까지 써서 선생님께 상담을 받은 적도 있었습니다. 저는 짜증과 분노가 날로 심해졌고 가출도 여러 번 시도했지만 갈 곳이 없어서 포기했습니다.

엄마야 불신 결혼을 해서 고난을 받았다지만, 나는 왜 이런 애매한 고난을 받아야 할까 불만스러웠습니다. 그래도 어차피 받을 고난이라면 나중보다는 지금이 나을 것 같아 복이라고 생각하기로 했습니다. 저는 결코 불신 결혼을 하지 않을 겁니다. 우리들교회에 와서 나와 같은 일을 겪는 아이들이 있다는 것을 알고 위로를 받았습니다. 지금까지 인도해 주신 하나님, 감사합니다. 어떤 때도 먼저 하나님을 생각할 수 있도록 도와주세요.

이제 고작 중학교 1학년인데 자신의 수치를 이렇듯 담대히 고백했습니다. 혼자 고통당하지 않고 만인 앞에 수치를 내놓을 수 있다는 것이 얼마나 감사합니까? 비록 어리지만 불로 연단한 금을 사는 이 아이의 수치를 하나님이 가려 주실 줄 믿습니다. 이렇게 어린아이들도 마음의 문을 열고 주님을 모십니다. 우리가 작은 능력으로 불로 연단한 금을 사고 흰옷을 입을 때 다윗의 열쇠를 가지고 모든 것을 열게 될 줄 믿습니다.

- 내 육신의 수치는 무엇입니까? 화장으로, 화려한 옷으로 수치를 가리고 있습니까? 불로 연단한 금을 사고 흰옷을 사기 위해 열심을 내고 있습니까?
- 진짜 주인이신 예수 그리스도를 문밖에 세워 두고 있지는 않습니까? 마음의 문을 열고 그분을 모시고 있습니까?

부유하게 자란 저는 세상에서 최고가 되는 것이 인생의 목표였습니다. 배우자도 학벌을 보고 택하여 결혼했습니다. 그러나 결혼생활은 제가 꿈꾸던 것과 달랐습니다. 시부모와 시할머니까지 모셔야 하는 고된 시집살이가 기다리고 있었고, 남편의 연이은 사업 실패로 가정 경제도 나날이 기울어 갔습니다. 그 즈음 저는 친정 언니를 통해 예수님을 믿게 되었지만 말씀이 깨달아지지 않아 여전히 세상 가치관에 머물러 있었습니다. 지진과 같은 두 번의 부도를 겪고도 오로지 돈과 학벌로 사람을 평가하는 기준을 내려놓지 못한 것입니다. 그래서 딸의 남자 친구가 학벌이 좋지 않다는 이유로 격렬히 결혼을 반대했습니다.

그러나 딸은 이런 저와 달리 남자 친구와 함께 열심히 교회를 섬기며, 제 반대에도 불구하고 마침내 신(信) 결혼을 했습니다. 하나님이 이런 딸네 부부를 높이셔서 사위는 좋은 직장에 취업도 했습니다. 남편 또한 교회에서 세례를 받고 공장에 취직하여 가장으로서 자리를 잡아 가기 시작했습니다. 골로새 교회처럼 우리 가족도 부도라는 지진을 맞고 삼류로 전락할 뻔했는데, 하나님이 은혜를 베푸셔서 주님을 시인하는 가정으로 조금씩 변화시켜 주셨습니다.

그런데도 저는 내 만족을 위해 오로지 성경 말씀을 배우기에만 열심을 냈습니다. 가정 형편이 어려워지며 무시당하는 것이 억울하고 분해서 그리스도의 명령에서 삐뚤어져 나갔습니다. 흰옷을 입은 교회 지체들이 불로 연단한 금을 나누어 주면서 열심히 저를 섬겨 주었지만(18절), 여전히 저는 "나는 부자라 부요하여 부족한 것이 없다"라고 부르짖으며 지식적으로만 성경을 보려 했습니다(17절). 그랬기에 아무짝에도 쓸모없는 성경 선생이 되어서, 차지도 뜨겁지도 않은 믿음으로 남편에게 감동을 주지도 못했습니다(15절). 마시기에 역한 물이 되어 남편은 제가 말만 하면 불만을 토해 냈습니다(16절). 말씀을 묵상하다 보니 이런 제 가증스러움이 어떤 죄보다도 흉악하다는 것이 깨달아집니다. 하나님께 그저 죄송하고 부끄러울 뿐입니다.

집도, 재산도 사라지고 학벌 우상도 내려놓게 되니, 이제는 눈이 밝아져 무가치해 보였던 것들이 신령하고 귀하게 보입니다. 주님은 칭찬할 것 하나 없는 라오디게아 교회 같은 저를 사랑으로 책망하시며 열심을 내라고 하십니다(19절). "나는 부자라" 외치던 지난날의 교만을 회개하며, 이제는 주님께 "그는 부자다"라고 평가 받는 성도가 되기를 원합니다. 문 밖에 서서 두드리시는 주님께 문을 열어드리며 주님과 더불어 먹는 인생 되기를 소망합니다(20절).

영혼의 기도

하나님 아버지, 우리는 '너는 부자라'는 말이 너무나 좋습니다. 그래서 '나는 부자라'고 자랑하고 싶다가도 라오디게아 같은 어마어마한 부자 앞에서는 주눅이 듭니다. 주여, 불쌍히 여겨 주옵소서.

우리를 깨우치기 위해 여러 성도님이 불로 연단한 금과 흰옷과 안약을 보여 주었습니다. 아버지, 알 수 없는 고난들로 우리 인생이 고단합니다. 그렇지만 초등학생인 어린아이가 자신의 고난을 복으로 알고 살겠다고 합니다. 자신은 절대 불신 결혼하지 않겠다고 합니다. 우리는 지금 당하는 이 고난의 이유조차 모릅니다. 그러나 하나님은 나를 평생 도우셨다는 나사로의 고백처럼 영원한 천국이 우리를 위해서 예비되어 있는 것을 알기 원합니다. 문밖에 세워 두었던 예수님을 모시기를 원합니다. 초청하기를 원합니다. 주님과 더불어 먹고 마시는 우리가 되기를 원합니다.

아버지, 행복은 부요함에 있는 것이 아님을 우리가 알게 하여 주옵소서. 인생의 목적이 행복이 아니라 거룩이라고 하셨사오니 우리가 주님이 원하시는 진정한 부자가 되기를 원합니다. 영적 안약을 바르고 흰옷을 사서 참부자가 되기를 원합니다. 주여 도와주시옵소서. 예수님 이름으로 기도합니다. 아멘.

진짜 은혜는 말씀이 깨달아지는 것입니다.
비록 내가 지금 처절한 고난 가운데 있더라도
하나님이 도우셨다고 생각하는 것이
세상이 감당하지 못하는 믿음입니다.

Part 4

하늘을 보라

Chapter 12

사로잡혔을 때
하늘 문이 열립니다

요한계시록 4장 1~5절

하나님 아버지, 사로잡힌 나의 환경에서
하늘에 열린 문을 바라보는 자가 되기 원합니다.
말씀해 주시옵소서.

무아마르 카다피(Muammar Gaddafi)는 철권통치를 펼치며 42년간 리비아
를 장기 집권한 독재자입니다. 그는 전투기와 미사일을 동원해 시위대를
학살하는가 하면 자신의 독재 권력을 유지하고자 국민을 총알받이로 내
세운 무시무시하고 잔인한 사람이었습니다.

　　그러나 그의 마지막은 처참했습니다. 그는 허름한 배수관에 숨어 있
다가 시민군의 총에 맞아 살해당했습니다. 그래도 한때 국가 최고 원수였
는데, 마지막에는 "쏘지 마, 쏘지 마!" 하면서 목숨을 구걸했다고 합니다.
그의 손에 황금 권총이 들려 있었지만 그것이 그의 생명을 지켜 주지는
못했습니다.

　　카다피의 시신은 냉동고 콘크리트 바닥에 펼쳐진 싸구려 매트리스
위에 상의가 벗겨진 채 놓여 있었습니다. 그 주변에는 구경꾼들이 장사진

을 이루고 시신은 사람들의 발에 이리저리 치였습니다. 저는 이것을 보며 이 세상 보좌가 얼마나 덧없는지를 다시금 깨달았습니다.

그가 정권을 잡은 후 모은 재산이 자그마치 170조 원이라고 합니다. 포악한 독재자가 겁은 많아서 생전에 비행기 타는 것을 무서워하고 집에서도 1층에서만 머물렀다고 합니다. 또 여색에 집착하여 경호원들은 금발의 미녀로만 뽑았습니다.

카다피의 며느리 역시 포학하기가 그지없었습니다. 시아버지의 권력을 등에 업고 자신도 황제가 된 마냥 행동했습니다. 일례로 자신의 말을 안 듣는다며 아이들을 돌봐 주던 유모를 학대했는데, 끓는 물을 그녀의 머리에 부어 화상을 입히고 치료도 못 받게 했습니다. 유모는 두피와 온몸의 살갗이 심하게 벗겨져 차마 눈 뜨고 볼 수 없을 지경이었습니다.

초대교회 당시 로마의 만행도 이와 같지 않았을까 생각합니다. 기독교 역사상 전대미문의 핍박을 받은 때가 바로 이 로마 시대입니다. 기독교인들을 불태워 죽이고, 사자 밥으로 던져 주는 등 갖은 잔인한 방법으로 학대를 했습니다. 그들은 제국의 정신세계를 통일하고자 황제 숭배를 강요하면서, 기독교인들이 명을 따르지 않자 이런 잔인하고 끔찍한 일을 벌였습니다. 사도 요한이 목회하며 저서 활동을 하던 시기도 바로 이때입니다. 도미티아누스 황제 때는 기독교 박해가 더욱 극심해져 요한은 밧모섬에 유배되기까지 했습니다. 당시 모든 사람에게 황제의 보좌는 가장 무섭고도 위대한 자리였을 것입니다. 그러나 주님은 황제 숭배를 거절하고 순교의 길을 가는 그리스도인들에게 하늘의 보좌를 보여 주십니다.

하늘 보좌는 하늘에 열린 문으로 보라고 하십니다

이 일 후에 내가 보니 하늘에 열린 문이 있는데 내가 들은 바 처음에 내게 말하던 나팔 소리 같은 그 음성이 이르되 이리로 올라오라 이후에 마땅히 일어날 일들을 내가 네게 보이리라 하시더라 _계 4:1

'이 일 후에'란 어떤 일입니까? 앞서 1장에서 주님은 요한에게 "그러므로 네가 본 것과 지금 있는 일과 장차 될 일을 기록하라"(1:19)고 하셨습니다. 여기서 '본 것'은 예수 그리스도의 계시와 환상이고, '지금 있는 일'은 소아시아 일곱 교회의 실상이고, '장차 될 일'은 이제부터 마지막 장까지 살펴보게 될 내용입니다. 즉, 장차 될 일을 기록함으로써 이제부터 요한계시록이 본론으로 들어갔다는 의미입니다.

그런데 이 일 후에 내가 보니 '하늘에 열린 문'이 있습니다. 지금까지는 지상 교회를 다루었다면 이제부터는 천상의 교회에 초점을 맞추고 있습니다. 3장까지는 일곱 촛대 사이를 다니시면서 일곱 교회에 편지하시는 예수님을 그렸고, 4장부터는 하늘 보좌에 앉으셔서 전 우주를 통치하시는 하나님의 모습을 묘사하는 장면으로 전환됩니다.

사도 요한은 "이리로 올라오라"는 하나님의 명령을 받습니다. 하나님은 우리 앞에 열린 문을 두고 이 문을 통과하는 자에게 구원의 기쁨에 동참하는 축복을 주십니다. 원문을 보면, 이 대목에서 요한이 놀라며 하늘의 열린 문을 보고 감탄합니다. 이처럼 하늘 문은 우리 앞에 이미 열려 있습니다. 우리가 보지 못할 뿐입니다.

그런데 에스겔서에 보면 에스겔 선지자도 사로잡힌 자 중에 있을 때 하나님이 이상을 보여 주셨다고 합니다. 요한도 밧모섬에 갇혀 주의 날에 성령에 감동되어 이상을 보았다고 했습니다(1:9~10). 놀랍지 않습니까? 요한도, 에스겔도 사로잡힌 가운데 이상을 보았습니다. 주께서 갇힌 자에게 하늘에 열린 문을 보게 하신 것입니다.

소아시아 교회의 목회자이기도 했던 요한은 계시록을 기록하면서 당시 교회의 실상을 직면하게 되었습니다. 얼마나 낙망하고 절망했을까요? 그런데 이상하게 이 일 후에 하늘 문이 열렸습니다. 일곱 교회의 현실은 이 시대 교회의 현주소이기도 합니다. 우리도 내 속의 악을 보면 볼수록, 교회의 악을 보면 볼수록 절망할 수밖에 없지만 그때 하늘 문이 열리는 줄 믿습니다.

에스겔도 그랬습니다. 앞서 말했듯 에스겔도 사로잡힌 가운데 하나님의 이상을 보았습니다. 에스겔 1장은 "서른째 해 넷째 달 초닷새에 내가 그발 강가 사로잡힌 자 중에 있을 때에 하늘이 열리며 하나님의 모습이 내게 보이니 여호야긴 왕이 사로잡힌 지 오 년 그 달 초닷새라 갈대아 땅 그발 강가에서 여호와의 말씀이 부시의 아들 제사장 나 에스겔에게 특별히 임하고 여호와의 권능이 내 위에 있으니라"(겔 1:1~3)는 말씀으로 시작됩니다.

그발강은 당시 최고 강대국 바벨론에 속한 운하로, 에스겔로서는 하나님이 나타나시리라고 절대 생각할 수 없는 장소였습니다. 매우 풍요로운 곳이기도 하지만 포로로 사로잡혀 있는 에스겔에게는 극심한 고난의 장소였기 때문입니다. 그런데 그곳에서 하늘이 열리며 하나님이 자신의 모습을 에스겔에게 보이셨습니다.

특별히 그때가 여호야긴 왕이 사로잡힌 지 5년이 된 해라고 합니다. 이처럼 내가 왕처럼 여기는 것, 내가 최고로 여기는 것이 사로잡혀야 하늘이 열립니다. 사로잡힌 지 한두 해로도 안 되고 5년이 되어야 하늘의 이상을 보이십니다. 바벨론 갈대아 땅은 우리가 목매고 바라보는 땅 아닙니까? 세상은 바벨론 같은 화려한 삶을 꿈꾸며 돈과 학벌을 좇고, 육신의 정욕을 따라 결혼하고 사업을 합니다. 그런데 막상 그곳에 가서 보니 사로잡힌 삶이나 다름없습니다. 모두가 돈과 명예의 노예로 살아갑니다. 꿈의 바벨론 땅이 도리어 슬픈 땅이 되었습니다.

아무리 제사장 가문에서 태어났을지라도 내가 사로잡혀 보지 않고는 말씀이 임하지 않습니다. 에스겔도 사로잡히는 훈련을 거치고 나서야 하늘이 열리며 하나님이 이상을 보여 주셨습니다. 환상을 보이고 구체적인 말씀으로 임하셨습니다. 내가 목매던 그발 강가에 사로잡혀 있습니까? 내가 왕처럼 여기던 여호야긴이 사로잡혀 괴롭습니까? 그곳에서 묵묵히 순종하면 때가 되어 하나님이 이상을 보이고 말씀해 주십니다. 그 하나님을 만나기 바랍니다.

하나님이 에스겔에게 하늘 문을 열고 그 모습을 보이신 것이 서른째 해, 여호야긴 왕이 사로잡힌 지 5년 된 해라고 합니다. 에스겔서를 묵상하면서 어쩌면 제 상황과 딱 들어맞는지 깜짝 놀랐습니다. 저도 나이 서른에, 시집살이로 사로잡힌 지 5년 만에 말씀이 임하여 성령의 회개를 하고 구원을 받았습니다. 평생 교회를 다녔지만 이때 처음으로 말씀이 깨달아져 들리기 시작했습니다. 억지로 끼워 맞추려 해도 이렇게 딱 맞기가 힘들 텐데, 하나님은 특별히 저에게 에스겔 말씀을 주셨습니다. 저에게 말씀 사역을 맡기시려고 만세 전부터 저를 택하여, 이 에스겔 말씀을 주신 것입니다.

하나님은 요한에게 하늘 문을 열어 주시고, "이후에 마땅히 일어날 일들을 내가 네게 보이리라"고 말씀하십니다. 1장 1절에서는 '반드시 속히 일어날 일들'을 그 종들에게 보이시려고 천사를 보냈다고 하셨습니다. 그런데 이제 '마땅히 일어날 일'로 표현이 바뀌었습니다.

'마땅히 일어날 일'은 무엇입니까? 내가 일곱 교회의 실상을 알고 나니 서머나 교회가 받을 구원은 마땅히 일어날 일입니다. 라오디게아 교회에 임할 심판도 마땅히 일어날 일입니다. 선한 교회가 받을 구원도 마땅히 일어날 일이고, 악한 교회를 향한 심판도 마땅히 일어날 일입니다. 이를 깨닫게 하시고자 주님이 하늘 보좌의 문을 열어 주십니다. 모든 것이 마땅히 일어날 일이지만 우리가 하늘 보좌를 보아야만 구원의 소망이 굳건해지기 때문입니다. 우리 인생에 오는 사건도 구원 아니면 심판입니다. 성도는 어떤 사건을 만나든지 반드시 속히 일어날 일로 여기고, 마땅히 일어날 일이라고 고백할 수 있어야 합니다. 하나님이 나에게 왜 이런 사건을 주셨는지 설명할 수 있어야 합니다.

성도가 걸어가는 길은 결코 꽃길이 아닙니다. 도리어 힘들고 수고가 따르는 길입니다. 그 이유가 무엇일까요? 우리의 신앙이 성숙할수록 주님이 더 큰 계시를 보이시기 때문입니다. 내가 심판 받는 입장이라면 이것이 두렵겠지요. 그러나 구원 받는 입장이라면 이것이 소망입니다. 그러므로 주의 일을 하려면 나에게 하나님의 말씀이 특별히 임하여 들리고 깨달아져야 합니다. 이것이 여호와의 권능입니다. 내게 여호와의 권능이 임하지 않으면, 힘들고 수고가 따르는 이 길을 걸어갈 수가 없습니다.

에스겔 1장 3절에서 "여호와의 말씀이 부시의 아들 제사장 나 에스겔에게 특별히 임했다"고 했습니다. 부시라는 이름에는 '천하다, 멸시 받다'라는 뜻이 있습니다. 에스겔은 '하나님께서 강하게 하시고 권능을 주신다'라는 뜻입니다. 내 부모가 비천하여 육적으로 멸시 받는 사람이건, 부자여도 영적으로는 천한 사람이건, 우리가 어떤 가정에서 태어났든지 하나님의 말씀이 들리면 누구나 하나님이 힘 주시는 에스겔이 될 줄 믿습니다. 강하게 하시는 에스겔이 될 줄 믿습니다.

'나는 하필 이런 집에서 태어났나', '왜 이 멸시 받고 천대 받는 자가 나의 부모인가', '아버지, 어머니가 나를 위해 해 준 것이 무엇인가' 하면서 낙심합니까? 하나님의 말씀이 내게 특별히 임하기 위해서라고 하십니다. 내게 하늘 문을 여시고 마땅히 일어날 일인 구원과 심판 소식을 알리라고 하십니다. 이 일을 내게 맡기시기 위해서 하나님이 이상을 보여 주십니다. 그러나 주님도 그 길이 너무 힘든 줄 아시기에 권능의 말씀을 우리에게 주십니다. 권능이 임한다는 것은 성경 전체를 통해서 내 현재의 이유를 깨닫는 것입니다. 권능은 어디 가서 기도 받는다고 생기는 것이 아닙니다. 주의 말씀으로 내가 왜 이런 인생의 날을 지나는가 그 이유를 깨닫는 것이 진정한 권능입니다. 우리가 이를 전혀 깨닫지 못하기에 불안함과 두려움 속에 살아갑니다.

내가 오늘 사로잡힌 이유를 찾아보기 바랍니다. 말씀이 특별히 임하라고, 하늘의 이상을 보이라고 사로잡힌 것인데 이를 해석하지 못하여 지금 지지리 고생만 하고 있지 않은가 생각해 보라는 말입니다.

- 내 처지를 탓하고 내가 당한 사건에 불평하고 낙심합니까? 이 사건이 하나님 말씀이 내게 특별히 임하는 사건이라는 사실이 믿어집니까?
- 하나님께서 말씀을 주실 때는 마땅히 일어날 일인 구원과 심판 소식을 알리기 위해서임을 인정합니까? 그 일을 위해 권능을 주시는 주님을 믿습니까?

성부 하나님의 영광을 하늘 보좌에서 보여 줍니다

내가 곧 성령에 감동되었더니 보라 하늘에 보좌를 베풀었고 그 보좌 위에 앉으신 이가 있는데 _계 4:2

사도 요한은 밧모섬에서 나팔 소리 같은 하나님의 음성을 듣습니다 (4:1). 그런데 그것이 '성령에 감동되어' 일어난 일이라고 합니다. 우리로 성령에 감동케 하셔서 하나님이 어떤 분이신지 조금씩 보여 주십니다. 사도 요한에게도 '보좌에 앉으신 하나님'을 보여 주십니다. 당시 사람들은 로마 황제의 신전과 보좌가 최고의 권위라고 생각했습니다. 그런데 그 위에 하늘 보좌에 앉으신 하나님을 보게 하십니다. 이는 로마 황제가 아니라 하나님이 이 세상을 통치하신다는 진리를 알려 주시는 것입니다.

그런데 사도 요한이 본 보좌 위에 앉으신 이, 즉 하나님의 모습은 어떻습니까?

앉으신 이의 모양이 벽옥과 홍보석 같고 또 무지개가 있어 보좌에 둘렸는데 그 모양이 녹보석 같더라 _계 4:3

이단들은 만날 이런 말씀을 해석하느라 바쁩니다. 그들은 "하나님처럼 되려면 녹보석 반지를 껴야 해. 홍보석 반지를 껴야 해" 하면서 쓸데없는 데 힘을 쏟습니다. 설마 이런 말씀을 진짜라고 믿으며 따라가는 사람은 없겠죠?

벽옥은 다이아몬드처럼 투명한 빛을 띠는 보석으로 거룩을 상징합니다. 홍보석은 붉은색의 보석으로 진노와 심판을 의미합니다. 푸른색의 녹보석은 긍휼을 상징합니다. 특별히 무지개가 보좌를 둘렀다고 합니다. 에스겔 1장 28절에도 비슷한 말씀이 나옵니다. "그 사방 광채의 모양은 비 오는 날 구름에 있는 무지개 같으니 이는 여호와의 영광의 형상의 모양이라 내가 보고 엎드려 말씀하시는 이의 음성을 들으니라."

무지개는 비가 그친 뒤에 뜹니다. '비'는 고난을 상징하지요. 성경에서도 하나님이 노아 홍수 후에 이 세상을 물로 심판하지 않겠다는 언약을 세우실 때 무지개를 징표로 보여 주셨습니다(창 9:9~17). 고난 중에 하나님의 약속을 받은 자는 주 앞에 엎드려 주를 찬양하고 말씀에 순종하게 됩니다. 다시 말해, 비가 와야 엎드리게 된다는 말입니다. 고난을 통해 나의 무능함과 초라함을 깨닫고 나면 기도와 순종으로 주께 엎드리게 됩니다. 이것이 인생 최대의 축복입니다. 고난을 통해 주님을 깊이 만난 사람은 무지개 광채와 같은 하나님의 큰 영광을 보고 누리게 될 것입니다. 하나님의 보좌에 무지개가 둘렸다는 표현도 바로 이것을 의미합니다.

그러나 아무리 인간의 아름다운 말로 하나님을 표현하려 해도 한계가 있습니다. 하나님은 우리의 언어로는 다 표현할 수 없는 분입니다. 영롱하고 변치 않으며 은혜로우신 주님을 유한한 인간의 언어로 묘사하려니 홍보석에, 녹보석에, 무지개까지 등장하는 것이죠. 이런 표현으로라도 하나님이 어떤 분인지를 알리려는 것입니다.

무엇보다 이 말씀의 핵심은 "네가 두려워하는 로마 황제의 보좌보다 더 찬란한 보좌에 하나님이 앉아 계시다"는 것입니다. "로마 황제를 숭배하는 자는 홍보석 같은 심판이 임할 것이고, 하나님을 바라보는 자는 녹보석, 무지개와 같은 영광스러운 구원을 얻을 것이다" 말씀하십니다.

당시 기독교 핍박이 극심했기에 이렇듯 은유나 비유로 주님을 알릴 수밖에 없었습니다. 만약 집에 로마 황제만큼 무서운 사람이 있어서 내가 교회 가는 것을 핍박한다고 생각해 보십시오. "나 교회 갔다 올게!" 말할 수 있습니까? 그러면 교회도 못 가고 핍박만 더 극심해지겠지요. 대신 "오늘은 아무개 씨를 만나러 가 볼까?" 하는 겁니다. 그러면 아는 사람은 알아듣습니다. 저도 무서운 남편과 살아 봐서 잘 압니다.

그런데 이단들은 이런 말에 아무개 씨가 그 시대 박사였다는 둥, 신앙이 어땠다는 둥 이상한 해석을 합니다. 이는 요한계시록을 잘못 해석하는 이단들의 장난입니다. 보석의 의미를 왜곡하고 날짜를 계산하고, 구원받는 자가 십사만사천 명이라는 등, 우리가 그 안에 들어가야 한다는 등 성경이 말하는 바가 아닌 이야기를 하면서 사람들을 현혹합니다.

신학자 마르바 던(Marva Dawn)은 요한계시록을 가리켜 '사람들이 불편해하는 책'이라고 했습니다. 그 첫 번째 이유가 오직 약함의 역설로 가득하기 때문이라고 합니다. 긍정의 힘, 이기는 힘을 강조해야 듣기에도 좋은데, 늘 약함만 이야기하니까 읽기를 꺼리게 된다는 것이죠. 나의 약함도 보기 싫은데 다른 사람의 약점을 보려니 죽을 맛인 것입니다.

두 번째로 많은 사람이 이미지와 기억, 상징과 신비가 가득한 이 책을 이해하지 못하기 때문이라고 합니다. 정말 그렇습니다. 특히 부자들, 배부르고 등 따뜻한 사람들은 절대 이 책을 이해하지 못합니다. 그래서 놀라운 희망의 책인 계시록을 어렵다고 하며 그 안에 담긴 하나님의 약속과 위로를 놓치고 맙니다.

또한 사람들이 계시록에 기록된 초자연적인 전쟁 이야기를 무서워하기 때문이라고 합니다. 이것은 해석을 잘못해서 그렇습니다. 계시록의 모든 전쟁은 무서운 이야기도, 이해할 수 없는 이야기도 아닙니다. 모두 우리에게 일어나는 평범한 사건들입니다. 그런데 일부 사람들이 마지막 때를 예견한다면서 지나치게 전쟁 이야기를 강조하여 두려움과 공포 분위기를 조장합니다. 이렇게 요한계시록을 해석하는 사람이 있다면 들을 필요도 없습니다. 딱 틀렸다고 생각하십시오.

무엇보다 요한계시록 말씀이 모든 사람에게 가치 있는 것은 이 책이 그리스도의 주(主) 되심을 보여 주기 때문입니다. 각종 상징과 전쟁 이야기에만 집중하느라 우리는 계시록의 진짜 주제를 놓치고 있습니다. "우리가 고난 중에 있을지라도 그리스도가 다스리신다!" 이것이 주님이 계시록을 통해 우리에게 말씀하시는 것입니다. 그래서 고난의 한복판에 있는 사람은 계시록 말씀도 나팔 소리같이 들립니다. 그러나 고난이 없으면 딱 덮고 싶은 책이 계시록입니다.

마르바 던의 경험에 따르면 '주가 다스리신다'는 의미를 잘 이해한 그리스도인들은 주로 장애가 있거나 연약한 부분이 많은 사람이라고 합니다. 정말 그렇습니다. 그는 말합니다.

"나의 큰 소망은 그리스도의 몸 안에서 모든 사람이 고난이 주는 교훈을 받아들이고, 고난을 당하는 자들이 우리 공동체에 기여하는 부분을 더욱 소중히 여김으로써 약함의 신학을 더 잘 배우는 것이다."

사데 교회, 라오디게아 교회는 선한 것이 하나도 없었습니다. 부자가 많다고 해서 복 받은 교회가 아니라는 것을 우리가 보았습니다. 환난 당하고 빚지고 원통한 그 한 사람 때문에 하나님께서 교회를 지키십니다. 그들의 눈물의 기도로 평범한 우리가 덕을 봅니다. 우리들교회에도 그런 분들이 많아서 교회가 얼마나 덕을 보는지 모릅니다. 이분들이 교회를 이끄는 주인공이요, 우리 교회를 살리는 진짜 주역입니다.

• 환난 가운데서 주님을 부르짖는 나 한 사람 때문에 교회가 복을 받고 내 주변 지체들이 복을 받는 줄 믿습니까?

이십사 장로가 하나님 보좌에 둘려 있습니다.

또 보좌에 둘려 이십사 보좌들이 있고 그 보좌들 위에 이십사 장로들이 흰옷을 입고 머리에 금관을 쓰고 앉았더라 _계 4:4

요한은 하나님의 보좌 둘레로 스물네 개의 보좌에 스물네 명의 장로들이 앉은 것을 봅니다. 폴리갑, 안디바와 같은 순교자들이 이십사 장로로서 하늘 보좌를 둘러싸고 있습니다. 신구약의 대표들이 주님이 값 주고 사신 백성의 대표로 하늘 보좌 옆자리에 딱 앉아 있습니다.

물론 이 이십사 장로는 역대상 24장 3절부터 18절까지 등장하는 스물네 명의 제사장들을 상징하기도 합니다. 그러나 더 나아가 예수의 환난과 나라와 참음에 동참하는 자는 이십사 장로처럼 하나님 옆에 서서 왕 같은 제사장으로서 주의 백성을 다스리게 될 것이라는 의미이기도 합니다. 앞서 라오디게아 교회에 "이기는 그에게는 내가 내 보좌에 함께 앉게 하여 주기를 내가 이기고 아버지 보좌에 함께 앉은 것과 같이 하리라"(3:21)고 약속하신 말씀의 성취입니다.

신구약에 나오는 믿음의 위인들을 살펴보면 참 제대로 된 인물이 없어 보입니다. 간음에, 살인에, 거짓말에, 배반까지 누구 하나 죄에서 자유한 사람이 없었습니다. 야곱의 열두 아들만 봐도 그렇습니다. 며느리와 동침한 유다, 아버지의 첩과 동침한 르우벤, 살인을 저지른 시므온과 레위…… 이런 사람들이 열두 지파의 대표였습니다. 신약으로 넘어와 예수님의 제자들은 또 어떻습니까? 어부에, 세리에, 죄다 지질한 사람뿐입니다. 그런데 이들이 하나님 곁에 선 이십사 장로가 되었습니다.

이런 비천한 사람들이 하늘 보좌를 둘러앉아 있으니 이 얼마나 은혜입니까! 그런데 내가 회개하고 하나님을 바라보니 그 자리에 나도 앉아 있습니다. 예수만 믿으면 이렇게 대단한 신분이 되는 줄 믿습니다. 이 보좌는 로마 황제의 보좌보다도 이 세상 누구의 보좌보다도 빛납니다. 카다피의 말로를 통해 우리는 인간의 보좌가 얼마나 덧없는지 보았습니다. 빛나고 영광스러운 하늘의 보좌만을 사모하는 여러분 되기를 소원합니다.

● 비록 지질한 인생을 살지만 예수님만 믿으면 대단한 신분이 되어 하늘 보좌 옆자리에 앉게 될 것을 믿습니까? 나의 어떠함이 아니라 오직 주의 은혜로 왕 같은 제사장 삼아 주심을 인정합니까?

하늘 보좌에서 종말론적 현상이 발생합니다

보좌로부터 번개와 음성과 우렛소리가 나고 보좌 앞에 켠 등불 일곱이 있으니 이는 하나님의 일곱 영이라 _계 4:5

하나님은 우리를 죄에서 구원하시는 분이지만 우리의 죄를 심판하시는 분이기도 합니다. 누군가를 야단칠 때 상냥하게 웃으며 "얘야, 그러면 안 된다" 하는 사람은 없습니다. 하나님도 그렇죠. 우리를 심판하시기 위해 무서운 번개와 음성과 우렛소리로 오십니다. 로마 황제의 음성을 가장 두려워하던 당시 사람들에게 그보다 더 무서운 것이 하나님의 보좌로부터 온 음성이라고 알려 주십니다.

카다피의 최후를 보세요. 돈이 무슨 보장이 됩니까? 자식이, 권세가 그의 생명까지 보장해 주지는 못했습니다. 그는 죽을 때도 비참했지만 죽고 나서는 더 비참했습니다.

누구에게나 인생의 종말이 찾아옵니다. 또 인생의 모든 것이 무너지는 종말론적 사건을 만나기도 합니다. 본문에 '번개와 음성과 우렛소리'는 심판의 엄중함을 상징하면서, 하나님의 심판이 얼마나 정확한지를 보여 주는 표현이기도 합니다. 그러니 구원 받은 자에게 심판은 무서운 일이 아닙니다. 일곱 등불이신 성령에 힘입어 어떤 사건이든지 말씀으로 인도 받으면 됩니다. 그러나 악인에게 번개와 음성과 우렛소리로 오는 심판은 마치 카다피의 종말같이 두려운 사건입니다.

똑같은 사건이 와도 어떤 사람은 '나는 저주 받았어', '하나님이 나를 잊어버리셨나 봐' 하며 절망하고, 어떤 사람은 '할렐루야! 드디어 우리 집에도 구원의 사건이 왔구나' 하며 기뻐합니다. 세상적으로 보면 제 남편의 죽음도 번개와 음성과 우렛소리의 심판 아닙니까? 하루아침에 남편이 세상을 떠났으니 저주 같아 보일 수 있겠지요. 그러나 제게 이 사건은 남편을 영원한 사망에서 건지신 능력과 구원의 사건이 되었습니다.

어느 남편이 다른 젊은 여자와 외도를 하다가 반신불수가 되어서 돌아왔다고 칩시다. 아내가 그 남편을 용서하지 못하고 이를 갈면 저주의 사건입니다. 그런데 이 일로 남편이 예수를 믿게 됐습니다. 이에 아내가 '이 사람이 예수를 믿기 위해 값을 치렀다. 남편이 예수 믿는 것보다 기쁜 일이 무엇이겠는가' 생각한다면 구원의 사건입니다. 사건만 보이는 것이 아니라 그로 인해 남편이 예수 믿은 것, 그리스도의 평강이 보이면 구원과 능력의 사건이 되는 것입니다. 그러니 모든 사건 가운데 새 노래를 부르기 바랍니다.

남편이 떠난 지 30여 년이 지난 지금까지 하나님은 제 남편의 죽음 사건을 능력의 사건 되게 하셨습니다. 그래서 이렇게 저를 사용하고 계십니다. 과부로서 세상 유혹에 흔들리지 않고 많은 사람을 주께 인도하는 것이 어찌 쉬운 일이겠습니까. 내 힘으로는 할 수 없습니다. 마지막 심판 받을 원수가 사망이라고 했는데, 그 사망 가운데서 끊임없이 다른 사람들을 주께 인도하는 것은 결코 그까짓 일이 아닙니다. 게다가 과부가 나서서 사람들을 주님께 인도하는 것은 더더욱 그까짓 일이 아닙니다. 성경에서 가장 불쌍한 사람이 고아와 과부라고 했는데, 그 불쌍한 과부인 제가 종말의 사건을 말씀으로 해석하여 주님의 권능을 보여 주고 있습니다.

내 사건을 자랑하라는 말이 아닙니다. 그 사건 가운데서 내가 어떻게 겸손히 살아났는지, 남편의 구원을 위해서 내가 어떻게 기도했는지를 자랑하라는 것입니다. 혹은 내가 남편의 구원을 위해 기도하지 않아서 이런 사건이 왔다고, 그래서 회개했더니 평강이 넘쳤다고 자랑하라는 것입니다. 이 사건도 하나님이 하신 일이었다고, 마땅히 일어날 일이었다고 자랑하라는 것입니다.

우리들교회 한 집사님의 간증입니다.

남편은 제가 교회에 다닌다는 이유로 말할 수 없이 저를 힘들게 했습니다. 지금도 전혀 변함이 없습니다. 저는 목장예배나 나눔의 기회가 있을 때마다 남편이 얼마나 강퍅한 사람인지 성토했습니다. 내가 얼마나 어렵게 예배를 사수하고 있는지 인정받고 싶어서 갈수록 더욱 강력히 남편을 고발했습니다. 그런데 시간이 지나면서, 남편을 방패 삼아 악을 교묘히 숨겨 온 저 자신이 더 고집 세고 변화되지 않는 자임을 깨닫게 되었습니다. 이것을 깨닫고 나니 하나님께 너무 죄송했고 그동안 귀 안 막고 제 이야기를 참아 준 목장 식구들에게도 미안했습니다.

남편은 상처 많고 불같은 성격에 인생의 목적이 돈인 사람이라 예수 믿는 것을 너무도 싫어합니다. 행여 제가 교회에 큰돈을 헌금할까 봐 핍박한 것도 사실입니다. 저는 이런 남편의 드러난 죄들을 자랑스럽게 고발하면서, 정작 저의 숨은 죄는 고백하지 않았습니다. 그러나 말씀을 들을수록 남편을 흉측한 도깨비쯤으로 만들며 그 뒤에 여우처럼 숨어 있는 저 자신이 너무나 부끄러웠습니다.

저는 예수님을 영접한 후에도 끊임없이 세상과 짝하며 살았습니다. 그러다 오직 외모를 취하여 남편과 불신 결혼을 했습니다. 저는 결혼 후에도 직장 생활을 하면서 아이들을 키워 내고 힘들게 살림을 했습니다. 그러나 남편은 술과 모임을 좋아해서 가정을 외면했습니다. 만취하여 새벽 신문과 함께 귀가하기 일쑤이고, 사사건건 가족에게 군림하며 폭언과 폭력을 일삼았습니다. 어찌 보면 이런 남편에게 화가 쌓인 것은 당연하지요.

그러나 저는 더 큰 죄인이었습니다. 남편을 향한 실망감과 외로운 결혼생활을 핑계 삼아 때마침 다가온 사람과 밀회를 즐겼습니다. 힘든 남편과 자녀들의 여러 수고로 고난의 환경에 사로잡히지 않았다면, 나의 음란과 가증한 삶을 기억하고 돌이키며 회개할 수 없었을 것입니다. 하나님께서 저를 잊지 않고 은혜를 베푸셔서 나의 모든 죄를 용서해 주셨지만, 지난 일을 기억할 때마다 놀라고 부끄러워 입을 열지 못하겠습니다.

제가 얼마나 추악하고 부족한 사람인지 이제 조금씩 입을 열어 고백하게 하

시니 감사합니다. 내 죄를 고백하는 것이 진정한 회복임을 알게 하신 하나
님께 감사드립니다.

너무나 감사한 고백 아닙니까? 하늘 보좌를 보지 않고는 할 수 없는
고백입니다. 황제의 보좌만을 좋아하는 우리가, 100% 죄인인 우리가 어
떻게 하늘 보좌를 볼 수 있겠습니까? 그러나 하늘은 내가 사로잡힌 곳에
서 열립니다. 거기서 하나님의 이상을 봅니다.

환경이 달라지고, 남편이 돌아오고, 자식이 변해서 하늘이 열리는
것이 아니라, 돈에 사로잡히고, 남편과 아내에게 사로잡히고, 자녀에게
사로잡히고, 질병에 사로잡힌 가운데 하늘이 열리고 하나님의 이상을 보
는 것입니다. 특별히 말씀이 임하는 것입니다. 내 현재의 이유를 깨닫는
여호와의 권능이 임하기를 우리는 바라야 합니다.

천국의 하늘 보좌를 바라보니 이십사 장로가 하나님 보좌에 둘려 있
습니다. 우리가 지질하게 여겼던 신구약의 모든 대표들이 하나님 옆에 딱
있습니다. 그러니 예수 믿는 내가 얼마나 대단한 신분인지 알겠습니까?
나는 함부로 살아서는 안 되는 존재입니다.

저 역시 하나님의 이상을 보고 하늘 문이 열리니까 내가 얼마나 대
단한 존재인지 알았습니다. 그때 비로소 내가 얼마나 하나님의 편애를 받
는 사람인지 알았습니다. 인생이 도무지 해석되지 않다가 하늘 보좌를 보
고 나니 '이기는 자는 내 옆에 앉게 해 주겠다'는 하나님의 말씀이 비로소
믿어졌습니다. 이것이 얼마나 위로의 말씀입니까? 참 영광인 하늘 보좌
를 보게 되니까 이 땅에서 제가 가지고자 했던 모든 것들이 우스워졌습

니다. 제 삶의 무게가 느껴지지 않았습니다.

번개와 음성과 우렛소리와 같은 종말의 사건이 찾아와도, 일곱 영으로 판단하시는 성령께서 우리에게 구원의 능력이 되실 줄 믿습니다. 그래서 어떤 사건도 심판의 사건이 아닌 일곱 영, 진리의 성령님이 임하신 구원의 사건이 될 줄 믿습니다. 감사하고도 두려운 하늘 보좌를 봄으로 여러분의 인생이 해석되기를 바랍니다.

- 일생일대의 사건이 왔습니까? 지금 일어난 사건이 저주의 사건입니까, 능력의 사건입니까? 지금 그 일이 심판의 사건입니까, 구원의 사건입니까?

권능이 임한다는 것은 성경 전체를 통해서
내 현재의 이유를 깨닫는 것입니다.
주의 말씀으로 내가 왜 이런 인생의 날을 지나는가
그 이유를 깨닫는 것이 진정한 권능입니다.

우리들 묵상과 적용

저는 어려서부터 공부를 곧잘 하여 늘 똑똑하다는 칭찬을 듣고 살았습니다. 그래서인지 '나는 무엇을 해도 잘될 것'이라고 자만하며 내 정욕대로 행하기에 바빴습니다. 사업에 거듭 실패하고 백수 생활이 길어져도 세상 보좌만 좇으면서 이기고 이기려고 했습니다.

모태신앙인인 아내와 결혼하여 4명의 자녀를 낳았지만 저는 어느 한 자녀도 참사랑으로 대하지 못했습니다. 그래서 아내가 막내딸을 임신했을 때 "절대로 낳게 할 수 없다" 하면서 아내에게 낙태를 종용했습니다. 아내가 제 말에 순종하지 않자 온갖 포악을 떨기도 했습니다. 그러나 아내는 모진 핍박을 받으면서도 구원을 위한 순종으로 생명을 지켜 냈습니다. 하지만 저는 이런 아내의 모습을 보고도 회개하지 못했습니다.

그러다 심판이 도둑같이 찾아왔습니다. 저의 54번째 생일날, 고등학교 1학년인 막내딸의 임신 소식을 듣게 된 것입니다. 정말 해, 달, 별이 떨어지는 것 같았습니다. 세상의 조롱거리가 된 것이 수치스러웠고 앞으로 벌어질 일을 감당할 자신도 없었습니다. 그런데 그때 까맣게 잊었던 지난날의 죄가 떠올랐습니다. 17년 전, 막내딸을 낙태하려 했던 내 죄악이 불현듯 생각난 것입니다. 그 순간 "네가 죽이려 한 내 자녀를 통해 생명을 보내었으니 이제 너는 내 말을 들으라!" 하시는 주님의 음성이 들렸습니다. 마치 번개와 음성과 우렛소리와 같이 주님의 말씀이 제 가슴을 울렸습니다(5절). 그리고 그제야 막내딸의 임신 사건이 마땅히 일어나야 할 일인 것이 깨달아졌습니다(1절). 저는 마치 밧모섬에 갇힌 것과 같은 이 사건을 통해 마침내 하늘에 열린 문으로 하늘 보좌에 계신 하나님을 바라보게 되었습니다(1~2절). 지난날의 나의 음란과 교만, 편애, 생명 경시, 불순종의 죄를 회개하게 되었고, 이제는 제멋대로 살아서는 안 되는 신분인 것을 비로소 깨달았습니다. 열일곱 살의 딸이 임신하여 자녀를 낳는 수치의 사건으로 철저히 낮아졌지만, 이 일이 아니었다면 저는 결코 하나님께로 돌이킬 수 없었을 것입니다. 끝까지 저를 포기하지 않으시는 주님의 눈물겨운 사랑에 절로 고개가 숙여졌습니다.

그렇게 태어난 손자가 이제는 초등학교 3학년이 되었습니다. 여러 어려움 가운데 태어난 손자인 만큼 주님이 그 인생을 인도해 주실 것을 믿습니다. 그래서 훗날 손자로부터 "저를 이 세상에 나오게 해 주시고, 예수님 믿게 해 주셔서 감사해요"라는 고백을 듣기 원합니다. 저도 사랑하는 손자에게 "함께 천국에서 만나자"라는 믿음의 유언을 하기 원합니다.

영혼의 기도

하나님 아버지, 참으로 미지근하여 토하여 버리실 수밖에 없는 일곱 교회의 실상이 저에게 있다는 것을 이전에는 몰랐습니다. 제가 시집살이에 사로잡히고 5년이 돼서야 그걸 알았습니다. 제가 얼마나 더러운 죄인인지 알게 되었습니다.

주님, 우리가 내 삶의 현재의 이유를 깨닫고 여호와의 권능을 입기 원합니다. 하나님의 말씀이 특별히 임하여서 아버지 하나님의 이상을 볼 수 있는 곳으로 올라오라고 명령을 주셨사오니, 우리가 말씀을 들으러 날마다 예배의 처소로 올라가기를 원합니다.

하나님의 형상은 너무도 찬란하여서 가까이 갈 수 없지만, 비 온 후에 무지개가 보이는 것처럼 하나님의 찬란한 보좌를 우리가 보게 되었습니다. 사로잡히고 난 후에 나의 더러움을 보게 되니 놀랍고 찬란한 하늘 보좌에 녹보석 같은 주님의 광채가 비로소 보였습니다. 그리고 이렇게 지질한 제가 감히 하나님 옆에 앉아 있을 수 있다니, 함부로 살아서는 안 되는 인생이라는 것도 알게 되었습니다.

아버지, 그 누구도 설명해 주지 않는 내 인생이 해석되었습니다. 일곱 영의 도우심으로 장래를 말씀하시는 진리의 성령님이 우리를 뚫고 들어오셨습니다. 내게 온 이 사건이 저주의 사건이 아니고 구원의 사건인 것을 믿습니다. 능력의 사건이 될 줄 믿습니다. 이제 여호와의 권능을 힘입어 삶에서 중심을 잘 잡고, 모든 사람에게 마땅히 일어날 일인 구원과 심판을 잘 전하기를 원합니다. 하늘 보좌를 바라봄으로 승리하는 우리가 될 수 있도록 주님 역사하여 주시옵소서. 예수님 이름으로 기도합니다. 아멘.

320

Chapter 13

그리스도인의 얼굴을 지키는 것이 성도의 본분입니다

요한계시록 4장 6~11절

하나님 아버지, 사람의 본분, 성도의 본분이 무엇인지
알기 원합니다. 말씀해 주시옵소서.

사람들은 갑자기 암 선고를 받으면 대부분 공포와 분노로 그 사실을 받아들인다고 합니다. 병원의 사례 연구에 따르면, 평소 두터운 신앙심을 보이며 매사 이성적이던 한 의과대학 교수가 위암 말기 진단을 받자 굿판까지 벌이고 몸부림치듯 죽음을 맞았다고 합니다. 또한 "나는 죽을 준비가 되었으니 병세를 솔직히 알려 달라"는 한 수도사에게 암 말기 사실을 전했더니, 그가 그길로 정신적 충격에 빠져 며칠 만에 급사했다고 합니다. 암 발병 소식을 듣고 공황발작을 일으켜 정신과 치료를 받다가 죽은 환자도 있다고 합니다.

반면에 평소 종교를 핍박하던 사람이 암 선고를 받은 후 종교에 입문하여, 주변 사람들에게 용서를 구하고 생을 마감한 사례도 많다고 합니다. 항암 치료가 싫다고 훌쩍 여행을 떠나는 사람도 있고, 없는 형편에 지푸라기라도 붙잡고자 온갖 치료를 해 보는 사람도 있답니다. 어떤 환자의 자녀들은 "왜 내 부모에게 암이라고 말했느냐!" 따지면서, 위암을 위궤양으로 담낭암은 담석증으로 암 말기를 초기라고 다시 말해 달라고 조른답니다.

그런데 이런 나쁜 소식을 주고받는 관계가 어찌 의사와 환자뿐이겠습니까? 저마다 나쁜 소식을 대하는 반응과 입장이 다르다 보니, 최근 의학교육에서는 나쁜 소식을 잘 전하는 방법도 가르친다고 합니다.

세상은 흉한 소식을 두려워하며, 작은 흉한 소식에도 정신을 차리지 못합니다. 그러나 인생길에서 누구도 흉한 소식을 피해 갈 수는 없습니다. 본문 말씀에 '생물'이라는 단어가 여러 번 나오는데, 이것은 사람을 가리키는 말입니다. 당시 기독교 핍박이 무시무시했기에 '성도'라는 말을 쓸 수 없어 생물이라고 쓴 것이죠. 이렇듯 나쁜 소식이 난무한 세상에서 우리는 성도로서, 연약한 인간으로서 어떻게 살아야 할까요? 사람의 본분에 대해 살펴보고자 합니다.

사람의 본분은 자신을 돌아보는 것입니다

보좌 앞에 수정과 같은 유리 바다가 있고 보좌 가운데와 보좌 주위에 네 생물이 있는데 앞뒤에 눈들이 가득하더라 _계 4:6

요한이 성령에 감동되어 하늘에 열린 문으로 하나님의 보좌를 보았

322

습니다. 그런데 그 보좌 앞에 수정과 같은 유리 바다가 있다고 합니다. 이 바다는 무엇을 의미할까요?

에스겔서에 보면 이와 비슷한 말씀이 있습니다. "그 생물의 머리 위에는 수정 같은 궁창의 형상이 있어 보기에 두려운데 그들의 머리 위에 펼쳐져 있고"(겔 1:22). 여기에 '궁창'은 "하나님이 궁창을 만드사 궁창 아래의 물과 궁창 위의 물로 나뉘게 하시니 그대로 되니라"는 창세기 1장 7절의 궁창과도 같은 말로, 지상보다 매우 큰 바다를 의미합니다. 또한 하나님의 창조 사역을 연상시키는 말이기도 합니다. 즉, 이 바다는 창조주 하나님의 보좌와 인간인 생물 사이에 엄청난 거리가 있음을 의미합니다. 함부로 가까이할 수 없는 절대적 거리가 하나님 보좌와 생물 사이에 있다는 것입니다.

그런데 구약성경에 또 다른 바다가 나옵니다. 역대하 4장에 보면 성소의 물두멍 만드는 양식을 설명한 후에 "또 물두멍 열 개를 만들어 다섯 개는 오른쪽에 두고 다섯 개는 왼쪽에 두어 씻게 하되 번제에 속한 물건을 거기서 씻게 하였으며 그 바다는 제사장들이 씻기 위한 것이더라"(대하 4:6) 고 합니다. 제사장들이 성소에 들어가기 전 손과 발을 씻던 물두멍을 '바다'라고 표현하죠. 그러므로 바다는 정결함을 상징하기도 합니다.

앞서 하늘 문이 열려 바라본 하늘 보좌로부터 번개와 음성과 우렛소리가 났다고 했습니다(4:5). 그 보좌 앞에 수정과 같은 유리 바다가 있습니다. 수정 같은 유리 바다는 요동 없는 고요함을 의미하기도 합니다. 번개와 음성, 우렛소리와는 너무나 대조적입니다. 그렇다면 주님은 왜 우렛소리 가득한 보좌 앞에 유리 바다를 두셨을까요?

하나님은 우리의 구원을 위해서 번개와 음성과 우렛소리로 찾아오기도 하시지만, 우리에게 유리 바다와 같이 고요함을 허락하기도 하십니다. 즉, 인생에 번개 같은 사건이 올 때 요동치는 내 모습을 보면서 유리 바다 같은 하나님을 생각하라는 것입니다. 다시 말하면 '나를 돌아보라'는 것입니다. '내가 왜 이렇게 요동치는가' 돌아보며 바다에서, 물두멍에서 나의 악과 분노, 미움을 씻으라는 것입니다. 제사장이 성전에 출입할 때마다 자신의 손과 발을 씻는 것처럼, 나 자신을 말씀으로 돌아보면서 씻어야 합니다. 이것이 수정 같은 유리 바다처럼 요동함이 사라지는 비결입니다.

하나님과 우리 사이에는 절대적 거리가 있습니다. 하나님은 죄인인 우리가 도저히 가까이할 수 없는 분입니다. 그러나 하나님이 우리와 친밀해지기를 원하셔서 번개와 음성과 우렛소리 같은 사건으로 인생에 친히 찾아오십니다. 그런데 번개 같은 여러 사건에서 하나님 뜻을 따라 유리 바다같이 고요히 살기가 어찌 쉽습니까? 그러니 끊임없이 나 자신을 돌아보아야 합니다. '네 생물이 있는데 앞뒤에 눈들이 가득하더라'는 말씀도 같은 의미입니다. '눈'은 통찰력을 상징하기에 '눈들이 가득하다'는 것은 '늘 깨어 있으라'는 뜻이죠. 우리는 영적으로 늘 깨어서 먼저 나 자신을 돌아보고, 말씀을 통해 흔들리지 않는 모습을 보임으로 다른 사람도 스스로를 돌아볼 수 있도록 인도해야 합니다.

죄인인 우리는 거룩하신 하나님 존전에 서지 못합니다. 출애굽기에 보면 하나님의 형상을 본 모세가 백성에게 하나님께 들은 말씀을 전한 후 그 얼굴에 수건을 썼다는 기록이 나옵니다(출 34장). 모세 얼굴에 드러난 하나님의 광채를 보고 백성이 그에게 가까이하기를 두려워했기 때문입니다. 마찬가지로 우리가 거룩하신 하나님을 좇아 살아갈 때 세상은 그런 우리의 믿음을 감당하지 못합니다.

우리들교회의 한 목자님의 이야기입니다. 이 목자님은 손자가 태어날 날만을 손꼽아 기다렸습니다. 열 달의 기다림 끝에 출산 예정일이 되어 드디어 손자가 태어났습니다. 그런데 출산 직전 아기가 호흡이 잠시 멈춰 뇌에 손상을 입었습니다. 얼마나 기다리던 손자인데 정말 해, 달, 별이 떨어지는 일 아닙니까? 그러나 말씀으로 연단되신 이 목자님은 이 일이 마땅히 일어날 할 일, 반드시 속히 일어날 일로 깨달아졌습니다. 그래서 모든 식구에게 "기도하라고 이 사건을 주셨다"고 자신이 깨달은 것을 전하며 요동하지 않는 모습을 보여 주었습니다. 그러니까 도리어 주변 사람들이 이런 목자님을 감당하지 못했습니다. '믿음이 좋으면 저런 일이 오는구나' 하면서 말입니다. 어떤 일에도 요동하지 않는 이분의 믿음이 두렵게 느껴진 것입니다.

저도 그랬습니다. 제가 남편을 데려가신 구원 사건을 간증하면, 어떤 분들은 제게 역사하신 하나님을 생각하기보다 '믿음이 좋으니 남편을 일찍 데려가셨다'는 생각만 하시더군요. 하나님의 은혜는 생각하지 않고 죽음의 사건, 무서운 사건으로만 생각하는 것입니다.

하나님은 우리에게 울고불고 요동하지 말라고 하십니다. 어떤 번개도 유리 바다처럼 고요하게 하실 수 있는 분이 하나님이십니다. 그러니 우리도 두려움과 미움과 악을 씻어 버리고 수정과 같은 유리 바다처럼 거룩하게, 성결하게 나아가야 합니다. 이것이 사람의 본분입니다. 앞서 신앙생활 열심히 하던 의대 교수가 암 판정을 받고는 신앙도 내팽개치고 심지어 굿까지 했다는데, 병을 저주라고 생각해서 그런 것 아니겠습니까? 오직 주의 말씀으로 나를 돌아보는 것이 요동하지 않는 비결입니다.

• 지금 번개와 음성과 우렛소리와 같은 사건에서 요동치고 있습니까? 말씀으로 나를 돌아보며 유리 바다와 같이 잠잠합니까?

사람의 본분은 자기 얼굴에 책임을 지는 것입니다

그 첫째 생물은 사자 같고 그 둘째 생물은 송아지 같고 그 셋째 생물은 얼굴이 사람 같고 그 넷째 생물은 날아가는 독수리 같은데 _계 4:7

에스겔 1장 5절에 보면 "그 속에서 네 생물의 형상이 나타나는데 그들의 모양이 이러하니 그들에게 사람의 형상이 있더라"고 합니다. 에스겔이 환상에서 본 생물의 형상이 사람의 형상이라는 것입니다. 마찬가지로 주님은 요한에게 하늘 보좌에 계신 하나님을 보이신 후 사람의 형상을 보이십니다. 에스겔 시대라면 바벨론 포로 시절인데, 요한계시록과 같은 이야기를 한다는 것이 놀랍지 않습니까?

그렇다면 우리는 이 구절을 어떻게 이해해야 할까요? 에스겔 1장 10절에서도 "그 얼굴들의 모양은 넷의 앞은 사람의 얼굴이요 넷의 오른쪽은 사자의 얼굴이요 넷의 왼쪽은 소의 얼굴이요 넷의 뒤는 독수리의 얼굴이니"라고 했습니다.

우리가 주의 일을 하며 가장 중요한 것이 하나님 형상을 내 얼굴로 드러내는 것입니다. 이것이 구체적으로 무엇입니까? 사자처럼 용감하고, 소처럼 인내하며, 사람처럼 지혜롭고, 독수리처럼 민첩해야 한다는 것입니다. 성도로서 책임감 있게 이 모든 모습을 보여야 합니다.

미가서 6장 8절에 보면 "사람아 주께서 선한 것이 무엇임을 네게 보이셨나니 여호와께서 네게 구하시는 것은 오직 정의를 행하며 인자를 사랑하며 겸손하게 네 하나님과 함께 행하는 것이 아니냐"라고 합니다. 이것이 사람의 본분입니다. 성도인 우리의 본분입니다. 인자를 사랑하고, 정의를 행하며, 하나님과 함께 겸손히 행하라고 하십니다.

복음을 전할 때 사자처럼 무서운 얼굴만 해서도 안 되고, 소처럼 인내한다고 어리석은 얼굴만 보여서도 안 됩니다. 늘 균형 잡힌 얼굴을 보여야 합니다. 그것이 하나님의 형상대로 지음 받은 사람의 얼굴입니다. 비록 로마의 핍박을 받을지라도 하늘 보좌를 바라봄으로 그리스도인으로서 내 얼굴에 책임을 지라고 하십니다. 주눅 들지 말고 온유함으로, 담대함으로, 지혜롭고 민첩하게 예수 그리스도를 나타내라고 하십니다.

복음이 이렇게 대단합니다. 주님은 로마 황제를 타도하라고 하지 않으십니다. 그들을 부숴 버리라고 하지 않으십니다. 비록 지금 극심한 핍박 가운데 있을지라도 나를 핍박하는 그들을 섬기라고 하십니다. 이것이 그리스도의 복음입니다. 나를 괴롭히는 로마 앞에 사자처럼, 소처럼, 사람처럼, 독수리처럼 나아가 그리스도인으로서의 정체성을 보이라고 하십니다. 내 얼굴에 책임을 지라고 하십니다.

고난 가운데 가장 힘든 것은 마음이 황폐해지는 것입니다. 고난을 견디면서 복수만 꿈꾼다면 그 인생이 얼마나 지옥 같겠습니까? 그러면 고난의 때에도 우리가 내 얼굴에 책임을 지려면 어떻게 해야 할까요? 내 인생이 해석되어 내 사명을 깨달을 때 얼굴이 편안해집니다. 하나님을 만나지 못한 자는 복수하기 위해 이 세상을 산다고 해도 과언이 아닙니다. 내가 가난해서 기득권층에 복수하고, 내 인생을 짓밟은 가족에게 복수하고, 나를 괴롭힌 누군가에게 복수하려 합니다. 오직 그것만 꿈꾸면서 살아갑니다. 삶의 이유가 오직 복수인 것이 이 인류가 받은 저주입니다.

오래전에 TV에서 세종대왕의 삶을 그린 드라마를 방영했습니다. 세종의 아버지 태종 이방원은 권력을 잡기 위해 패도 정치를 펼쳤습니다. 소위 죽이고 죽이는 정치를 한 것입니다. 아버지에 이어 왕이 된 세종이 이를 바로잡고자 하지만 그를 이해하는 사람이 없었습니다. 오히려 태종에게 복수하려는 사람들이 궁궐에 숨어들어와서 세종을 죽이고자 하죠. 세종은 아버지의 잘못을 인정하고 태종 아래서 고통 받던 사람들을 살려주고자 하지만, 그 노력은 울리는 꽹과리처럼 헛된 일로 돌아갔습니다. 세제개혁을 하려 해도 모두가 들고일어나서 불만을 품었습니다. 아무도 그를 믿어 주지 않고 '아버지 태종에 대한 복수를 너에게 하겠다'라고만 했습니다.

이에 세종은 '내가 뭘 그리 잘못했는가' 괴로워합니다. 주변에서 사사건건 "아니되옵니다"만 외치니 모든 것을 자기 책임이라고 생각합니다. 자신이 하려는 일들이 하찮게 보이고, '이렇게 노력하면 무엇 하나' 회의감도 밀려옵니다. 그럼에도 포기하지 않으려는 자아와 모든 것을 놓으려는 자아가 늘 싸웁니다. 드라마에서는 이 부분을 세종이 마치 정신분

열 상태에 빠진 것처럼 표현했습니다.

인간의 힘으로 자신의 얼굴을 책임진다는 것이 이렇게 어렵습니다. 여러 가치관 사이에서 중심을 잡기가 정말 힘듭니다. 정치도, 사업도, 개혁도 제정신으로는 할 수 없습니다. 특정 분야에서 공헌하고 인류를 발전시킨 사람들이 정작 자기 자신은 지키지 못해 정신질환을 호소하는 경우를 많이 보았습니다. 남보다 앞서가려다 보니, 내 힘으로 모든 것을 감당하려다 보니 힘에 부치고 문제가 생기는 것입니다. 과연 인류 발전에 힘쓴 위인 중에 몇 명이나 천국에 갔겠습니까? 오직 주의 사명을 깨달은 사람만이 자기 얼굴에 책임을 질 수 있습니다. 말씀으로 중심을 잡는 사람만이 내 얼굴에 책임을 질 수 있습니다.

• 가정이나 직장에서 어떤 얼굴로 살아가고 있습니까? 지금 내가 의지하고 있는 것이 하나님이 아니라 내 학벌, 내 능력, 내 가치관은 아닙니까?

어느 누구도 하나님으로부터 숨을 수 없습니다

네 생물은 각각 여섯 날개를 가졌고 그 안과 주위에는 눈들이 가득하더라……_계 4:8a

네 생물이 각각 여섯 날개를 가졌다고 합니다. 보통 날개 달린 짐승을 생각해 본다면 각각 두 날개여야 맞지 않습니까? 그런데 이 여섯 날개가 이사야서에도 등장합니다.

"스랍들이 모시고 섰는데 각기 여섯 날개가 있어 그 둘로는 자기의 얼굴을 가리었고 그 둘로는 자기의 발을 가리었고 그 둘로는 날며" (사 6:2). 이사야가 본 환상 중에 등장한 스랍(천사)도 여섯 날개를 가졌습니다. 이 스랍의 여섯 날개가 두 개씩 연합되어 위에 두 날개로는 얼굴을 가렸다고 합니다. 이것이 무슨 뜻입니까? 자기가 영광을 취하지 않겠다는 의미입니다. 즉, 내가 책임지려고 노력한 그 얼굴을 주 앞에서는 가렸다는 것입니다. 또한 다른 두 날개로는 발을 가렸다고 합니다. 이는 내가 발로 뛰어다니면서 행한 모든 행적뿐 아니라, 나의 근면함과 성실함까지도 가렸다는 의미입니다. 그리고 여섯 날개 중 두 개로만 날았습니다. 이는 나의 자리에서 하나님의 명을 받되 두 날개만으로도 할 수 있다는 겸손함을 상징합니다.

그렇다면 네 생물의 안과 주위에 눈이 가득하다는 것은 무엇일까요? 눈이 많다는 것은 이 세상 누구도 하나님으로부터 숨을 수 없음을 의미합니다. 또한 충만한 눈으로 세상을 살피며 통찰력을 가지고 하나님을 보좌해야 한다는 의미이기도 합니다. 우리가 여섯 날개로 내 영광을 가리며 겸손히 자기 주제를 깨달을 때, 주님이 통찰력을 주십니다. 그러면 '나는 몰랐어', '그 사람이 그럴 줄 정말 몰랐어' 하는 말도 점점 줄어들게 됩니다.

주일학교 찬양 중에 '마음 착해도 못 가요 하나님 나라. 믿음으로 가는 나라 하나님 나라'라는 찬양이 있습니다. 이 가사처럼 착함과 믿음을 혼동해서는 안 됩니다. 정말 내가 세상에서 당하는 것이 착해서입니까? 혹시 욕심이 많아서, 믿음의 수준이 이르지 못해서, 내 눈이 제대로 보지 못해서 당하는 것은 아닙니까?

앞뒤 좌우로 가득한 눈을 주셨어도 우리는 보지 못합니다. 주님이 보여 주셔도 내 욕심에 눈이 가려져서 분별을 못 하는 것입니다. 하늘 보좌가 이미 열려 있는데도 보지 못합니다. 내가 속고 사기를 당하는 것은 내 앞뒤에, 안과 주위에 가득한 하나님의 눈을 써먹지 못하기 때문입니다. 그러나 우리가 성령을 받들면 그 눈들이 살아서 여기저기 통찰력 있게, 지혜롭게 볼 수 있습니다. 하나님의 눈으로부터 누구도 숨을 수 없기 때문입니다.

> ……그들이 밤낮 쉬지 않고 이르기를 거룩하다 거룩하다 거룩하다 주 하나님 곧 전능하신 이여 전에도 계셨고 이제도 계시고 장차 오실 이시라 하고 _계 4:8b

여섯 날개를 가지고 안과 주위에 눈이 가득한 생물들이 주님을 찬양합니다. "거룩하다, 거룩하다, 거룩하다" 하며 전능하신 하나님을 찬양합니다. 인생의 목적은 행복이 아니라 '거룩'입니다. 거룩이 무엇입니까? "사람의 본분은 자기 자신을 돌아보는 거야. 내 얼굴에 책임을 지는 거야. 하나님을 바라봄으로 요동하지 않는 거야. 사자같이 용감하고, 소처럼 인내하며, 사람처럼 지혜롭고, 독수리처럼 민첩한 거야. 나는 이 사람의 본분을 따라 구별되게 살겠어!" 하는 것이 "거룩, 거룩, 거룩"입니다. 그러려면 십자가의 길을 갈 수밖에 없습니다. 이것이 성도의 인생입니다.

• 내가 지금 속았습니까? 누군가를 속였습니까? 결국 하나님의 눈으로 다 드러날 일이란 사실을 깨닫습니까?

쉬지 않고 하나님을 경배하는 것이 사람의 본분입니다

그 생물들이 보좌에 앉으사 세세토록 살아 계시는 이에게 영광과 존귀와 감사를 돌릴 때에 _계 4:9

웨스트민스터 소요리문답 제1문항인 '사람의 제일 된 목적은 무엇입니까?'에 대한 답은 "하나님을 영화롭게 하고 영원토록 그를 즐거워하는 것"이라고 합니다. 본문의 생물들도 세세토록 살아 계시는 하나님께 영광과 존귀와 감사를 돌립니다. 물론 하나님은 내가 영화롭게 해야만 영화로워지는 분은 아닙니다. 이 세상 누구도 하나님을 영화롭게 할 수 없습니다. 그러나 우리는 하나님을 영화롭게 하는 것이 인생의 제일 목적이 되어야 합니다. 영원토록 하나님을 즐거워해야 합니다. 이성, 돈, 골프, 술이 아니라 하나님을 영원토록 즐거워해야 합니다. 하나님께 영광 돌리기 위해 목숨이라도 내버릴 수 있어야 합니다. 사람의 본분이 여기에 있습니다. 우리는 하나님을 영화롭게 하고 즐거워하기 위해 태어났습니다.

타락한 인간은 오로지 자신의 행복만을 위해서 살아갑니다. 매사에 자기중심적입니다. 그러면서도 최고로 이타적인 삶은 '선인을 위해 용감히 죽는 것'이라고 생각합니다. 선인을 위하여 죽는다고 인류에 무슨 유익이 있겠습니까? 그러나 주님은 죄인 된 우리를 위해 십자가에 달려 돌아가심으로 전 인류에 유익을 주셨습니다. 예수님 한 분의 순종이 전 인류를 구원하는 유익이 된 것입니다.

사도 바울은 "그런즉 너희가 먹든지 마시든지 무엇을 하든지 다 하나님의 영광을 위하여 하라"(고전 10:31)고 했습니다. 우리는 회사 일도 하나님의 영광을 위하여, 결혼도 하나님을 영화롭게 하기 위하여 해야 합니다. 그러니 불신자들이 얼마나 우리를 조롱하는지 모릅니다. '행복하려고 결혼하지 무슨 하나님을 영화롭게 하기 위해 결혼을 하느냐'고 비웃습니다. 그러나 결혼도 장례도, 무슨 일이든지 오직 전도를 위해, 하나님의 영광을 위해서 해야 합니다.

인간은 독립적인 존재가 아닙니다. 그 사실을 인정하든지 안 하든지 인간은 하나님을 철저히 의존해야 하는 존재입니다. 그래서 사도 바울도 늘 서신서 앞에 "나는 예수 그리스도의 종이라"고 자신을 소개했습니다. 이를 보고 휴머니스트들은 "인간은 독립적이고 자주적인 존재다. 결코 노예가 아니다"라고 조롱합니다. 그러나 내가 죄인임을 깨달아 오직 하나님만 높여 드리는 것이 사람의 본분입니다.

계시록 14장 11절에 보면 "그 고난의 연기가 세세토록 올라가리로다 짐승과 그의 우상에게 경배하고 그의 이름 표를 받는 자는 누구든지 밤낮 쉼을 얻지 못하리라"고 합니다. 쉬지 않고 하나님을 경배하는 사람이 있는가 하면, 쉬지 않고 우상을 경배하는 사람도 있습니다. 날마다 내 자식, 내 돈을 경배합니다. 여러분은 무엇을 경배합니까? 돈 벌 생각에만 사로잡혀 있습니까? 한 시간 뒤에 만날 내연녀, 내연남 생각에 즐겁습니까? 짐승과 그의 우상에게 경배하는 것이 다른 게 아닙니다. 내가 하나님보다 더 사모하는 그것이 나의 짐승과 우상입니다. 밤낮 쉬지 않고 그것들을 쫓아다니느라 쉼과 안식도 없습니다.

그러나 내가 거룩을 위해 살면 인생의 모든 것이 해석되어 내 현재의 이유를 알게 됩니다. 이것이 여호와의 권능이며, 주 하나님 곧 전능하신 이를 모시는 길입니다. 하나님의 능력이 나에게 임하는 비결입니다. 내가 "행복, 행복"을 부르짖으면 불행만 오지만, "거룩, 거룩" 부르짖으면 행복뿐 아니라 전능하신 하나님이 나에게 임하시는 줄 믿습니다.

• 나는 하나님을 경배합니까? 우상을 경배합니까?

자기 면류관을 버리고 하나님을 찬양하는 것이 사람의 본분입니다

이십사 장로들이 보좌에 앉으신 이 앞에 엎드려 세세토록 살아 계시는 이에게 경배하고 자기의 관을 보좌 앞에 드리며 이르되 _계 4:10

앞서 흰옷을 입고 머리에 금관을 쓴 이십사 장로가 하나님의 보좌 곁에 둘려 있다고 했습니다(4:4). 그런데 그 이십사 장로가 이제 보좌에서 내려와 자신들의 금 면류관을 하나님의 보좌 앞에 드립니다.

여러분에게 가장 영광스러운 면류관은 무엇입니까? 저는 최고의 면류관은 '구원의 면류관'이라고 생각합니다. 우리가 얻은 구원은 내 노력에서 비롯된 것이 아닙니다. 우리에게는 어떤 공로도 없습니다. 오직 주님이 은혜로 주셨습니다. 그러니 당연히 주님께 나의 면류관을 드려야 하지 않겠습니까?

저는 세상의 많은 면류관을 내 힘으로 썼습니다. 내 노력으로 안 되는 것이 없어 보였습니다. '가난아 물러가라. 내가 간다!' 하면서 피아노를 시작했고, 훌륭한 레슨 선생님들을 찾아다니면서 연습에 연습을 거듭한 끝에 일류대학에도 들어갔습니다. 그런데 결혼생활과 시집살이를 거치면서 내 힘으로 도무지 안 되는 일이 있음을 깨달았습니다. 제가 인내가 구단인데, 이런 저의 장기로도 안 되는 것이 있더군요. 그러나 이것을 깨닫게 된 것이 제 인생의 가장 큰 축복이었습니다. 내 힘으로 다 할 수 있었다면 오늘날의 저는 없었을 것입니다.

구원의 면류관, 생명의 면류관은 내 힘으로는 얻을 수 없습니다. 일류대학에 합격한 저를 보고서 예수 믿은 사람은 아무도 없었습니다. 인생이 힘들어지고 바닥을 치면서, 그 인생의 바닥에서 예수를 만나면서 생명의 면류관을 얻었습니다.

내가 영광과 존귀와 감사와 능력을 받았다면 그 모든 것을 하나님께 드려야 합니다. 내 힘으로 얻은 것이 아니기 때문입니다. 그런데 내가 그 영광을 자꾸 가로채기에 사탄의 밥이 되는 것입니다. 자녀가 공부 잘하는 것이, 큰 교회 담임을 하는 것이 내 능력인 줄 알고 내 면류관 쓰기에만 바쁘다면 사탄에게 나 자신을 내주는 것이나 다름없습니다.

우리가 다 죄인인데 무슨 영광을 취할 것이 있겠습니까? 이사야서 6장 5절에 보면, 여호와의 임재와 영광을 본 이사야의 첫 고백이 "화로다 나여 망하게 되었도다"입니다. 한마디로 "나는 죄인이로소이다"라는 뜻입니다. 사람의 본분을 마음에 새기기 위해서는 먼저 자기 정체성에 대한 인식이 필요합니다. 하나님 앞에서 자기 실체를 깨달아야 합니다. 그런데 우리는 '죄인'이라는 말만 들어도 싫어합니다. '내가 왜 죄인이야. 내가 얼마나 뛰어난데!' 합니다.

우리는 로마 황제의 보좌를 최고로 여기면서 세상을 경배하는 자들에게 말해 주어야 합니다. 그보다 더 높은 보좌인 하늘 보좌를 보라고, 구원과 심판은 마땅히 일어날 일이기에 고난이 힘들지라도 잘 기다려야 한다고, 사람의 본분은 하나님 보좌 옆에서 수종 들며 자기 면류관을 주님께 드리는 것이라고 말입니다.

> 우리 주 하나님이여 영광과 존귀와 권능을 받으시는 것이 합당하오니 주께서 만물을 지으신지라 만물이 주의 뜻대로 있었고 또 지으심을 받았나이다 하더라 _계 4:11

나의 고난도 영광도 다 하나님의 장중에 있습니다. 이것을 깨달은 자들이 모인 곳이 천국입니다. 그런데 세상에서 왕 노릇 하는 자는 함께 기도하며 견해를 같이하기가 참 어렵습니다.

제가 요한계시록 설교를 시작하자 한 성도분이 저에게 메일을 보내셨습니다. 그동안은 설교 말씀이 잘 들렸는데, 요한계시록 설교는 하나도 안 들린다는 겁니다. 그러면서 주일설교를 그렇게 하면 안 된다고, 왜 이리 설교를 어렵게 하느냐고 저를 다그치셨습니다.

이분은 누구나 들어도 입을 떡 벌릴 만큼 최고의 학벌을 자랑합니다. 그런데도 이해 안 되는 책이 요한계시록입니다. 왜 그렇습니까? 바로 고난 받은 사람들을 위한 책이기 때문입니다. 고난 받은 사람들만 이 말씀이 이해되고 들립니다.

우리들교회 한 청년의 간증입니다.

저는 스스로를 의로운 자라고 생각하며 살아왔습니다. 큰 말썽 없이 자란 탓인지 부모님은 늘 저를 믿어 주셨고, 친구들도 이타적인 사람이라고 저를 추켜세웠습니다. 모두가 '옳다' 해 주니, 저에게 의로움은 하나의 신념이고 삶의 목표와도 같았습니다.

그런데 교제 중인 여자 친구가 어느 날 제게 교회에 함께 다니자고 권유했습니다. 저는 별 어려움 없이 '나는 의롭고 합리적이니까 그쯤이야' 하면서 교회에 나왔습니다. 그런데 처음부터 모든 것이 마음이 들지 않았습니다. 목사님의 설교에서는 논리를 찾아볼 수 없었습니다. 그래서 목사님의 한마디, 한 문장을 분석해 가면서 내가 왜 이 교회에서 깨달음을 얻을 수 없는지 여자 친구에게 설명했습니다. 제 기분을 가장 상하게 한 것은 바로 "내 죄를 보라"는 말씀이었습니다. '아니, 나처럼 부모님을 생각하고, 남을 사랑하는 사람에게 죄를 보라니······.'

저는 어떤 말씀도 들리지 않아 교회에 앉아 있는 것 자체가 불편했습니다. 하지만 여자 친구와 한 약속이 있으니 출석은 꼬박 했습니다. 그렇게 4년이 지났습니다. 그동안 여자 친구의 부모님께 인사도 드리고 식사도 함께 하면서 좋은 관계를 맺고 있다고 생각했습니다. 그런데 찾아뵙는 횟수가 늘어날수록 여자 친구의 어머니는 집요하게 저희 집 제사 문제를 언급하셨습니다. 몇 번은 웃으면서 넘어갔습니다. 그러나 결국 참지 못하고 "제사 모시는 것은 저희 집안의 가풍입니다. 다른 집안의 문화에 대해서 이러쿵저러쿵하는 것은 상대에 대한 예의가 아닙니다!"라고 말씀드렸습니다. 그러자 어머니께서도 언성을 높이셨습니다. 저는 제 기준에 맞지 않는 어머니의 말씀을 도무지 인정할 수 없었습니다. 이 일로 여자 친구와도 대판 싸웠습니다. 지금껏 저를 싫어하는 사람은 없었는데 그 첫 번째 사람이 여자 친구의 부모님이라니, 저는 받아들이기가 힘들었습니다. 그 사건 이후 여자 친구의 부모님은 저와의 교제를 반대하기 시작하셨습니다.

저는 오기로라도 여자 친구와의 교제를 포기하지 않았습니다. 시간이 지나면 여자 친구의 부모님도 나의 의로움을 인정하실 수밖에 없을 거라고 생각했습니다. 그러면서 이상하게 여기던 교회를 더 다녀 보리라 결심하고 차일피일 미루던 등록도 했습니다. 목장예배에도 나갔습니다. 그러나 여전히 '틀린 것을 밝혀내리라' 하며 이를 악물고 다녔습니다.

그런데 양육훈련을 받는 가운데 주님이 저를 만나 주셨습니다. 한 주, 한 주 양육을 받으면서 저도 다를 바 없는 죄인인 것이 깨달아졌습니다. 저의 우상이던 옳고 그름이 하나님 보시기에 얼마나 큰 죄인지 깨닫게 되었습니다. 제가 얼마나 악한 사람인지, 왜 그토록 내 죄를 보라고 하셨는지 비로소 이해할 수 있었습니다. 그러면서 조금씩 원망과 분노가 사라졌고, 질서에 순종하지 못한 죄와 하나님을 인정하지 않고 모든 것을 옳고 그름의 잣대로만 판단했던 죄를 회개하게 되었습니다. 양육훈련이 끝난 후엔 여자 친구 부모님께 찾아가 저의 죄를 말씀드리고 사죄를 구했습니다. 저의 믿음과 구원을 위해서 7년간 고생한 여자 친구에게도 감사한 마음을 갖게 되었습니다.

제 인생의 목표는 오직 하나님께 쓰임 받는 자가 되는 것입니다. 앞으로 하나님이 저를 어떤 길로 인도하시고 어떻게 쓰실지 기대가 됩니다. 지극히 작은 저를 7년이나 애통한 마음으로 지켜보시고 결국 저의 죄를 보게 해 주신 하나님, 감사합니다.

사람의 본분은 자신을 돌아보며 내 얼굴에 책임을 지는 것입니다. 하나님 앞에서 숨을 수 없는 것을 알고 쉬지 않고 주님을 경배하는 것입니다. 자기 면류관을 버리고 주님만 찬양하는 것입니다. 인생의 목적이 거룩으로 바뀌는 것입니다.

"사람아 주께서 선한 것이 무엇임을 네게 보이셨나니 여호와께서 네게 구하시는 것은 오직 정의를 행하며 인자를 사랑하며 겸손하게 네 하나님과 함께 행하는 것이 아니냐"(미 6:8)는 말씀처럼, 하늘 보좌를 바라보면서 공의를 행하고 인자를 사랑하는 것이 사람의 본분인 줄 믿습니다. 겸손히 하나님만 의지하는 여러분 되기를 축원합니다.

• 내 힘으로 쓰고 있는 면류관은 무엇입니까? 그것을 하나님 앞에 드리고 생명의 면류관, 구원의 면류관을 얻기 원합니까?

저는 "어머니가 돌아가시면 교회에 가리라"고 약속하고 모태신앙인인 아내와 결혼했습니다. 결혼 후 우리 부부는 임신이 잘 되지 않자 인공수정과 시험관 시술을 다섯 차례나 받았지만 결국 실패했습니다. 불임 시술로 모아 두었던 돈을 다 써 버린 아내는 생명은 하나님의 주권임을 깨닫고 인간의 힘을 의지한 것을 회개했습니다. 그러자 얼마 후 자연 임신이 되고 둘째까지 낳는 축복을 받았습니다. 그럼에도 저는 아내와의 약속을 저버린 채 하나님을 모른 척했습니다. 이른바 '운동장 교인'으로 지내면서 아내를 교회에 데려다주기만 했습니다. 사업을 시작하고는 바쁘다는 핑계로 그마저 밟던 교회 운동장에도 발을 들이지 않았습니다.

그러던 어느 날 저는 무리하게 일하다 쓰러졌는데, 그 바람에 왼쪽 얼굴과 팔다리에 마비가 와서 움직이지도 못하게 되었습니다. 의사는 "뇌 수술을 해야 한다"고 하며 몸이 정상으로 돌아올는지 알 수 없고, 회복되려면 오랜 시간이 걸린다고도 했습니다. 수술을 기다리며 마음이 곤고해지자 저는 그제야 하나님이 생각났습니다. '하나님, 살려만 주시면 교회와 목장예배에도 나갈게요!' 마음으로 수십 번 되뇌었습니다. 그런데 그 후 신기하게도 머릿속의 출혈이 자연적으로 멎었습니다. 재활치료 후 마비 증상도 호전되어 저는 점차 정상적인 삶을 되찾았습니다. 제가 늘 머뭇거리며 주님 앞으로 나아가지 못하자 하나님이 번개 같은 사건으로 찾아오셨나 봅니다.

퇴원 후 교회에서 예배를 드리는데 하나님께서 나를 택하셨다는 말씀이 믿어져 눈물이 났습니다. 하늘 문은 이미 열려 있었는데 욕심에 눈과 마음이 가려져 주님을 거절했던 것입니다. 저를 주님께로 인도하기 위한 공동체의 수고도 대단했습니다. 목자님은 독수리처럼 민첩한 모습으로 먹을 것을 채워 주시며 끊임없이 저를 대접해 주셨습니다. 또한 사람의 얼굴과 같은 지혜로 제 삶을 위로해 주셨습니다(7절). 저는 술 없이도 즐겁게 대화하는 천국과 같은 목장예배를 통해 비로소 주님과 연합하게 되었습니다. 말씀으로 양육 받으며 밤낮 쉬지 않고 거룩을 위해 살았더니, 가득한 하나님의 눈으로 나 자신을 보는 은혜도 누렸습니다(8절). 행복을 부르짖으며 사탄의 밥이 되어 일그러진 얼굴로 살아온 제 모습을 비로소 보게 된 것입니다.

이처럼 그리스도인의 본분을 깨닫게 하시고 내 얼굴에 책임을 지며 살도록 인도하시는 하나님, 감사합니다. 주의 뜻대로 지으심 받은 인생임을 날마다 기억하며 이제는 하나님께 영광과 감사와 존귀를 돌리는 삶을 살기를 소망합니다(10~11절).

영혼의 기도

하나님 아버지, 번개와 음성과 우렛소리 같은 사건 앞에서 유리 바다같이 고요하신 하나님을 바라보고 나 자신을 돌아봐야 하는데 우리는 남 탓만 하면서 원망하기에 바쁩니다. 주님, 괜한 자존심 때문에 인생이 황폐해졌습니다. 불쌍히 여겨 주시옵소서. 유리 바다 같은 인생을 살지 못해 죄송합니다. 우리는 담대함이라는 이름으로 교만을 떨고, 인내라는 이름으로 비굴하며, 지혜도 없고 민첩하지도 못합니다.

주여, 하늘 보좌를 바라보고 자신을 돌아보면서 내 얼굴에 책임을 져야 하는데, 날마다 사건 앞에서 무너지는 우리를 불쌍히 여겨 주시옵소서. 내 힘으로 썼던 모든 면류관을 주님 앞에 드리기 원합니다. 제가 할 수 있는 것이 아무것도 없음을 고백합니다.

주님, 제 얼굴에 제가 어떻게 책임을 지겠습니까? 내 힘으로 책임지려다가 우울증을 호소하는 성도들이 얼마나 많은지 모릅니다. 하나님이 제 얼굴을 책임져 주시기를 원합니다. 제 얼굴이 성령의 얼굴, 화평한 얼굴, 온유한 얼굴, 담대한 얼굴, 지혜로운 얼굴이 되게 하여 주시옵소서. 예수 그리스도의 표시가 얼굴에 나타날 수 있도록, 우리의 모든 환경에서 내 얼굴을 책임질 수 있도록 주여 역사하여 주시옵소서.

주님, 제가 주님을 사랑하옵나이다. 집안에서 직장에서 내가 거하는 모든 환경에서 내가 사랑하는 예수의 얼굴로 보일 수 있도록, 사람의 본분을 다할 수 있도록, 성도의 본분을 다할 수 있도록 역사하여 주시옵소서. 예수님 이름으로 기도합니다. 아멘.

오직 주의 사명을 깨달은 사람만이
자기 얼굴에 책임을 질 수 있습니다.
말씀으로 중심을 잡는 사람만이
내 얼굴에 책임을 질 수 있습니다.

내가 너를 아노라

초판 발행일 ㅣ 2020년 9월 15일

2쇄 발행일 ㅣ 2021년 1월 22일

지은이 ㅣ 김양재

발행인 ㅣ 김양재

편집인 ㅣ 김태훈

편집장 ㅣ 정지현

편집 ㅣ 진민지 고윤희

커버 디자인 ㅣ 디자인온도 임지선

발행한 곳 ㅣ 큐티엠

주소 ㅣ 경기도 성남시 분당구 운중로267번길 3-5, 4층 큐티엠 (우)13477

편집 문의 ㅣ 070-4635-5318   **구입 문의** ㅣ 031-707-8781

팩스 ㅣ 031-8016-3193

홈페이지 ㅣ www.qtm.or.kr   **이메일** ㅣ books@qtm.or.kr

인쇄 ㅣ ㈜정현씨앤피

총판 ㅣ ㈜사랑플러스 02-3489-4300

ISBN ㅣ 979-11-89927-45-5 03230

큐티엠(QTM, Quiet Time Movement)은 '날마다 큐티'하는 말씀묵상 운동을 통해
영혼을 구원하고, 가정을 중수하고, 교회를 새롭게 하는 일에 헌신합니다.

이 도서의 국립중앙도서관 출판예정도서목록(CIP)은
서지정보유통지원시스템 홈페이지(http://seoji.nl.go.kr)와 국가자료종합목록 구축시스템(http://kolis-net.nl.go.kr)에서
이용하실 수 있습니다. (CIP제어번호 : CIP2020032832)